长三角地区土地利用变化的生态系统服务响应与可持续管理研究

吴 蒙 著

Responses of
Ecosystem Services
to Land Use Change
and Its Sustainability Simulation
in Yangtze River Delta

编审委员会

主　　编　张道根　于信汇
副主编　王玉梅　朱国宏　王　振　张兆安
　　　　　干春晖　王玉峰
委　　员　（按姓氏笔画顺序）
　　　　　王　健　方松华　朱建江　刘　杰
　　　　　刘　亮　杜文俊　李宏利　李　骏
　　　　　沈开艳　沈桂龙　周冯琦　赵蓓文
　　　　　姚建龙　晏可佳　徐清泉　徐锦江
　　　　　郭长刚　黄凯锋

总　序

当代世界是飞速发展和变化的世界,全球性的新技术革命迅速而深刻地改变着人类的观念形态、行为模式和社会生活,同时推动着人类知识系统的高度互渗,新领域、新学科不断被开拓。面对新时代新情况,年轻人更具有特殊的优越性,他们的思想可能更解放、更勇于探索,他们的研究可能更具生命力、更富创造性。美国人类学家玛格丽特·米德(Margaret Mead)在《文化与承诺——一项有关代沟问题的研究》一书中提出,向年轻人学习,将成为当代世界独特的文化传递方式。我们应当为年轻人建构更大的平台,倾听和学习他们的研究成果。

上海社会科学院自1958年建院以来,倾力为青年学者的成长提供清新空气和肥沃土壤。在此环境下,青年学者奋然崛起,以犀利的锐气、独到的见识和严谨的学风,向社会贡献了一批批令人振奋的研究成果。面对学术理论新人辈出的形势,上海社会科学院每年向全院40岁以下年轻科研人员组织征集高质量书稿,组织资助出版"上海社会科学院青年学者丛书",把他们有价值的研究成果推向社会,希冀对我国学术的发展和青年学者的成长有所助益。

本套丛书精选本院青年科研人员最新代表作,内容涵盖经济、社会、生态环境、文学、国际贸易、城市治理等方面,反映了上海社会科学院新一代学人创新的能力和不俗的见地。年轻人是上海社会科学院最宝贵的财富之一,是上海社会科学院面向未来的根基。

上海社会科学院科研处
2020年3月

前 言

　　土地利用变化对生态系统服务的影响是景观生态学、地理学和环境管理学研究的热点与前沿领域。从生态系统服务对土地利用变化响应视角来审视区域土地利用的可持续性,构建生态系统服务与土地利用规划管理之间的关联,对提升区域土地利用综合效能和生态系统服务保护具有重要的理论与应用价值。长三角社会经济发展与自然资源分布空间异质性较强、土地利用变化复杂,对该地区进行土地利用管理与生态系统服务耦合研究面临诸多挑战。本书依据土地利用变化与生态系统服务变化相互作用的基本规律,分析土地利用变化对生态系统服务的影响,从生态系统服务脆弱性、供需平衡和空间权衡三个方面评价土地利用变化对生态系统服务可持续性的影响,对土地利用变化的生态系统服务响应进行了较为系统的研究。通过构建基于系统动力学模型和CLUE-S模型耦合的研究方法体系,将生态系统服务与土地利用管理进行关联,开展基于生态系统服务的土地利用可持续性情景模拟研究,并从景观尺度、区域尺度和地区尺度探讨了优化提升城镇化地区土地利用生态系统服务功能的可持续管理对策措施。

　　本书以长三角为案例研究区域,采用多种分析方法。宏观上分析了1990—2010年区域土地利用数量变化引起的生态系统服务稀缺性和空间异质性;微观上分析了典型城市化区域景观格局变化对生态系统服务的影响。从生态系统服务供需平衡、脆弱性和空间权衡视角,分析了长三角土地利用变化的生态系统服务响应,以此为基础进行区域生态系统服务可持续性评价。尝试构建基于系统动力学模型和CLUE-S模型耦合的研究方法体系,将生态系统服务保护与区域土地利用规划管理相结合,探讨基于生态系统服务的土地利用可持续性情景模拟方法,并从景观尺度、区域尺度和地区尺度探讨了优化提升城镇化地区土地利用生态系统服务功能的可持续管理对策措施。

总体来看,本书通过生态系统服务时空尺度上的可持续性情景模拟,探讨将生态系统服务保护与区域土地利用规划管理相结合的具体路径,为权衡不同规划层面上的生态系统服务保护和区域社会经济发展提供了方法参考,有助于促进生态系统服务研究向区域规划管理实践转化。针对快速城市化区域土地利用变化的特点,从城市群、城市、景观等多个角度分析并识别长三角生态系统服务时空演变特征。结果表明,长三角快速城市过程,土地利用变化导致区域生态系统服务价值整体快速下降,空间上由城镇中心区向城郊呈梯度递增趋势;农田和自然植被覆盖景观平均斑块面积减小和破碎化,斑块面积较小的河流显著消失,引致区域生态系统服务功能逐步衰退。根据耦合模型模拟分析结果,分析评价区域生态系统服务可持续性演变及其空间格局,再次论证了浙江南部山区、长江沿岸生态廊道和淮河洪泽湖地区对维持长三角生态系统服务可持续性的重要地位。这对推进区域生态空间一体化规划的生态美丽长三角建设,具有一定的参考价值,对区域生态功能区划、土地生态适宜性评价、生态承载力评价,也具有一定的评价方法方面的参考意义。

目 录

第一章 绪论 1
  第一节 研究背景与意义 1
    一、学科发展与整体研究趋势 1
    二、长三角地区发展需求背景 3
    三、选题意义 9
  第二节 国内外研究进展 11
    一、城市化区域生态系统服务研究 11
    二、土地利用变化与生态系统服务关联研究 18
    三、土地利用变化的生态系统服务响应研究 19
    四、面临的问题与挑战 28
  第三节 研究内容与技术路线 29
    一、工作基础 29
    二、研究内容 30
    三、技术路线 30

第二章 数据来源与研究方法 32
  第一节 研究区域 32
  第二节 数据与资料来源 33
    一、土地利用遥感解译数据 33

二、社会经济发展数据　　38
　　三、其他各类数据资料　　39
第三节　研究方法　　39
　　一、生态系统服务价值评价　　39
　　二、生态系统服务脆弱性评价　　42
　　三、生态系统服务空间权衡分析　　44
　　四、生态系统服务供需评价　　45
　　五、土地利用变化时空动态模拟　　51

第三章　长三角土地利用变化对生态系统服务的影响　　57
第一节　宏观尺度土地利用数量变化对生态系统服务价值的影响　　57
　　一、长三角土地利用数量变化特征　　58
　　二、土地利用变化引起区域生态系统服务价值持续降低　　61
　　三、土地利用变化加剧生态系统服务价值空间分布失衡　　64
　　四、问题分析与总结　　71
第二节　景观尺度土地利用格局变化对生态系统服务功能的影响　　72
　　一、上海城郊结合区景观的空间范围识别　　73
　　二、上海城郊结合区的土地利用变化特征　　74
　　三、土地利用格局变化引起生态系统功能变化　　76
　　四、多尺度景观指数变化分析结果　　83
　　五、土地利用格局变化对生态系统服务功能的影响　　87
第三节　小结　　90

第四章　长三角土地利用变化的生态系统服务响应评价　　92
第一节　生态系统服务响应评价要素选取　　92
第二节　生态系统服务脆弱性响应：生态系统服务脆弱性空间分异　　94

一、生态系统服务脆弱性概念　　　95
　　　二、指标体系构建与指标权重的确定　　　97
　　　三、生态系统服务脆弱性空间格局分析　　　107
　　　四、生态系统服务脆弱性影响因素分析　　　109
　　　五、从生态系统服务脆弱性视角探讨规划管理的对策措施　　　111
　　第三节　生态系统服务权衡响应：生态系统服务空间权衡格局
　　　　　　分析　　　112
　　　一、生态系统服务权衡研究概况　　　112
　　　二、长三角地区生态系统服务空间权衡分析　　　114
　　　三、生态系统服务空间权衡影响要素分析　　　122
　　　四、从生态系统服务权衡视角探讨规划管理对策措施　　　126
　　第四节　生态系统服务供需响应：生态系统服务供需时空动态
　　　　　　演变　　　127
　　　一、生态系统服务供需评价模型　　　127
　　　二、生态系统服务供需变化趋势　　　131
　　　三、生态系统服务供需空间格局　　　134
　　　四、从生态系统服务供需视角探讨规划管理对策措施　　　142
　　第五节　生态系统服务可持续性综合评价　　　143
　　　一、评价模型方法　　　143
　　　二、评价结果与分析　　　144
　　第六节　小结　　　146

第五章　基于生态系统服务响应的土地利用可持续性模拟　　　149
　　第一节　评价目标原则和方法体系　　　149
　　　一、评价目标和原则　　　149
　　　二、SD 和 CLUE-S 模型耦合的评价方法体系　　　151
　　第二节　长三角土地利用可持续性情景模拟方案设计　　　153

一、存在问题分析　　153
　　二、情景方案设计　　154
　　三、情景指标细化　　155
第三节　长三角土地利用变化系统动力学模拟　　157
　　一、模型系统边界设定　　157
　　二、模型主要结构分析与系统流图绘制　　157
　　三、DYNAMO 建模参变量设置与函数定义　　160
　　四、模型验证与检验　　161
　　五、土地利用变化模拟结果　　163
第四节　长三角土地利用变化空间格局模拟　　163
　　一、模型模拟所需输入文件　　163
　　二、土地利用数据预处理　　164
　　三、土地利用变化驱动因子选取　　165
　　四、空间适宜分布概率回归分析　　165
　　五、土地利用空间格局模拟输出　　166
第五节　不同管理情景方案的综合效益评价　　169
　　一、土地利用管理综合效益评价方法　　169
　　二、综合效益评价结果分析与讨论　　170
第六节　土地利用可持续管理对策措施探讨　　176
　　一、景观层面　　176
　　二、区域层面　　177
　　三、地区层面　　181
第七节　土地利用可持续管理相关机制探讨　　184
　　一、完善生态保护红线制度立法　　184
　　二、对接"多规合一"的规划机制　　185
　　三、健全自然资源资产产权制度　　186
　　四、建立环境绩效考核评价体系　　186

五、推动干部离任审计追责制度 　　187
　　六、建立健全生态补偿激励机制 　　187
　　七、创新地方环保机构独立履职 　　188
　　八、加强信息公开以及宣传教育 　　189
　第八节　小结 　　189

第六章　结论与讨论 　　191
　第一节　研究结论 　　191
　第二节　不足与讨论 　　195

附　录 　　197

参考文献 　　202

第一章
绪　论

第一节　研究背景与意义

一、学科发展与整体研究趋势

快速城市化背景下土地利用变化是影响生态系统服务最为关键的影响要素之一(Tolessa et al., 2017; Turner et al., 2016; Wang et al., 2015; Nahuelhual et al., 2014)。在联合国政府间气候变化专门委员会(Intergovernmental Panel on Climate Change, IPCC)气候变化评估计划、千年生态系统评估(Millennium Ecosystem Assessment, MA)、生态系统和生物多样性经济学项目计划(The Economics of Ecosystems and Biodiversity, TEEB)和联合国环境署生物多样性与生态系统服务政府间科学决策平台(Intergovernmental Science-Policy Platform on Biodiversity and Ecosystem Services, IPBES)等全球性环境评估组织的推动下,从土地利用变化视角研究人类活动对生态系统服务的影响,已成为国内外全球变化研究领域的核心命题之一,相关研究内容也由生态系统服务价值评估逐渐扩展到生态系统服务空间异质性、生态系统服务间关联性、生态系统服务与人类福祉的相关性,以及规划管理应用等诸多方面。其中,基于生态系统服务的土地利用规划管理研究已成为当前相关学科关注的重点(You et al., 2017; Liang et al., 2017;

BenDor et al.，2017；Plieninger et al.，2015；Ahern et al.，2014；Bateman et al.，2013）。

诚然，当前国内外大量研究已经从多个视角分析了生态系统服务对土地利用变化的响应，如脆弱性角度（Zang et al.，2016；Tzilivakis et al.，2015；Metzger et al.，2006）、供需变化角度（Kain et al.，2016；Larondelle et al.，2016；Baró et al.，2015）、时空权衡角度等（Wu et al.，2017；Cebrián-Piqueras et al.，2017；Kim et al.，2016；Frank et al.，2014），但当前已有的基于生态系统服务的土地利用规划管理研究多侧重于从生态系统服务价值评估视角进行相关规划管理及对策措施探讨（Cai et al.，2017；Darvill et al.，2016；De Vreese et al.，2016；Larondelle et al.，2016），难以较为系统与全面地反映土地利用变化对生态系统服务的影响并满足规划管理决策需求。

研究生态系统服务对土地利用变化的响应主要目的是辅助自然资产管理与规划决策应用（Zheng et al.，2016；Guerry et al.，2015；Koschke et al.，2012；Schößer et al.，2010；De Groot et al.，2010；Daily et al.，2009），尤其是应用于区域土地利用规划与生态系统管理（Arkema et al.，2015；Lawler et al.，2014；Butler et al.，2013；Goldstein et al.，2012；Egoh et al.，2007）。国外基于生态系统服务的规划管理研究已形成较为成熟的研究理论与方法体系。主要研究方法有基于"压力—状态—响应"（DPSIR）模型的研究框架（Albert et al.，2016；Maes et al.，2016；Kelble et al.，2013；Müller and Burkhard，2012；Atkins et al.，2011）、TEEB项目提出的"生态系统和生物多样性—人类福祉"评估框架、战略环境评估方法（Strategic Environmental Assessment，SEA）、基于欧盟委员提出的IA方法框架（Helming et al.，2013）等。国内研究相对滞后，近年来参考国外已有研究理论与方法体系开展的相关研究逐渐增多（Liang et al.，2017；Xue et al.，2015；Hou et al.，2014；冯喆等，2016；戴尔阜等，2016；李双成

等,2013、2014;张永民等,2014),但整体仍处于初步探讨阶段。探讨土地利用变化的生态系统服务响应,可为促进生态系统服务研究转向规划管理实践提供参考,同时对当前正成为热点问题的弹性城市与气候适应性城市建设具有重要理论指导意义。

二、长三角地区发展需求背景

从区域层面来看,开展土地利用变化的生态系统服务响应与可持续管理研究有利于生态保护红线管理更加科学化、精细化,为区域生态保护红线管理制度的真正落地提供管理对策建议。从长三角地区发展来看,其作为我国经济最为发达的城市群之一,当前肩负的国家和国际战略地位不断攀升,对城市群的可持续发展提出了重要挑战。面对过去40年城市化快速发展带来的一系列生态环境问题,亟须从城市群尺度转变发展方式与发展理念,以绿色发展理念推进土地利用的可持续管理,保护地区层面生态系统服务的可持续性。

（一）土地利用生态系统服务是生态保护红线划定的基础

1. 区域生态保护红线落地亟须完善管理制度建设

党的十八大首次将生态文明建设纳入社会主义现代化建设的总体布局,十八届三中全会明确提出了"划定并严守生态保护红线"的战略要求;党的十九大报告更加强调推进生态系统整体性保护,要求通过"统筹山水林田湖草系统治理,实行最严格的生态环境保护制度",并系统完成对生态保护红线、永久基本农田控制线、城镇开发边界线的划定工作。以长三角核心城市——上海为例,为响应国家生态文明建设要求,上海市积极响应2017年中办、国办《关于划定并严守生态保护红线的若干意见》(以下简称《意见》)中的政策措施,落实生态保护红线划定工作,并顺利通过国务院批复同意。在此背景下,如何建立起最严格的生态保护红线制度,守住生态安全底线,成为上海推进生态保护红线制度建设的当务之急。生态保护红线管理制度建设是确保红线"成色"和生态环境保护政策真正"落地"的重要保障,对于落实国家生态文明建设和生态保护体制改革意义深远。

2. 生态保护红线是确保国家生态安全的生命线

改革开放以来,我国社会经济粗放增长与生态环境问题之间的矛盾日益凸显。虽然当前我国自然保护区、森林公园等各类自然保护地建设数量众多,约占陆域国土面积的18%,但生态环境仍不断受损、生态系统功能退化、环境污染严重、自然灾害多发,已经对国家生态安全与人居环境安全造成严重威胁。与此同时,我国自然保护地体系存在空间界线不清晰、交叉重叠现象严重等问题。生态保护红线制度作为国家推进生态文明建设与生态环境保护体制改革的一项战略性举措应运而生,并且被提升至国家战略层面,成为确保国家生态安全的"生命线",在国家生态文明建设与生态环境保护体制改革中的重要地位显而易见,国家《生态文明体制改革总体方案》明确了划定并严守生态保护红线的要求;《意见》具体阐释了生态保护红线制度的核心要义和战略设计。上海在《意见》的指导下,积极开展生态保护红线划定工作,是贯彻落实党中央、国务院生态文明建设重要战略部署,是响应党的十九大报告精神,加快生态文明体制改革,积极实施长江经济带"共抓大保护、不搞大开发"战略的重要举措,同时也是上海保障城市生态安全底线、实现卓越全球城市建设的重要战略举措。

3. 生态保护红线已经划定,下一步关键是严守

以上海市为例,2017年7月,上海市形成了生态保护红线划定的初步方案,于同年8月,经审议通过后上报;同年11月30日,经原环境保护部、国家发展改革委审核并原则通过;2018年2月,国务院正式批复同意。上海市按照国家统一部署,以"应划尽划、划则尽守"为基本原则,遵循"多规合一、陆海统筹"的要求,通过与《上海市城市总体规划(2017—2035)》《上海市主体功能区规划》进行充分衔接,完成了全市生态保护红线划定工作,覆盖"生物多样性维护红线、水源涵养红线、特别保护海岛红线、重要滨海湿地红线、重要渔业资源红线和自然岸线六种类型","红线总面积2 082.69平方千

米,占比 11.84%。陆域面积 89.11 平方千米,生态空间内占比为 10.23%,陆域边界范围内占比为 1.30%;长江河口及海域面积 1 993.58 平方千米;自然岸线总长度 142 千米,占岸线总长度 22.6%"。下一步重点是落实严守工作,确保生态保护红线制度真正"落地"。

4. 严守生态保护红线根本保障是加强管理制度建设

根据《意见》中提出的全国各省市划定生态保护红线的时间节点安排,2020 年年底前,生态保护红线制度须基本建立,全国各省份[①]生态保护红线的划定工作须全面完成。截至目前,京津冀和长江经济带沿线地区的 14 个省份已发布本行政区域生态保护红线。其他 16 省份均已形成划定方案并多数通过省级政府审议。为切实强化我国生态保护红线监管工作,目前生态环境部正研究制定相关管理办法。当前我国环保体制在横向上以环保部门为主,国土、森林、海洋、水利等多个行业主管部门共同参与,而环保部门与其他行业主管部门之间的环保职能与权力配置模式与当前生态保护红线的管理要求很难相适应;在纵向上,中央与地方之间、地方各级之间权力约束机制,以及实施生态系统整体性保护的跨区域、跨部门综合管理机制建设目前尚存在不足。从现行的生态保护红线制度的立法保障来看,尚存在立法体系不够完备,在生态保护红线的立法内容方面过于原则化,生态保护红线的监督与管理的法律责任不够明确等问题。生态保护红线管理制度建设是落实这一核心制度安排的重要支撑和根本保障。亟须在分析生态保护红线管控的具体要求基础上,构建较为系统完善的管控制度体系,形成纵向联通、横向协调、多方协作的管理机制框架,并完善配套管控政策与措施。

(二)城市群发展崛起亟须补足土地利用可持续管理短板

中国城市群建设在助推城镇化建设与经济高速集聚发展的同时也面临着一系列生态环境问题,尤其是土地利用变化对区域生态系统服务的影响。

---

① 省、自治区、直辖市简称省份。

随着中国城市群肩负的国家和国际战略地位不断攀升,以及当前国家提出推动经济高质量发展的要求,都不断促使城市群发展模式与发展方式的转变。由是,中国绿色城市群发展战略是满足自身高质量可持续发展的必然选择,也是补足土地利用可持续性这一重要竞争短板的关键。

1. 中国城市群建设绩效显著与可持续发展问题并存

改革开放40年来,我国城市群发展创造了举世瞩目的成就,城市群建设规模和数量不断增加,由改革开放之初的1个长三角城市群逐步发展演变至现在遍布全国的19个城市群,并逐步从追求数量与规模增长迈向城市群高质量发展阶段。作为国家新型城镇化的重要载体、国家经济发展的战略中心,我国城市群建设对社会经济发展做出了不可替代的巨大贡献:城市群面积占全国比重由改革开放之初的19.26%增加到2016年的30.69%,城镇化率稳步提升;总人口占全国比重由56.27%增加到76.57%,城镇人口占全国比重由58.38%增加到72%,有效促进了人口的城市化;现价GDP占全国比重由75.46%增加到80.05%,财政收入占全国比重由79.14%增加到91.19%,城市群已然成为全国经济发展战略核心。然而,受经济增长方式粗放影响,我国城市群在贡献全国80%左右GDP产出的同时,产生了超负荷的环境污染,城市群发展面临严峻的可持续发展问题。根据中国科学院地理科学与资源环境研究所《中国城市群发展报告(2016)》[1]显示:1980—2015年,我国城市群工业废水排放量占全国的比例高达73%以上,近40年来年均增长速度约为0.43%;城市群废气排放量占全国的比例高达72%以上,历年废气排放量平均增长速度为7.07%;城市群固废排放量占全国比例高达65%以上,多年来固废排放量年均增长速度约为5.81%;此外,我国城市群在作为经济发展核心的同时也是碳排放强度最高的地区,且由于产业经济规模、产业结构、能源结构等因素的影响,我国城市群地区碳排放强度还

---

[1] 《中国城市群发展报告(2016)》(方创琳,2018)。

存在着较大的空间差异,城市群地区的低碳转型发展仍然面临较大的挑战。

2. 长三角城市群肩负的国家和国际战略地位不断攀升

当今,我国城市群的发展进入引领全球城市群发展的 21 世纪新时代,城市群连续 15 年被纳入国家新型城镇化的空间主体;同时,作为我国参与全球竞争的全新地域单元和"一带一路"建设的主阵地,肩负了世界经济发展重心转移的历史使命,城市群的国家及国际战略地位得到快速提升。中共中央和国务院发布实施的多个文件均提出把城市群发展作为推进我国新型城镇化的主体,如党的十八大报告、中央城镇化工作会议、《国家新型城镇化规划(2014—2020)》、中央城市工作会议等均提出将城市群建设作为推进新型城镇化的主体和新的经济增长极。近年来,国务院相继发布的国家"十二五"和"十三五"规划纲要、《国务院关于依托黄金水道推动长江经济带发展的指导意见》《推动共建丝绸之路经济带和 21 世纪海上丝绸之路的愿景与行动》《国务院关于大力实施促进中西部地区崛起战略的实施意见》等均提出要建设发展城市群;此外,2016 年国务院专门批复通过《哈长城市群发展规划》《长江三角洲城市群发展规划》,2017 年国务院关于对《北京城市总体规划(2016 年—2035 年)》的批复提出打造以首都为核心的世界级城市群,城市群发展的国家战略地位不断得到升级。中国城市群发展的国际战略地位也随着城市群建设演进不断得到提升,我国城市群的发展演进标志着国家进入工业化与城镇化中后期,形成新的参与全球竞争与国际分工的地域单元。随着欧美等发达国家城市群发展进入成熟阶段,中国城市群发展正逐渐成为 21 世纪全球城市群发展的主要阵地。近年来我国城市群进出口总额占全国的比例均在 94% 以上,是中国与世界进行贸易往来的关键门户;当前,中国共计有 15 个左右城市群位于"一带一路"沿线,城市群成为"一带一路"建设的主阵地和排头兵。

3. 经济增长方式转型倒逼城市群发展模式不断升级

城市群是城镇化与经济发展到一定阶段的重要标志,是国家经济发展和转型升级的重要政策和动力之一。改革开放以来,城市群作为我国经济发展的战略核心区,以强大的经济动力推动了我国经济持续增长,经济结构持续优化,城镇化水平与质量逐年提升,而我国经济增长的转型升级也倒逼城市群发展模式不断演进。过去40年间,我国经济保持着近10%的增速持续发展了近30年,与此同时,我国城镇化发展从"八五"时期首次提出"有计划地推进我国城市化进程",随着城镇体系的建设与完善,在明确走中国特色城镇化道路的基础上,"十一五"规划第一次提出开展"新城市群建设",并将其作为推进我国城镇化发展的主体形态。经济增长促进城市群数量呈快速增加,"十一五"时期我国城市群数量达到23个。2010年以后,我国经济增速连续下降,回落了近30%,保持在6.5%~7%区间范围内,中国的经济发展思路也日趋成熟,逐渐由改革开放之初的"唯GDP"论过渡到绿色可持续发展思路,党的十九大报告指出,我国经济已经由高速增长阶段向高质量发展阶段转变。经济发展转型也带来了城市群发展模式的转变,"十二五"规划提出"以大城市为依托,中小城市为重点"的城市群建设方略,明确了东部地区重点打造更加具有"国际竞争力的城市群",中西部地区重点培育壮大若干城市群,逐步打造"两横三纵"的城市化战略格局,部分城市群开始合并,城市群数量开始逐渐减少,空间范围开始不断扩大。党的十八大提出要"科学规划城市群规模和布局";2013年习近平总书记在中央经济工作会议上提出"要把生态文明理念和原则全面融入城镇化全过程,走集约、智能、绿色、低碳的新型城镇化道路";2015年国家出台《关于加快推进生态文明建设的意见》,提出要"大力推进绿色城镇化";"十三五"规划和党的十九大报告则强调城市群发展要以人的城镇化为核心,注重城乡一体化发展,构建不同规模城镇协调发展的城镇格局。由此可见,新时期我国经济高质量发展转型倒逼城市群发展从数量与规模扩张逐步转向发展质量提升。

4. 绿色世界级城市群战略激发全球绿色发展新思路

未来中国城市群的建设将继续秉承绿色发展理念,打造绿色生态型城市群,中国绿色城市群发展战略也将激发全球绿色发展新思路。在中国经济高质量转型发展的背景下,中国绿色城市群发展所坚持的以下战略措施对全球绿色发展提供创新思路:一是坚持城市群作为推进国家新型城镇化的主体的战略地位不改变,并持续提升其战略地位,持续发挥城市群的高密度集聚效应和强大的吸管效应,从而使城市群对国家经济社会发展和城镇化的贡献继续加大;二是坚持将城市群作为国家经济发展的战略核心区,持续发挥城市群对经济发展各类要素资源的集聚效应,并通过在城市群内部不断培育新的经济增长极,带动城市群持续健康发展;三是逐步减少城市群数量,向注重城市群绿色发展质量提升的转变,例如打造京津冀、长三角和珠三角城市群等高集聚度的世界级城市群或大都市连绵带,积极推进城市群在生态环境治理方面的联防联动、区域绿色发展方面的跨界融合;四是在城市群总体向成熟阶段演变的过程中,充分利用市场的力量替代政府的力量发挥主要作用;五是城市群内部产业发展布局、基础设施、区域市场、生态建设与环境保护、城乡发展与城乡统筹、社会发展与基本公共服务等方面,始终朝向高度、完全和充分一体化方向发展。

三、选题意义

当前在"一带一路"、长江经济带发展等国家重大战略推动下,长三角地区社会经济呈一体化发展趋势,亟须从区域整体角度制定配套的生态环境协同管理方案,以维持"社会—经济—自然"复合生态系统的可持续性。本书选题契合区域发展导向。长三角是我国东部沿海社会经济发展最为迅速、城市化持续发展的地区,人类活动引起的土地利用剧烈变化对区域生态系统结构、过程与功能产生复杂影响,并引致城市生态系统弹性与气候适应性降低。以典型的快速城市化区域上海市为例,暴雨季节城市内涝与地表径流污染问题突显(权瑞松,2016;程江等,2010;刘敏等,2005)。识别土地利用变化对生态系统服务的影响,在土地利用管理中权衡社会经济发展与生态系统服务保护是重要的缓解途径。值得关注的是，较之当前国内外相关研究多侧重于从生态系统服务价值评估、权衡分析或供需平衡等单一视角进行规划管理对策措施探讨，而整合当前已有研究，从多个视角综合分析土地利用变化对生态系统服务可持续性的影响具有一定挑战。

本书在分析土地利用变化与生态系统服务变化的关联性基础上，尝试从生态系统服务脆弱性、供需平衡和权衡角度综合评价区域生态系统服务的可持续性，开展基于生态系统服务的土地利用可持续性情景模拟研究，为长三角土地利用规划管理过程中的生态系统服务保护提供科学参考依据。

（1）生态系统服务研究的重要目的是辅助自然资产管理与规划管理决策应用(Guerry et al.，2015)。客观来说，当前国内研究多数是单一视角的生态系统服务价值评价，难以满足当前规划管理的决策需求，从土地利用变化视角探讨生态系统服务可持续性评价方法，有利于加强土地利用变化与生态系统服务关联性的认识。通过建立生态系统服务与土地利用管理之间的反馈关联，开展生态系统服务的土地利用可持续性情景模拟研究，可为促进生态系统服务研究转向区域规划管理实践提供重要参考。

（2）长三角各省份社会经济发展背景与自然资源分布在空间上具有较大差异。由于行政区划分割，在追求社会经济快速发展的过程中对生态环境的保护相对滞后，宏观层面社会经济发展引致生态环境问题复杂而突出，因而探究土地利用变化与生态系统服务变化的关联性，一方面可以识别区域生态系统服务现状、演变趋势与特征，另一方面对当前生态环境管理过程中存在的问题进行初步诊断，为实施"共抓大保护、不搞大开发"的生态环境一体化管理提供基础参考。

（3）当前全国各地范围掀起海绵城市建设、弹性城市建设，以及气候适应性城市建设的热潮，旨在提升城市生态系统应对全球气候变化与人类活动干扰的适应能力。其本质共同点是通过保护和提升生态系统服务功能而维持"社会—经济—自然"复合生态系统的可持续性。为此，研究土地利用变化的生态系统服务响应,从脆弱性、供需以及空间权衡的角度综合评价区域生态系统服务的可持续性,可为当前弹性城市和气候适应性城市建设提供规划管理基础参考。

第二节 国内外研究进展

一、城市化区域生态系统服务研究

为分析当前国际上城市化区域生态系统服务及其管理研究的概况,笔者利用文献调研分析法,回顾了近10年来(2006—2016)该领域发表的相关论文,在此基础上初步分析该领域研究趋势与面临的主要问题与挑战。

(一)文献调研方法

通过检索 2006—2016 年研究城市化区域生态系统服务相关的文献,采取定量分析与定性分析相结合的方法来分析当前该领域研究的概况与趋势,主要参考了 Christopher et al.(2015)。由于文献检索年份只涵盖了 2006—2016 年,期刊来源于 Web of science 数据库,检索字段设置为:results found for TITLE-ABSTR-KEY(ecosystem service * OR ecosystem function * OR provisioning ecosystem * OR regulating ecosystem * OR cultural ecosystem * OR supporting ecosystem *)and TITLE-ABSTR-KEY(urban OR city OR cities OR periurban OR rural OR urban-rural)。在此基础上,对可直接获取的文献再次精确筛选,获得针对不同类型城市化区域的研究案例共计 345 篇。筛选过程主要遵循以下原则:一是研究区域涵盖城市、城郊以及城郊结合区域等土地利用变化剧烈的区域;二是研究内容需涉及城市化区域生态系统服务与土地利用变化相关性及管理研究;三是研究案例涉及的生态系统服务、功能或价值评估需直接与案例区域具有较强的关联性,主要包括供给、调节、支持与文化服务等。

目前,学术界对于城市化区域尚无统一的定义,多以特定的人口规模、非农业人口比重或区域行政边界来定义(闫广华,2017;古杰等,2016;朱竑等,2016)。城市化过程土地利用变化主要发生在城市建成区及以其为中心的周边区域,为此需对研究的范围进行界定,即指在空间上包括城市、郊区以及城郊景观域等更为广泛的区域。而对于城市生态系统服务的概念,目前亦无统一的定义。邬建国等(2014)与毛奇正等(2015)参考 MA 的生态系统服务分类体系,认为城市生态系统服务同样包括供给服务、调节服务、支持服务与文化服务四类,并给出具体包含的服务类型。考虑本书在统计分析关于城市化区域生态系统服务研究时涉及的研究区域较广、生态系统类型多样化,故主要参考 MA 生态系统服务分类中包含的各类型生态系统服务进行统计分析。研究案例的筛选结合文献标题、摘要以及部分可供下载的文献原文,按照筛选原则分组进行多轮筛选,以保证筛选出的文献符合研究目的需求。具体的文献筛选步骤与方法如图 1-1 所示:

图 1-1　文献检索与分析方法步骤

(二) 区域分布与多尺度特征

分析城市化区域生态系统服务及其管理研究案例的地理空间分布可以发现，近年来该领域论文发表在地理空间上具有明显的集聚效应。美国与中国的案例研究数量较多，分别为59篇和52篇，其余案例研究主要集中在欧洲国家。由于本书统计分析的仅是以英语语言发表的论文，且检索论文库选择的Web of Science数据库，结论可能存在一定偏差。国内学者的案例研究在观点与数量上不容忽视，研究成果多发表在《生态学报》《应用生态学报》《自然资源学报》和《地理科学》等期刊。

对研究案例统计分析可以发现，总体研究具有多尺度特征，有微观的景观尺度、中观的区域与流域尺度，以及宏观的国家尺度与全球尺度。近年来逐渐由单一景观尺度研究过渡到以流域、区域等较大范围的研究为主导（见图1-2）。但对于生态系统服务的尺度效应研究略显不足。本书所筛选的345篇文献中32%（110篇）未能明确指出研究区域的空间范围、社会经济发展背景等信息。由于生态系统服务的供给与需求往往受社会经济发展水平、自然资源禀赋与分布的影响，供需关系会随着研究的时空尺度变化而变化，因此，当前从不同时空尺度研究不同类型生态系统服务的案例数量虽然

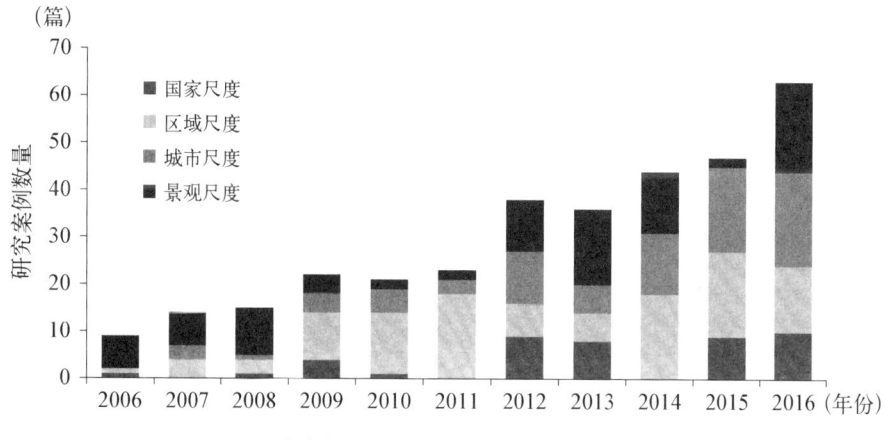

图1-2 城市化区域生态系统服务研究的多尺度特征

较多,但缺乏一定的可比性。总体来说,关于生态系统服务的空间异质性影响因素和尺度效应仍需继续深入研究。

(三) 主要科学视角及研究内容

通过文献统计分析与归纳总结,将城市化区域生态系统服务研究的主要科学视角分为方法研究角度、区域规划管理角度、生态学角度、社会学角度以及经济学角度。对不同科学视角研究的主要内容进行分析表明:(1)方法研究角度主要包括生态系统服务模型与模拟方法研究;生态系统服务的物质量与价值评估方法;生态系统服务空间制图等。(2)生态学角度主要包括基于生态学原理的生态系统结构、功能、生态过程与生态系统服务的形成机制、影响因素与调控管理研究。(3)社会学角度主要涉及生态系统服务的利益相关方研究以及生态系统服务与具体人类经济收益的相关性、人类对生态系统服务的选择与偏好等方面研究。(4)经济学角度主要包括生态系统服务的经济价值评估、不同管理方案的经济效益分析、生态补偿应用等方面的研究。(5)规划与管理角度包括生态系统服务的分类体系研究以及不同土地利用管理方案或单一土地利用类型变化对生态系统服务及其价值变化的影响等、生态系统服务对区域社会经济发展与土地利用政策的响应等方面研究,主要包括生态系统服务供给的变化、生态系统服务的权衡与协同、生态系统服务的空间异质性等。

筛选出的345篇文献中,从生态学角度开展的研究占据主导(31%),主要是研究生态系统服务的形成机制与影响因素;其次是从规划与管理的角度(26%),早期聚焦于生态系统服务的分类体系研究,后转化为土地利用变化对生态系统服务的影响、不同类型生态系统服务之间相互关系,以及生态系统服务与人类福祉相关性研究等(见图1-3)。图1-4显示,虽然长期以来基于土地利用变化的生态系统服务价值评估研究占较大比重,但近年来,生态系统服务与规划管理应用相结合、区域规划管理活动与社会经济发展对生态系统服务影响的研究案例数量逐渐增多,表明生态系统服务研究与规划管理应用正处于不断融合发展的过程。此外,值得关注的是,近年来从社会学角度关注生态系统服务与人类福祉相关性的研究案例数量呈明显的上升趋势,表明生态系统服务研究正逐步由理论研究向管理实践转变。总体来看,从规划管理角度对生态系统服务应用于土地利用管理的理论与方法进行研究,是未来该领域值得关注与探讨的方向之一。

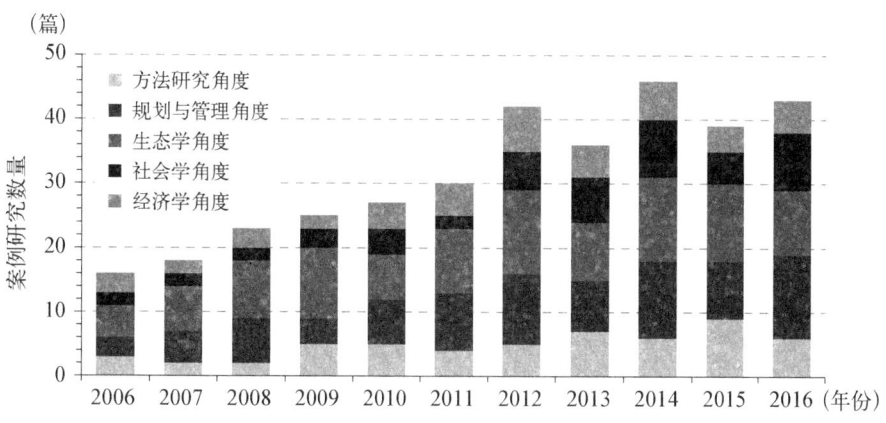

图1-3　城市化区域生态系统服务研究的主要科学视角

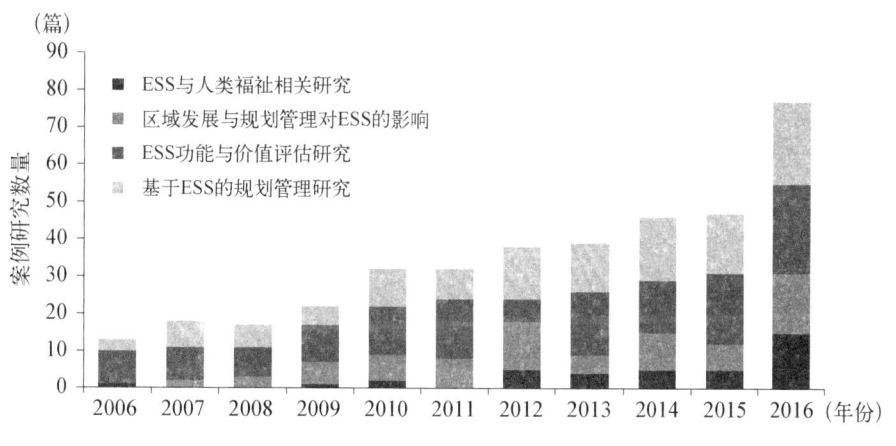

图1-4　城市化区域生态系统服务研究的主要内容

(四)研究的土地利用类型

城市化发展引起的土地利用变化被广泛认为是生态系统服务演变的主

要驱动因素(Song et al.,2017;Turner et al.,2016;Wang et al.,2015;Nahuelhual et al.,2014;Wu et al.,2013),不同土地利用类型在一定程度上可以被视为各类生态系统。参照已有相关研究,对城市化区域提供生态系统服务的生态系统进行分类,确定了当前城市化区域生态系统服务研究主要关注林地、草地、城市绿地、农业用地、湿地和水域生态系统的变化。经统计分析,筛选出的345篇文献中有117篇明确指出所研究的生态系统类型,占文献总数的34%,其余文献均同时涉及多种生态系统类型,未能明确指出哪些生态系统类型及其变化对具体某项生态系统服务功能的发挥起到作用。针对各类型生态系统的研究中,林地生态系统的研究占比最高,其次为水域与城市绿地。就主要科学视角而言(见图1-5),从生态学角度和规划管理角度进行探讨的案例研究占据主导;从方法论角度主要是探讨各类生态结构所提供生态系统服务及其价值评估的量化方法;从社会学角度开展的相关研究略显不足。未来研究应进一步明确研究的生态系统类型,在深入探讨生态系统服务形成与演化机制的基础上,加强从社会学角度探讨生态系统服务与人类福祉的相关性。

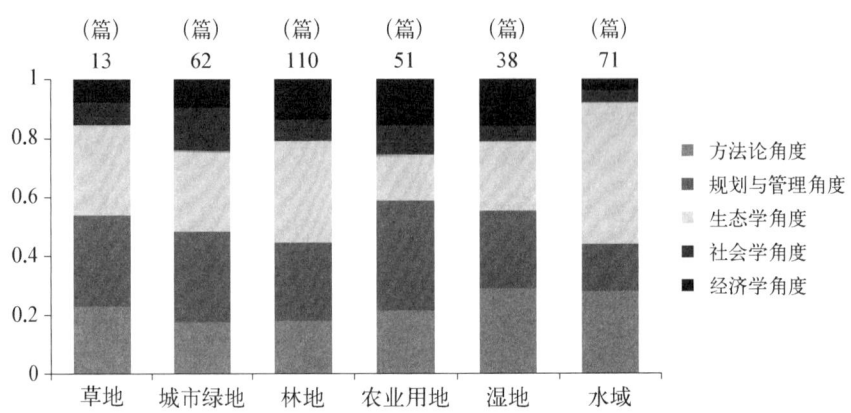

图1-5 城市化区域不同类型生态结构体研究的主要科学视角

(五)关注的生态系统服务类型

就研究关注的生态系统服务类型而言(见图1-6),MA生态系统服务分类体系所包含的四类在所筛选的案例研究中均有探讨，其中 71 篇文献未明确指出研究所关注的生态系统服务的类型。其他 274 篇文献对各类生态结构的调节服务研究占据主导，其中：研究林地生态系统调节服务的文献数量最多，约占林地生态系统服务研究案例总数的 40%（34），其次为城市绿地和农业用地，而对草地和水域生态系统的研究相对较少。对生态系统供给服务的研究仍旧以林地和农业用地为主。虽然从各个角度针对各类型生态系统均有对文化服务的探讨，但仍显得不足，原因可能是受研究模型与方法的限制，目前多数采用条件价值法、支付意愿法以及 InVEST 模型自带的评价模块。针对四类生态系统服务的研究也是从不同的科学角度出发，从规划管理角度和生态学角度进行研究的案例最多，而从社会学角度开展的相关研究最少（见图 1-7）。对生态系统调节服务的分析一直是该领域的主要研究内容，主要是从生态学角度和规划管理角度展开，而从社会学角度的研究略显不足。对支持服务的研究主要是从生态学角度探讨生态系统的生物多样性维持，以及从规划管理角度探讨不同类型与强度的社会经济活动或土地利用政策对生物多样性维持的冲击。总体来看，后续仍需从社会学角度加强对各类型生态系统服务的研究，尤其是生态系统支持服务和文化服务。

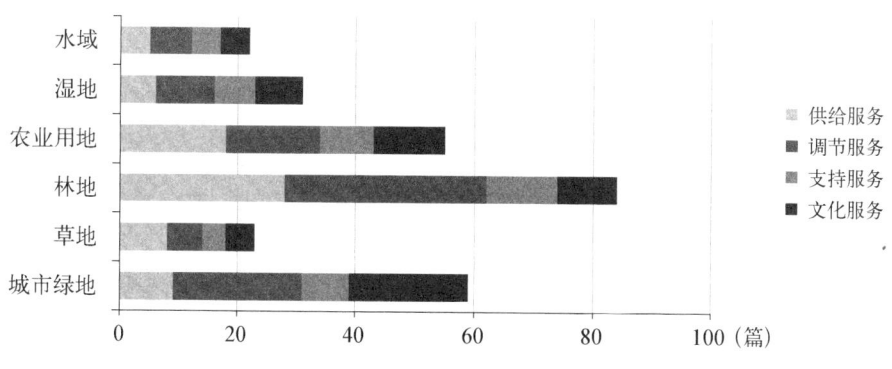

图 1-6 各类型生态结构体研究对应的生态系统服务类型组成

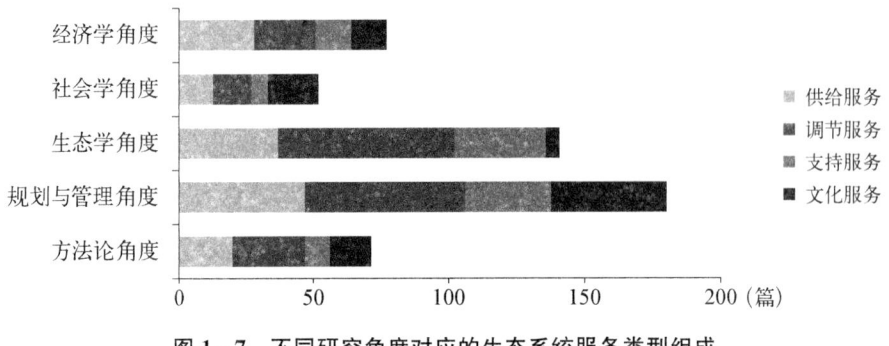

图 1-7　不同研究角度对应的生态系统服务类型组成

二、土地利用变化与生态系统服务关联研究

区域土地利用变化在一定程度上可以被视为不同类型生态系统在空间上的组合体,并且不同土地利用类型均具有为人类社会提供重要生态系统服务的能力(Blanco et al., 2017;Lawler et al., 2014;Zorrilla-Miras et al., 2014;张摇等, 2013;石龙宇等, 2010;Burkhard et al., 2009;Martínez et al., 2009)。长期以来,关于土地利用变化与生态系统服务之间相互关联与影响已成为地理学和生态学领域共同关注的热点与重点(Cabral et al., 2016;李双成等, 2010)。回顾地理科学对于土地利用变化的研究发展历程,与生态系统服务的相互关联性日益加强。由早期注重土地利用变化与全球环境变化之间相互关系的研究,逐步转向土地利用变化的生态系统服务分类、价值评估、生态系统服务时空演变研究以及生态系统服务之间相互关系等研究(傅伯杰和张立伟, 2014)。2005 年全球土地计划(Global Land Project, GLP)将全球变化与陆地生态系统变化研究计划与土地利用变化研究计划相结合,进一步推动了土地利用变化研究与生态系统服务研究的融合(李双成等, 2014)。总体而言,土地利用变化研究与生态系统服务研究相辅相成,两者的结合具有学科发展的历史必然性。

一方面,学界普遍认为土地利用变化是生态系统服务变化的主要影响因素,是深入开展生态系统服务研究的主要研究对象之一(Modernel et al.,2016;Haines-Young,2009;Metzger et al.,2006)。人类社会通过对不同土地覆被类型的选择性开发利用,实现对生产与生活资料的需求,而不同强度与类型的土地开发利用活动通过影响土地类型与空间格局,进而对生态系统结构、生态过程、功能和价值产生影响(傅伯杰等,2017;范玉龙等,2016;赵军和杨凯,2007;谢高地等,2006)。此外,当前对于土地利用变化研究的理论与方法相对成熟,为土地利用变化的生态系统服务脆弱性、协同权衡、与人类福祉相关性等研究提供了重要的研究途径(吴健生等,2017;黄甘霖等,2016;冯伟林等,2013;王大尚等,2013;赵士洞,2006)。因此,从土地利用变化角度研究生态系统服务,既是学科发展融合的趋势,同时又可以深化对生态系统服务形成、生态系统服务之间复杂关系的认识。

另一方面,随着对土地利用变化引起的生态系统服务供给减少与生态服务功能衰退逐渐被规划管理者所认识与重视,近年来国内外学者从多个方面探讨了生态系统服务对土地利用变化的响应(见图1-8),包括对土地利用变化引起的生态系统服务供给与生态系统服务价值的时空演变、生态系统服务的脆弱性、不同类型生态系统服务间的协同与权衡、生态系统服务变化对人类福祉的影响等方面(王大尚等,2015;杜林远,2015;郑华等,2013)。这为不同时空尺度上的土地利用规划与管理提供了决策依据,也丰富了土地利用管理研究的生态学基础。

三、土地利用变化的生态系统服务响应研究

全球快速城市化进程在带来社会经济迅速发展的同时,对不同时空尺度下生态系统的组成、结构与生态服务功能的影响,俨然成为今后发展将要面临的严峻挑战。土地利用变化与生态系统服务的供给与消费需求之间存在紧密的关联性(Burkhard et al.,2010;2012),并且人类社会经济活动通过对土地利用格局、功能产生影响,从而影响生态系统服务供给的数量与质

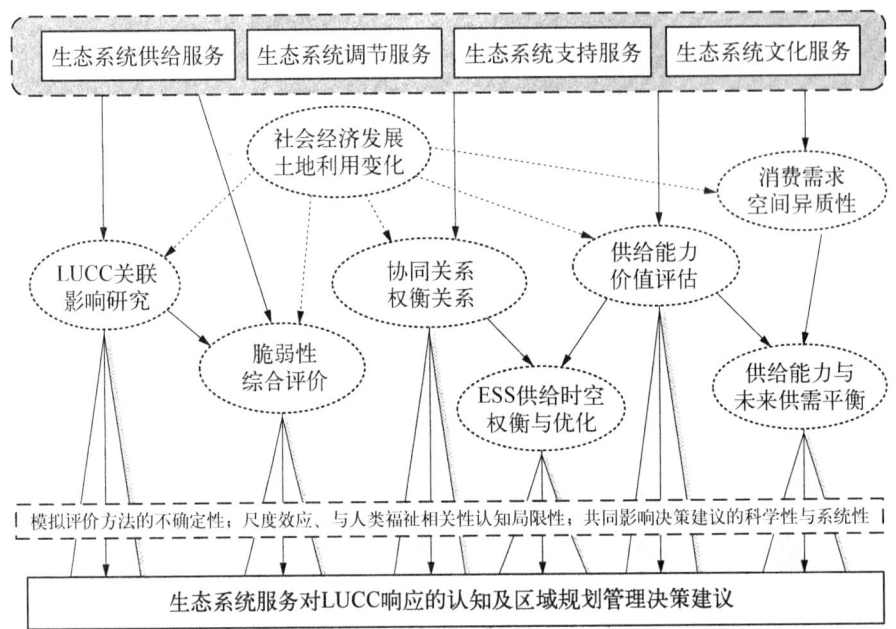

图 1-8 生态系统服务与人类福祉关联研究主要路径

量(李双成等,2012;2013;2014)。为此,大量研究尝试探讨土地利用变化对生态系统服务与功能的影响。

(一)国外研究概况

MA(2005)评估并指出土地利用变化是过去数十年间对陆地生态系统服务影响最为重要的影响因素之一。为满足人类日益增长的物质资源、粮食、能源等需求,人类对生态系统的开发利用活动在过去 50 年间达到了空前的规模与速度,对全球范围内的生物多样性减少产生了巨大影响(Tscharntke et al.,2005;Flynn et al.,2005)。土地利用变化对生态系统供给服务的影响主要表现为维持人类基本生存需求的各类食物产品的生产能力在过去几十年间大幅度提高,而增加维持粮食生产服务的生态系统的面积是最直接的手段,MA(2003,2005)研究表明,由于全球范围内大规模的农业用地开垦,目前垦殖土地约占全球地表面积的 25%,由此导致森林、草地等自然植被面积的减少对生态系统服务功能产生显著影响(Vitousek et al.,1997)。土地利用变化对生态系统调节服务的影响也被大量研究案例所证实,如碳储存服务、水质调节、气候调节、侵蚀调节等(Kim et al.,2017;Cabral et al.,2016;Allan et al.,2015;Lawler et al.,2014;Lorencová et al.,2013)。此外,MA计划指出在全球土地利用变化过程中,人类对自然生态系统结构的改造已经使生态系统文化服务价值呈下降趋势。

而根据文献检索发现,国际上关于土地利用变化对生态系统服务影响的研究起步较早,且随着GIS技术的应用推广更促进了该领域研究的深入发展。根据研究内容进行归纳总结,主要包括:生态系统服务脆弱性变化研究(Reinmann et al.,2017;Vitule et al.,2016;Tzilivakis et al.,2015;Díaz et al.,2013;Haines-Yong,2009);对土地利用变化的生态系统服务供需评价(Hegetschweiler et al.,2017;Brunner et al.,2016;Palacios-Agundez et al.,2015;Burkhard et al.,2010;2012);不同类型生态系统服务间的权衡与协同关系(Lafond et al.,2017;Kim et al.,2016;Howe et al.,2014;Lester et al.,2013;Johnson et al.,2012);生态系统服务价值时空异质性;等等。国外从多个角度分析了土地利用变化对生态系统服务的影响,但各个角度的研究方法缺乏统一性(李双成等,2013;2014),例如对生态系统服务供需平衡的研究包括物质量的研究方法、生态系统服务价值评价的研究方法和土地利用与生态系统服务供给能力和消费需求相关能力的评价方法,而后者应用较为广泛。

(二) 国内研究概况

1. 研究发展历程

国内生态系统服务研究总体上起步较晚,但近年来相关研究成果的论文发表数量呈明显增加趋势,并成为相关领域研究的热点(毛奇正等,2015;傅伯杰等,2014;张永民等,2014;李双成等,2013)。在对国外生态系统服务相关概念内涵研究的基础上,国内众多学者积极展开了生态系统服务定义、分类体系以及相关评价方法的研究(傅伯杰等,2017;肖玉等,2016;张永民等,2014;李文华等,2009;谢高地等,2008),并在此基础上针对不同类型生态系统开展了不同时空尺度上的生态系统服务价值评估研究。

早期,在全国尺度上,主要聚焦于对森林、草地、农田与湿地生态系统服务功能与价值的评估(孙新章等,2007;靳芳等,2005;赵同谦等,2004;崔丽娟,2004;吴玲玲等,2003;谢高地等,2001)。在区域尺度上,生态系统服务价值评估的生态系统类型丰富多样,覆盖地理空间范围广泛,研究成果也颇为丰富。在评估方法上主要采用质量评价和价值系数法评估法,其中价值系数法评估应用最为广泛,主要借鉴 Costanza(1997)提出的生态系统服务价值系数与评估模型。与此同时,谢高地等(2008)通过对中国众多生态学领域学者进行多次问卷调查,制订并完善了较为实用的中国生态系统服务价值当量表,被国内学者广泛接受与应用于生态系统服务价值评估研究。

近年来,随着3S技术在生态学与地理学领域的推广与应用,以及生态系统服务变化相关模型方法的发展,如 InVEST 模型、ARES 模型、SolVES 模型等,一方面为土地利用变化的生态系统服务动态评估提供了可能,涌现出大量关于生态系统服务时空演变、土地利用变化对生态系统服务的影响等研究(Song et al.,2017;郭小燕等,2017;李晓炜等,2016;李冰等,2016;王军等,2015;傅伯杰和张立伟,2014);另一方面也为探讨不同类型生态系统服务之间的协同权衡关系提供了较为丰富的研究途径(孙泽祥等,2016;傅伯杰和于丹丹,2016;戴尔阜等,2015;杨晓楠等,2015;李双成等,2013;葛菁等,2012)。在生态系统服务的规划管理应用方面,李双成等(2013;2014)通过探讨生态系统服务研究与地理学研究相结合,为推进生态系统服务应用于区域规划管理提供了理论参考。此外,生态系统服务及其价值评估主要被应用于辅助区域间生态补偿政策的制定(刘俊鑫等,2017;王晓玥等,2016;赖敏等,2015;仲俊涛等,2013;王女杰等,2010)、区域生态安全格局分析评价(刘国华,2016;王蓓等,2016;欧阳志云等,2015;李咏红等,2013)等方面。

2. 研究现状

总体来看,国内生态系统服务研究在多年不断探索的过程中,取得了长足的进步,提升了公众与管理者对生态系统服务的认识,并为区域规划与管理提供了一定的理论参考(杨旭等,2015;李双成等,2013;谢高地等,2013)。理论研究方面,目前也逐步由单一的价值评估工作转向不同类型生态系统服务间相互关系的探讨以及生态系统服务权衡与协同研究,同时也为土地利用变化与生态系统服务的相互关系研究提供了理论与方法的基础积累(李双成等,2012;2014)。

国内相关研究近年来也取得了进展(见表1-1),并初步探讨了生态系统服务的区域土地利用规划管理,其中关键是识别土地利用变化对生态系统服务的影响,并根据生态系统服务的响应特征为土地利用规划管理提供相关规划依据。例如,李双成等(2014)总结了当前从土地利用变化角度研究生态系统服务的基本步骤与流程。并构建了土地利用变化与生态系统服务之间的关联框架,归纳总结了当前已有研究的基本思路(见图1-9)。目前国内相关研究的论文,有关生态系统服务对土地利用变化的响应研究主要针对生态系统服务价值时空变化,其典型研究方法是生态系统服务价值评价或物质量计算,以识别土地利用变化引起的生态系统服务时空范围中的变化特征;不同类型生态系统服务之间的权衡关系研究,主要是在3S技术和InVEST模型的辅助下进行生态系统服务空间权衡研究;生态系统服务脆弱性研究主要以传统的生态系统脆弱性评估方法为基础,利用综合指标评价法分析土地利用对生态系统服务供给的影响。对于生态系统服务供需平衡的研究相对较少,主要是基于模型模拟、物质量评估和价值量评价等方法分析生态系统服务供需的相对变化,识别其变化规律。

表 1-1 土地利用变化过程生态系统服务的响应研究案例及其主要观点

作者,发表年份	发表刊物	响应类型	研究区域	主 要 观 点
肖玉等,2016	《生态学报》	供需平衡	——	梳理了生态系统服务空间流动研究的必要性,认为其可在生态系统服务供给和需求之间建立反馈关系,辅助探索服务供给时空动态与人类福利的关系
徐洁等,2015	《资源与生态学报》	供需平衡	东江湖流域	利用 InVEST 模型模拟区域水供给服务供需平衡格局,水供给服务消费需求格局空间上具有城乡梯度特征,城市化发展会导致水供给服务的供不应求
黄慧,2015	学位论文	供需平衡	江苏省无锡市	通过分析无锡市生态系统服务的供需特征,揭示土地利用变化引起不同类型生态系统服务供需变化规律,生态系统服务供需研究可辅助土地利用管理决策
杨莉,2012	《干旱区资源与环境》	供需平衡	黄河流域	从生态系统服务供需平衡角度分析了黄河流域食物和薪柴供给服务功能变化的原因,并识别了地区生态系统服务消费满足状况和时空差异特征
董家华等,2006	《生态学报》	供需平衡	江苏省太仓市	认为社会经济发展过程中,应降低人类活动强度,不能单一关注生态系统服务的供给,要考虑生态系统服务的供需平衡,以引导可持续发展
刘金龙等,2013	《北京大学学报》	脆弱性	京津冀地区	土地利用变化导致生态系统服务供给能力下降,土地利用变化对生态系统服务的潜在影响、适应能力以及生态系统服务的脆弱性的空间格局产生影响
窦玥等,2012	《地理研究》	脆弱性	广州市花都区	尝试运用区域土地利用变化对生态系统脆弱性影响评价和空间表达方法,将生态系统脆弱性研究拓展到人与自然复合生态系统以综合分析与评价

续表

作者,发表年份	发表刊物	响应类型	研究区域	主要观点
王佳丽等,2010	《自然资源学报》	脆弱性	江苏省环太湖地区	人为改变土地利用变化对降低生态系统服务脆弱性具有重要意义。合理调整土地利用结构、加强规划管理可以降低土地利用变化引起的生态系统服务脆弱性
马骏等,2015	《生态学报》	脆弱性	三峡库区	认为三峡库区生态脆弱性是人类活动与自然环境相互作用的结果,城市生活污染、水土流失、植被状况等为主要驱动因子且生态脆弱性呈现两极化趋势
封建明等,2016	《水土保持研究》	脆弱性	榆阳区	利用景观分析方法评价榆阳区生态脆弱性的空间分布特征,认为景观分布格局、地形、矿区、居民点等人为干扰是影响生态脆弱性空间分异的主要原因
胡和兵等,2011	《自然资源学报》	空间异质性	南京市九乡河流域	城市化使九乡河流域生态系统服务价值的空间异质性发生了明显的变化,对其负效应明显;生态规划与流域开发建设的分类指导是可能的恢复途径
鄢红娟等,2016	《生态科学》	空间异质性	乌江流域	利用 ArcGIS 软件和 InVEST 模型研究了生态系统服务的空间异质性特征,并认为土地利用空间格局及流域地形特征是形成梯度差异的重要因素
李博等,2013	《中国沙漠》	空间异质性	石羊河流域	认为石羊河流域同一生态系统在不同流域生态服务价值存在巨大差异,上游地区为典型生态输出型地区,而中游与下游为典型输入型地区

续　表

作者,发表年份	发表刊物	响应类型	研究区域	主 要 观 点
李双成等,2013	《地理研究》	权衡关系	——	理解服务权衡与协同的表现类型、形成机理、尺度依存和区域差异对制定区域发展与生态保护双赢的政策措施具有重要意义;提出从地理学角度研究包括服务供需的时空异质性、权衡与协同的形成机制、尺度依存和区域差异等
白杨等,2013	《生态学报》	权衡关系	白洋淀地区	分析了白洋淀地区在不同土地利用发展情景下农业用地、水电生产和水质量之间的权衡,并通过权衡分析寻找兼顾土地利用和生态经济发展的方案
Ying Pan,2013	Ecosystem services	权衡关系	泾河流域	分析粮食供给、肉类供给、水资源保护以及土壤保持之间的权衡,认为权衡关系受自然地理条件影响较小,土地利用变化是导致权衡空间异质的主要原因
葛菁等,2012	《生态学报》	权衡关系	雅砻江二滩水利枢纽	认为生态系统服务价值评估需要增加对时空变化与对外来压力敏感性的评价,不同土地覆被格局下多种生态系统服务供给与其他经济收益存在权衡
饶胜等,2015	《干旱区资源与环境》	权衡关系	正蓝旗草地	运用极值法构建了正蓝旗草地生态系统服务的权衡利用模型,表明极值权衡分析方法能为正蓝旗草畜平衡政策和生态补偿政策的制定提供科学依据
孙泽祥等,2016	《生态学报》	权衡关系	呼包鄂榆地区	快速城市化过程干燥地区生态系统服务权衡具有尺度效应,不同尺度上统一服务类型的权衡关系差异较大,主要受社会经济发展与自然条件影响

续 表

作者,发表年份	发表刊物	响应类型	研究区域	主 要 观 点
傅伯杰等,2016	《资源科学》	权衡关系	黄土高原地区	土地利用变化与土壤保持、碳固定具有正效应,与产水量间存在负效应;粮食生产能力与农业生产条件改善、人工投入增加和技术进步密切相关
李屹峰等,2013	《生态学报》	权衡关系	密云水库流域	通过分析产水量、土壤保持、水净化三种服务在土地利用变化影响下的变化态势,并指出农田面积减少改善土壤保持服务,森林面积增加改善固碳服务削弱了水供给服务,建设用地扩张削弱了水净化服务

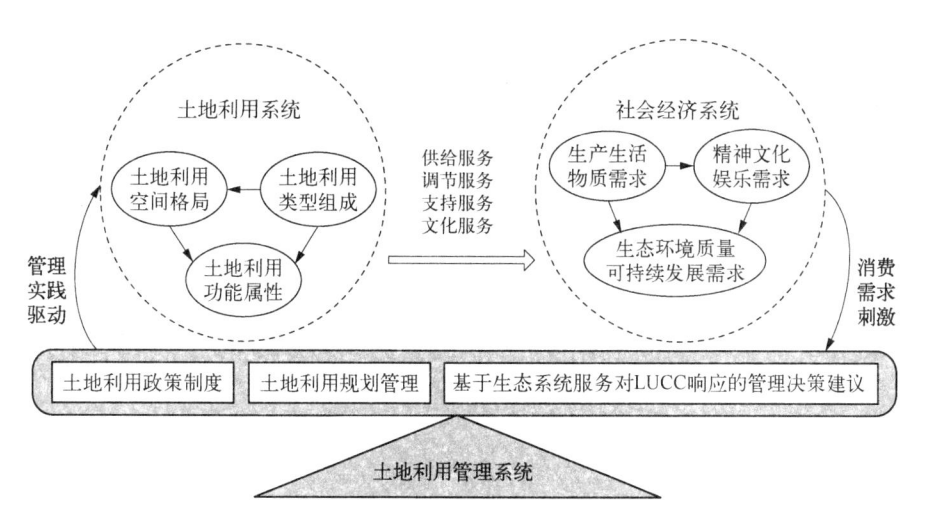

图 1-9 从土地利用变化角度研究生态系统服务的一般思路

(三) 关键问题识别

总结国内外关于土地利用变化对生态系统服务影响相关研究可知,虽然国外学者率先从多个角度开展了相关研究,并为国内开展相关研究提供了较为成熟的理论与方法参考,但当前对土地利用变化与生态系统服务之间关联性的认识仍处于不断发展与完善过程中,相关研究理论与方法有待通过不同时空尺度的案例研究予以进一步论证与检验。

生态系统服务对土地利用变化具有多重响应特征,而已有研究多数是从单一响应特征出发,来提出相关的规划管理建议。例如,典型的基于生态系统服务价值评估的规划管理建议,忽略了不同社会经济与自然地理条件背景下生态系统服务供给与消费需求均存在空间异质性,以及不同时空尺度上生态系统服务存在复杂的权衡与协同效应,所得结论往往具片面性。当前国内外生态学领域对生态系统服务研究理论与方法的探讨,为生态系统服务的土地利用规划管理提供了研究基础,未来从规划管理角度对已有关于生态系统服务研究的理论与观点进行整合,从多个角度综合评价土地利用变化对生态系统服务可持续性的影响,一定程度上可以提高决策建议的系统性与科学性。

四、面临的问题与挑战

第一,从国际研究现状来看,已有学者指出未来城市化区域生态系统服务的研究需要明晰研究标准与范围,识别可能影响生态系统服务空间异质性的社会经济与自然地理条件等影响因素(Christopher et al.,2015;李双成等,2014),一方面可以提高相似背景区域的可比性,另一方面深化对生态系统服务空间异质性的效应认识;需明确研究的生态系统类型与生态系统服务类型,以深化对生态系统服务形成与演化机制的认识;需加强从社会学角度研究生态系统服务与人类福祉的相关性,探讨将生态系统服务应用于土地利用管理实践的具体方法。

第二,从国内研究现状来看,当前已有研究对生态系统服务时空异质性、多种效应等方面研究存在不足。多数研究仍以生态系统服务价值评估为主,在研究方法上对模型的依赖性较强,价值评估系数的选取缺乏对引起空间异质性的影响因素的考虑。研究结论多数局限于从生态系统服务供给或生态系统服务价值变化角度提出规划管理建议,系统性与科学性有待加强,相关研究的结论难以在土地利用规划管理过程中有效落实。

第三,目前国内外有关土地利用变化对生态系统服务影响的研究已经取得较为丰富的成果,分析评价了土地利用变化的生态系统服务响应特征,在此基础上,识别生态系统服务对土地利用变化的多重响应特征,从生态系统服务权衡、供需和脆弱性等多个视角出发,评价土地利用变化对生态系统服务可持续性影响,建立生态系统服务保护与土地利用管理之间的关联,具有一定的挑战性。

第三节 研究内容与技术路线

一、工作基础

作者在攻读硕士与博士学位期间持续关注土地利用变化对生态系统服务影响相关研究,掌握了生态系统服务量化评价方法,结合 ArcGIS 地理空间分析方法进行生态系统服务制图等基础研究方法,熟练掌握系统动力学模型方法和土地利用空间格局模拟等模型方法,具备较强的生态系统服务研究理论与方法积累。作者在读研期间参与了太湖流域管理局有关产业发展对流域水资源影响的调查分析、水利部公益项目"太湖流域地区水系结构与河湖连通研究",以及上海市区域生态环境调查评价等相关科研项目。此外,作者在"资源科学"和 *Environmental Management* 等国内外期刊上发表了基于土地利用变化的区域生态系统服务研究相关科研论文。

以上相关基础在理论与方法方面为作者的研究选题及工作开展提供了支持。

二、研究内容

第一,以长三角为案例研究区域,分析1990—2010年宏观尺度上土地利用数量变化特征与趋势,利用价值评估方法分析土地利用变化引起的生态系统服务的稀缺性与空间分布的不均衡性。以上海城郊结合区为土地利用剧烈变化的典型景观,分析土地利用格局变化对生态系统服务功能的影响。一方面识别出研究时段内长三角地区土地利用的现状、特征与变化趋势。另一方面明确了土地利用变化与生态系统服务变化之间的关联性,为后续章节开展土地利用变化的生态系统服务响应评价提供研究基础。

第二,以长三角为案例研究区域,从生态系统服务供需平衡、脆弱性和空间权衡的视角分析土地利用变化的生态系统服务响应,并进行区域生态系统服务可持续性评价。一方面从多个视角量化评价土地利用变化的生态系统服务响应,明确两者相互作用特征与规律,为土地利用规划管理过程中的生态系统服务保护提供对策措施建议;另一方面为开展生态系统服务的土地利用可持续性情景模拟提供决策情景依据。

第三,在分析长三角土地利用变化的生态系统服务响应的基础上,以长三角为案例,通过建立SD和CLUE-S模型耦合的研究方法体系,将生态系统服务与土地利用管理进行关联,开展生态系统服务的土地利用可持续性情景模拟研究。对长三角土地利用变化管理过程中生态系统服务保护存在的问题进行分析,构建土地利用可持续性情景方案,并对各情景方案的模拟结果进行综合效益评价,识别出适宜的优化管理方案。

三、技术路线

本书技术路线如图1-10所示:

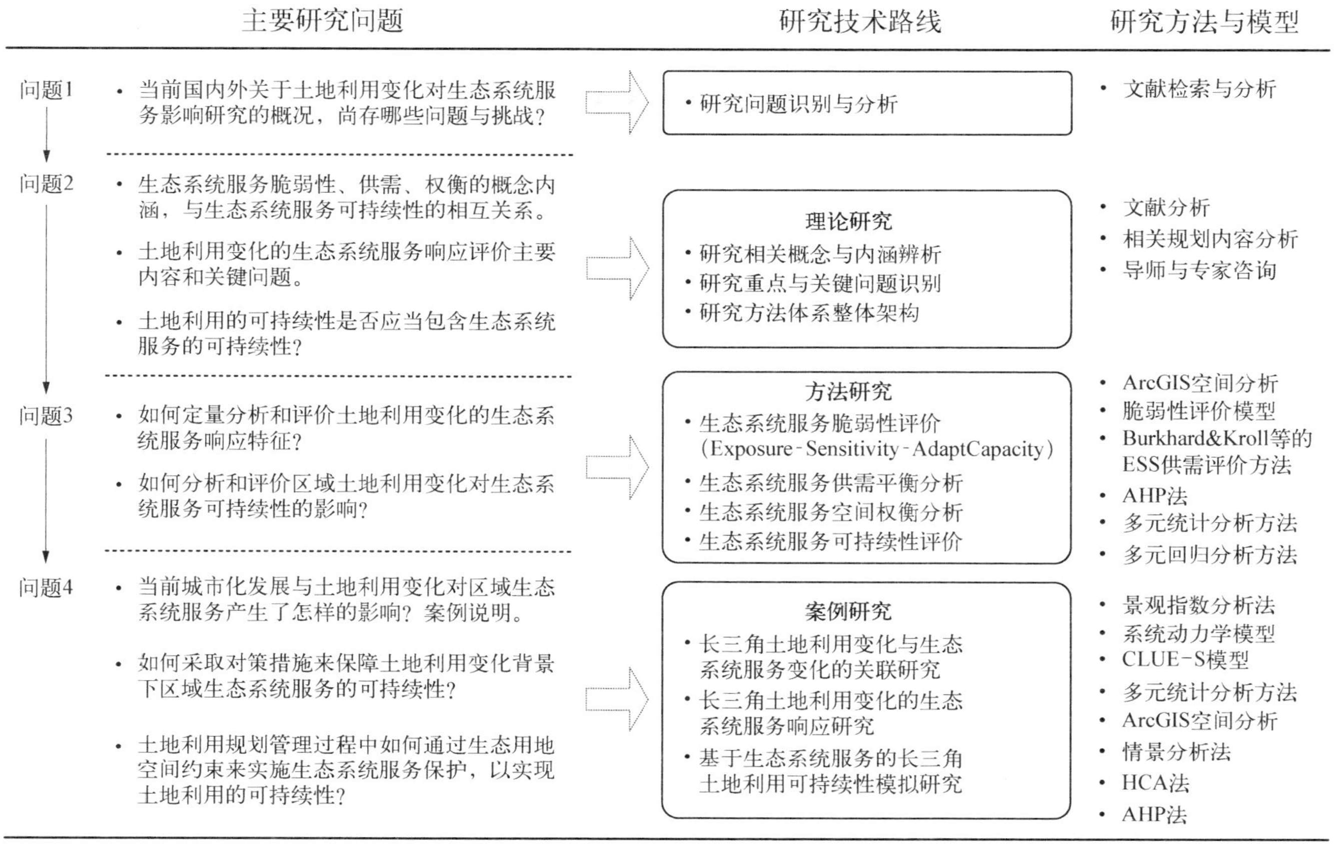
主要研究问题
研究技术路线
研究方法与模型
问题1
• 当前国内外关于土地利用变化对生态系统服务影响研究的概况，尚存哪些问题与挑战？
• 研究问题识别与分析
• 文献检索与分析
问题2
• 生态系统服务脆弱性、供需、权衡的概念内涵，与生态系统服务可持续性的相互关系。
• 土地利用变化的生态系统服务响应评价主要内容和关键问题。
• 土地利用的可持续性是否应当包含生态系统服务的可持续性？
理论研究
• 研究相关概念与内涵辨析
• 研究重点与关键问题识别
• 研究方法体系整体架构
• 文献分析
• 相关规划内容分析
• 导师与专家咨询
问题3
• 如何定量分析和评价土地利用变化的生态系统服务响应特征？
• 如何分析和评价区域土地利用变化对生态系统服务可持续性的影响？
方法研究
• 生态系统服务脆弱性评价（Exposure-Sensitivity-AdaptCapacity）
• 生态系统服务供需平衡分析
• 生态系统服务空间权衡分析
• 生态系统服务可持续性评价
• ArcGIS空间分析
• 脆弱性评价模型
• Burkhard&Kroll等的ESS供需评价方法
• AHP法
• 多元统计分析方法
• 多元回归分析方法
问题4
• 当前城市化发展与土地利用变化对区域生态系统服务产生了怎样的影响？案例说明。
• 如何采取对策措施来保障土地利用变化背景下区域生态系统服务的可持续性？
• 土地利用规划管理过程中如何通过生态用地空间约束来实施生态系统服务保护，以实现土地利用的可持续性？
案例研究
• 长三角土地利用变化与生态系统服务变化的关联研究
• 长三角土地利用变化的生态系统服务响应研究
• 基于生态系统服务的长三角土地利用可持续性模拟研究
• 景观指数分析法
• 系统动力学模型
• CLUE-S模型
• 多元统计分析方法
• ArcGIS空间分析
• 情景分析法
• HCA法
• AHP法

图 1-10 本书主要内容与技术路线

第二章
数据来源与研究方法

第一节 研究区域

选取长三角地区空间范围以2010年国务院批准的《长江三角洲地区区域规划》中划定为准,包含江苏省、浙江省和上海市两省一市,以及各省市下辖的16个主要地级城市。区域总面积约21.07万平方千米,约占国土总面积的2.19%,其中陆域为186 802.8平方千米、水域为23 937.2平方千米。研究时期为1990—2010年。长三角地区社会经济急速发展,2010年两省一市GDP达到72 494.10亿元,占同一时期我国GDP的21.29%。人口自然变动情况基本与全国人口变化趋于一致,人口结构老龄化(孙阳等,2017;王国霞等,2016),根据江苏、浙江、上海地区统计局发布的《2010年第六次全国人口普查主要数据公报》,2010年长三角范围内常住人口为15 610.59万人(马建堂等,2011)。

长江三角洲属于我国东部亚热带湿润地区,地势南高北低,区域地表覆被与生态系统类型复杂多样。区域河网水系发达,河网密度约为4.8—6.7千米/平方千米,主要湖泊有太湖、洪泽湖、高邮湖、骆马湖、邵伯湖,主要河流有淮河、长江、钱塘江、京杭大运河等(张利民等,2008)。此外,沿海滩涂与湿地资源比较丰富,优越的自然地理条件为长三角地区发展提供了良好的资源与环境基础。然而,由于长三角各省市社会经济发展、自然资源分布空间差异较大,各地区土地开发利用方式与强度各异,城市化发展对生态系统服务产生复杂影响。

上海市是长三角土地利用急剧变化的典型区域,上海市区域面积约6 400平方千米,地势平坦,平均高程4米,属于典型的平原河网地区(杨明楠等,2014;赵军等,2011;卢士强等,2006)。境内河网密集,拥有大小河道23 787条,2010年河网密度为3.41千米/平方千米(车越等,2016;袁雯等,2005)。自1990年上海确立了打造全球金融商贸中心的目标以来,上海社会经济飞速发展。伴随着城市规模不断扩大,城市建成区范围不断由中心城区向周边呈辐射状扩展,形成明显的城郊结合区过渡区域。在过去20年的发展过程中上海城郊结合区景观土地利用变化剧烈,区域范围内不透水面积增加,大量中小河道被填埋而导致防洪调蓄功能丧失(唐敏,2004),由此产生的生态系统服务功能退化较为严重。

第二节　数据与资料来源

一、土地利用遥感解译数据

上海市2000年与2010年土地利用遥感解译数据来源于华东师范大学地理信息科学教育部重点实验室,[①]精度为10米×10米(图2-1),主要用于探讨上海城郊结合区及其范围内的微观景观变化对生态系统服务的影响。为使土地利用分类更适应于研究需求,参考赵军(2008)对土地利用进行的重分类,主要分为农业用地、城市建设用地、水域、城市绿地、其他用地(见表2-1)。

---

① 华东师范大学地理信息科学教育部重点实验室吴建平教授课题组完成土地利用遥感数据解译。

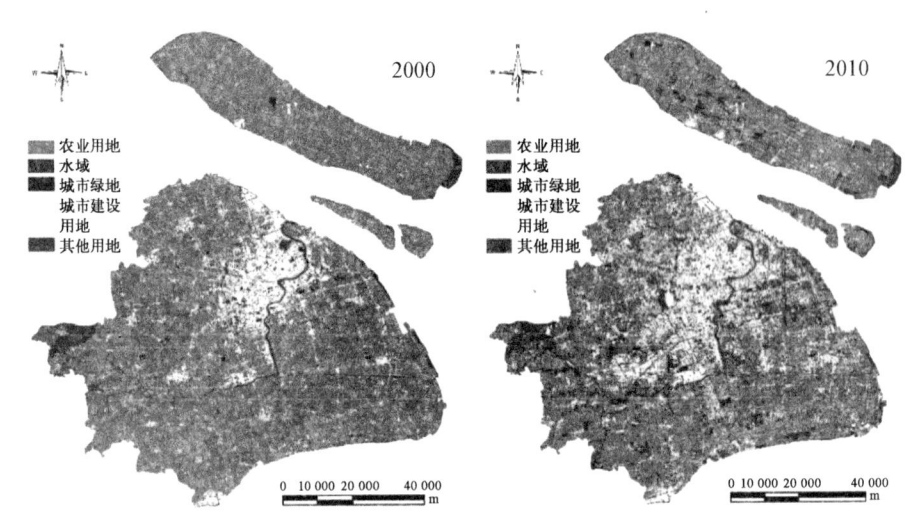

图 2-1　上海 2000 年和 2010 年土地利用遥感解译数据

表 2-1　上海市土地利用重分类体系

序号	重分类	原始解译土地利用分类
1	城镇建设用地	工业用地、居住用地、公共建筑用地、仓储用地、市政设施用地、道路广场用地、铁路用地、空海港口用地
2	农业用地	农田、耕地、园地、禽畜养殖用地、水产养殖用地、自然村落
3	城市绿地	公园、单位附属绿地、工厂附属绿地、居住区绿地、生产绿地、防护绿地
4	水域	湖泊、河流、池塘、滩涂湿地
5	其他用地	在建用地、未利用地

长三角江苏省、浙江省和上海市范围土地利用遥感解译数据、人口密度空间数据(2010 年)和经济密度空间数据(2010 年)均来源于中国科学院资源环境科学数据中心(http://www.resdc.cn)"中国 1∶10 万比例尺土地利用现状遥感监测数据库",①空间数据精度均为 30 米×30 米(图 2-2),土地

---

① 该数据库是在国家科技支撑计划、中国科学院知识创新工程重要方向项目等多项重大科技项目的支持下经过多年积累而建立的覆盖全国陆地区域的多时相 1∶10 万比例尺土地利用现状数据库。主要由刘纪元等负责完成各时相土地利用遥感数据解译。

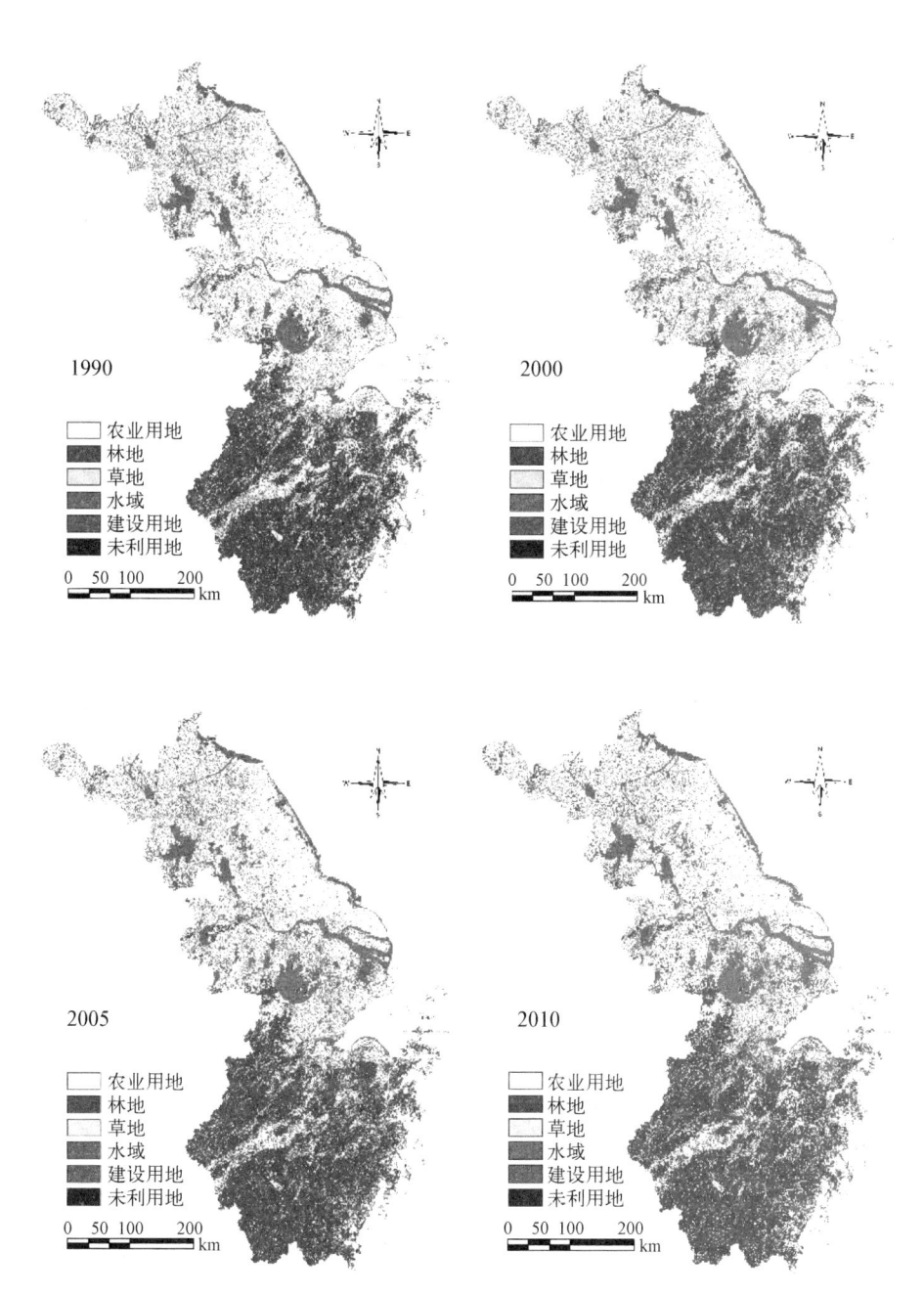

图 2-2 主要年份长三角土地利用部分遥感解译数据(1990—2010)

资料来源：中国科学院资源环境科学数据中心(http://www.resdc.cn)。

利用数据主要包括1995年、2000年、2005年、2010年五期数据(本文写作期间2015年土地利用遥感解译数据尚未对外公布共享),数据生产制作是以各期Landsat TM/ETM遥感影像为主要数据源,通过人工解译生成(刘纪元等,1996—2014),具体分类体系如表2-2所示。该系列土地利用遥感解译数据主要用于生态系统服务响应评价。

表2-2 长三角土地利用分类体系(资料来源:中国科学院资源环境科学数据中心)

一级类型		二级类型		含义
编号	名称	编号	名称	
1	耕地			指种植农作物的土地,包括熟耕地、新开荒地、休闲地、轮歇地、草田轮作物地;以种植农作物为主的农果、农桑、农林用地;耕种三年以上的滩地和海涂
		11	水田	指有水源保证和灌溉设施,在一般年景能正常灌溉,用以种植水稻,莲藕等水生农作物的耕地,包括实行水稻和旱地作物轮种的耕地。111-山地水田;112-丘陵水田;113-平原水田;114->25度坡地水田
		12	旱地	指无灌溉水源及设施,靠天然将水生长作物的耕地;有水源和浇灌设施,在一般年景下能正常灌溉的旱作物耕地;以种菜为主的耕地;正常轮作的休闲地和轮歇地。121-山地旱地;122-丘陵旱地;123-平原旱地;124->25度坡地旱地
2	林地			指生长乔木、灌木、竹类,以及沿海红树林地等林业用地
		21	有林地	指郁闭度>30%的天然林和人工林。包括用材林、经济林、防护林等成片林地
		22	灌木林	指郁闭度>40%、高度在2米以下矮林地和灌丛林地
		23	疏林地	指林木郁闭度为10%~30%的林地
		24	其他林地	指未成林造林地、迹地、苗圃及各类园地(果园、桑园、茶园、热作林园等)

续 表

一级类型		二级类型		
编号	名称	编号	名称	含义
3	草地			指以生长草本植物为主,覆盖度在5%以上的各类草地,包括以牧为主的灌丛草地和郁闭度在10%以下的疏林草地
		31	高覆盖度草地	指覆盖>50%的天然草地、改良草地和割草地。此类草地一般水分条件较好,草被生长茂密
		32	中覆盖度草地	指覆盖度在>20%~50%的天然草地和改良草地,此类草地一般水分不足,草被较稀疏
		33	低覆盖度草地	指覆盖度在5%~20%的天然草地。此类草地水分缺乏,草被稀疏,牧业利用条件差
4	水域			指天然陆地水域和水利设施用地
		41	河渠	指天然形成或人工开挖的河流及主干常年水位以下的土地
		42	湖泊	指天然形成的积水区常年水位以下的土地
		43	水库坑塘	指人工修建的蓄水区常年水位以下的土地
		44	永久冰川雪地	指常年被冰川和积雪所覆盖的土地
		45	滩涂	指沿海大潮高潮位与低潮位之间的潮浸地带
		46	滩地	指河、湖水域平水期水位与洪水期水位之间的土地
5	建设用地			指城乡居民点及其以外的工矿、交通等用地
		51	城镇用地	指大、中、小城市及县镇以上建成区用地
		52	农村居民点	指独立于城镇以外的农村居民点
		53	其他建设用地	指厂矿、大型工业区、油田、盐场、采石场等用地以及交通道路、机场及特殊用地
6	未利用地			目前还未利用的土地,包括难以利用的土地
		61	沙地	指地表为沙覆盖,植被覆盖度在5%以下的土地,包括沙漠,不包括水系中的沙漠

续 表

一级类型		二级类型		
编号	名 称	编号	名 称	含 义
6	未利用地	62	戈壁	指地表以碎砾石为主,植被覆盖度在5%以下的土地
		63	盐碱地	指地表盐碱聚集,植被稀少,只能生长强耐盐碱植物的土地
		64	沼泽地	指地势平坦低洼,排水不畅,长期潮湿,季节性积水或常年积水,表层生长湿生植物的土地
		65	裸土地	指地表土质覆盖,植被覆盖度在5%以下的土地
		66	裸岩石质地	指地表为岩石或石砾,其覆盖面积>5%的土地
		67	其他	指其他未利用土地,包括高寒荒漠、苔原等

二、社会经济发展数据

社会经济数据主要用于系统动力学模型中DYNAMO建模和生态系统服务脆弱性评价的指标体系。其中,土地利用可持续性情景模拟的情景目标数据来源于《长江三角洲城市群发展规划》(2016—2030)中人口增长预测数据,江苏省、浙江省和上海市《国民经济和社会发展十三五规划纲要》中的土地利用变化和社会经济发展预测数据;系统动力学模型DYNAMO建模所需数据主要来源于《江苏省统计年鉴》(2006—2015)、《浙江省省统计年鉴》(2006—2015)、《上海市统计年鉴》(2006—2015),包括:长三角江苏省、浙江省和上海市的GDP、人均GDP、总人口、非农业人口比重、农业用地、耕地、城镇居住用地、工业用地、交通用地、草地、林地、水域等变量数据。此外,用于对生态系统服务价值系数进行加权调整的长三角各地级市CPI指数亦来源于以上统计年鉴。

生态系统服务脆弱性评价的指标体系中江苏省 13 个市级单元、浙江省 11 个市级单元以及上海市共 25 个城市 2010 年人均城市道路面积、城市排水管道密度、建成区绿化覆盖率、城市污水处理率、供水综合生产能力、城市固定资产投资等指标数据来源于《中国城市统计年鉴》(2011)。

三、其他各类数据资料

生态系统服务价值系数的确定参考谢高地等(2008)提出的中国陆地生态系统单位面积生态系统服务价值当量,而单位面积农业用地的年净收益则根据《全国农产品成本收益资料汇编》(2010)中我国主要粮食作物单位面积的现金收益计算获得,该套价值系数应用贯穿于全书。笔者在进行生态系统服务价值评价的过程中考虑消费者价格指数(CPI)的空间差异影响进行加权调整。在生态系统服务供需评价过程中,由于数据资料限制,长三角针叶林、针阔混交林、常绿阔叶林等林地结构组成数据参考 2005 年《浙江省森林资源年度公报》,长三角耕地和旱地组成结构根据上海市、浙江省与江苏省各地区统计年鉴数据(2011)。

第三节 研 究 方 法

一、生态系统服务价值评价

生态系统服务价值评价是量化生态系统服务的重要手段之一(张晓云和吕宪国,2006)。目前被国内外学者广泛认可并采用的评价方法是 Costanza 等(1997)提出的评价方法。生态系统服务的分类体系研究是评估生态系统服务价值的基础,而当前学术界对生态系统服务分类的认识存在争议。目前在生态系统服务价值评价研究中应用最为广泛的是 MA(2003)提出的分类体系(宋豫秦和张晓蕾,2014),将生态系统服务分成供给服务、调节服务、支持服务与文化服务四类。近年来欧洲环境署(European Environment Agency，EEA)提出了基于人类福祉的国际生态系统服务分类方案措施(Common International Classification of Ecosystem Services，CICES)，将生态系统服务分为供给、调节与维持、文化服务三类(Haines-Young and Potschin，2013)。而实际上由于生态系统结构与功能的复杂多样以及空间异质性较强，难以建立一个具有普适性的分类方案，实际应用过程中应考虑生态系统功能与服务特征以及决策适用性(李双成等，2014)。

国内有关生态系统服务价值评估的研究起步较晚，但发展较为迅速。谢高地等(2003,2008)通过多次问卷调查与补充修正，制订了中国生态系统服务价值当量表，被国内学者根据研究区域特征进行修正后广泛采用于生态系统服务价值评估。然而，对已有的生态系统服务价值系数进行机械套用，可能导致价值评估在区域间缺乏可比性，限制了其在规划管理及生态补偿实践中的应用。但从理论探讨的角度来看，价值评估法仍然不失为一种使用便捷、数据可获取性强的理想工具。笔者选择利用区域CPI指数进行生态系统服务价值系数调整，用于反映区域社会经济发展水平差异对价值评估的影响，所得评估结果局限于表征生态系统服务的稀缺程度。

本书涉及的生态系统服务价值评估主要是在修正了谢高地等(2008)制订的中国生态系统服务价值当量的基础上(见表2-3)，根据《全国农产品成本收益资料汇编》中我国主要粮食作物单位面积的现金收益计算出当年生态服务价值系数(见表2-4)，再利用Costanza等(1997)提出的生态系统服务价值评价模型，如公式(2-1)，计算出单位面积生态系统服务年价值量。

$$ESV = \sum (A_k \times VC_k) \quad (2-1)$$

(2-1)式中，ESV 表示生态系统服务价值；k 为生态系统类型数(对应土地利用类型数)；A_k是指k类生态系统(土地利用类型)面积；VC_k是指k类生态系统(土地利用类型)的生态系统服务价值系数。

表2-3　中国陆地生态系统服务价值当量表修正
(参考谢高地等,2008)

一级类型	二级类型	农田	水域	林地	草地	建设用地	未利用地
供给服务	食物生产	1	0.53	0.33	0.43	——	0.02
	原材料生产	0.39	0.35	2.98	0.36	——	0.04
调节服务	气体调节	0.72	0.51	4.32	1.5	——	0.06
	气候调节	0.97	2.06	4.07	1.56	0.13	0.13
	水文调节	0.77	18.77	4.09	1.52	——	0.07
	废物处理	1.39	14.85	1.72	1.32	——	0.26
支持服务	保持土壤	1.47	0.41	4.02	2.24	——	0.17
	维持生物多样性	1.02	3.43	4.51	1.87	0.4	0.4
文化服务	提供美学景观	0.17	4.44	2.08	0.87	0.24	0.24
合计		7.9	45.35	28.12	11.67	0.77	1.39

表2-4　中国陆地生态系统服务价值系数[①]

(单位：元·hm^{-2}·a^{-1},2010)

一级类型	二级类型	农田	水域	林地	草地	建设用地	未利用地
供给服务	食物生产	23.55	12.481 5	7.771 5	10.126 5	0	0.471
	原材料生产	9.184 5	8.242 5	70.179	8.478	0	0.942
调节服务	气体调节	16.956	12.010 5	101.736	35.325	0	1.413
	气候调节	22.843 5	48.513	95.848 5	36.738	3.061 5	3.061 5
	水文调节	18.133 5	442.033 5	96.319 5	35.796	0	1.648 5
	废物处理	32.734 5	349.717 5	40.506	31.086	0	6.123

① 注：根据《全国农产品成本收益资料汇编》数据,2010年我国主要粮食作物单位面积的现金收益约为23.55元/公顷,据此计算2010年中国陆地生态系统服务价值系数,在计算不同年份的价值系数时通过乘以各地级市的CPI指数进行加权调整。用于表征区域社会经济发展水平差异对价值评估的影响。

续　表

一级类型	二级类型	农田	水域	林地	草地	建设用地	未利用地
支持服务	保持土壤	34.618 5	9.655 5	94.671	52.752	0	4.003 5
	维持生物多样性	24.021	80.776 5	106.210 5	44.038 5	9.42	9.42
文化服务	提供美学景观	4.003 5	104.562	48.984	20.488 5	5.652	5.652
合计		186.045	1 067.992 5	662.226	274.828 5	18.133 5	32.734 5

二、生态系统服务脆弱性评价

生态系统服务脆弱性是在生态系统脆弱性概念的基础上衍生发展而来的。近年来，国内外对生态系统脆弱性评价方法的研究取得了一定的成果。国外学者对相关评价方法的研究比国内起步较早，对于评价模型和相关概念框架的研究较为成熟。借助3S技术的应用，研究的区域类型较为广泛。针对生态系统脆弱性评价指标体系的研究，不同学者由于对脆弱性概念内涵理解上存在差异，提出了多种评价指标体系（Zang et al.，2017；Hong et al.，2016；El-Zein et al.，2015），其中应用较为广泛的是Polsky等（2007）运用VSD（Vulnerability Scoping Diagram）评价模型确定的三要素评价体系（郑雪梅等，2016；陈佳等，2016），涵盖了脆弱性概念内涵中的暴露程度、敏感性与适应性。近年来，国内学者结合GIS技术的应用与推广，主要采用综合指数法来评价生态系统的脆弱性，主要包括层次分析法（AHP）、模糊综合评价法、主成分分析法、层叠加法以及欧氏距离法等。其中，层次分析法应用得较多；其他评价方法如刘金龙等（2013）利用径向基函数网络方法评价了土地利用变化对京津冀地区生态系统服务脆弱性的影响，王佳丽等（2010）基于Schröter等（2005）提出的"起点"理论评价了土地利用变化对江苏省环太湖地区碳储存服务脆弱性的影响。总体而言，关于生态系统服务脆弱性的研究，国外侧重于对概念内涵与理论框架的探讨，对脆弱性评价的构成要素尚存在争议,但整体均从脆弱性的基本概念内涵出发;对于脆弱性的测度均认为脆弱性与各影响因素之间存在函数关系,但缺乏统一的计算规范。国内主要以指标综合评价法为主,评价的理论方法缺乏统一规范,在评价指标选取方面对社会经济影响因子及其空间异质性考虑略显不足。

在总结梳理生态系统服务脆弱性评价方法的基础上,确定了包括暴露程度、敏感性与适应性三个方面主要评价要素。暴露程度考虑了复合生态系统所处的社会经济发展环境与自然地理条件,将其视为诱使系统遭受外来胁迫影响,趋于脆弱状态的正向驱动因素;根据MA对生态系统服务的分类,用各类型生态系统服务价值的变化来量化系统对于外界扰动表现出的敏感性,是系统遭受外在干扰时激发脆弱性的内在影响因素;以人类社会所采取的工程与管理措施来间接反映系统应对外界干扰的适应能力,并将其视为人类社会与自然复合生态系统应对或减缓外在干扰的调控能力。因此,暴露程度和敏感性对生态系统脆弱性起正向驱动作用,而适应能力对其起反向驱动作用。参考Turner(2003)的研究,本书对脆弱性与三个影响要素之间的函数关系表达如公式(2-2)所示:

$$V_{es} = f(E_{es}, S_{es}, AC_{es}) = E_{es} + S_{es} - AC_{es} \qquad (2-2)$$

式中,V_{es}表示生态系统服务脆弱性;E_{es}表示生态系统服务的暴露程度;S_{es}表示生态系统服务的敏感性;AC_{es}表示生态系统服务的适应能力;es(ecosystem services)表示生态系统服务。在确定评价方法和指标体系的基础上,通过文献资料调研确定评价指标,再结合GIS空间分析工具对各评价指标进行空间制图,并利用AHP方法确定各评价指标的权重,最后利用图层叠加法计算生态系统服务脆弱性相对指数的空间格局和脆弱性等级分布。评价流程如图2-3所示:

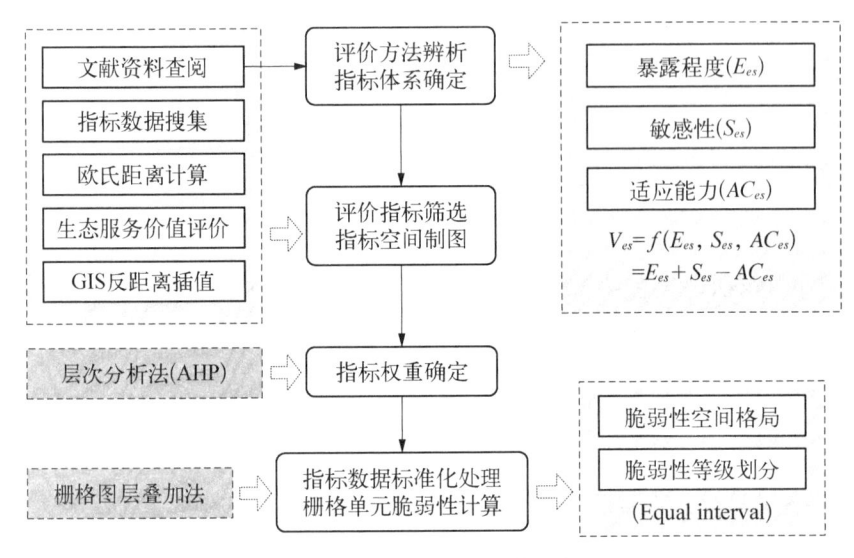

图 2-3 生态系统服务脆弱性评价流程图

(流程图内容：文献资料查阅、指标数据搜集、欧氏距离计算、生态服务价值评价、GIS反距离插值 → 评价方法辨析指标体系确定 → 暴露程度(E_{es})、敏感性(S_{es})、适应能力(AC_{es})，$V_{es}=f(E_{es}, S_{es}, AC_{es})=E_{es}+S_{es}-AC_{es}$；评价指标筛选指标空间制图 → 层次分析法(AHP) → 指标权重确定 → 栅格图层叠加法 → 指标数据标准化处理栅格单元脆弱性计算 → 脆弱性空间格局、脆弱性等级划分(Equal interval))

三、生态系统服务空间权衡分析

生态系统服务权衡是指人类为增加对某一类型生态系统服务的获取，同时导致另一些类型生态系统服务随之减少的情形(Lafond et al.，2017；Brunner et al.，2016；Tzilivakis et al.，2015；李双成等，2014)。目前已有研究倾向于将生态系统服务权衡划分为：空间维度上的权衡、时间维度上的权衡、可逆性与不可逆性之间的权衡。分析生态系统服务权衡的研究方法有情景分析、生态系统服务空间制图比较和模型模拟(Reside et al.，2017；Kim et al.，2016；Kragt et al.，2014；Johnson et al.，2012)。其中，情景分析是生态系统服务权衡研究最常用的分析方法，通过设定区域社会经济发展与生态环境保护多种发展情景，分析多种生态系统服务之间的变化特征；生态系统服务制图比较分析法主要是通过对各类生态系统服务进行空间制图，再利用GIS空间叠加分析手段，分析不同类型生态系统服务空间变化的相关性，从而识别出权衡的类型与空间分布。目前常用的分析工具有美国斯坦福大学和世界自然基金会联合开发的 InVEST(integrated valuation of ecosystem services and tradeoffs)模型(Polasky et al., 2011),以及 ARIES(artificial intelligence for ecosystem services)模型(Cotter et al., 2017)。

本书采用生态系统服务制图比较分析法进行空间权衡分析,该方法简便易操作,在分析生态系统服务空间权衡关系基础上,为定量分析生态系统服务权衡的空间格局,参考 Pan 等(2013)并引入生态系统服务权衡指数 T,并且认为当两种类型生态系统服务之间存在负相关时构成权衡。权衡指数 T 的计算参照公式(2-3), $-\infty < T < +\infty$,当 T 越接近于 0 表示两种类型生态系统服务之间的权衡越弱;反之,则表示权衡越强。

$$T_{ij} = \ln \frac{ES_{pi}}{ES_{pj}} \tag{2-3}$$

式中, T_{ij} 表示 i 类型生态系统服务和 j 类型生态系统服务之间的权衡指数,两者之间的权衡关系由相关性分析获得。ES_{pi} 和 ES_{pj} 分别表示两种类型生态系统服务的供给能力指数,由前文生态系统服务供给能力评价模型计算获得。当 $T_{ij} > 0$ 时,表示 i 类型生态系统服务在权衡关系中占主导作用;反之,则表示 j 类型生态系统服务在权衡关系中占主导作用。

四、生态系统服务供需评价

近年来,基于土地利用变化的生态系统服务研究已逐渐成为学界广泛采用的研究模式,这一研究模式以土地利用变化与生态系统服务类型之间特定的逻辑关系为前提假设,即特定的土地利用变化对应着一定的生态系统服务类型,并驱动其发生变化(李双成等,2014)。目前对于土地利用变化的研究具有较为丰富的理论方法和数据资料积累,且随着 3S 技术的推广与应用,使获取研究区域土地利用覆被数据资料的途径较多,为土地利用变化的生态系统服务研究提供了较为便利的研究条件,同时生态系统服务研究也为土地利用规划管理提供了重要的科学依据。

Burkhard 和 Kroll 等(2009,2010)通过对已有的土地利用变化与生态系统服务之间相互关系的研究进行了梳理,归纳该领域学者们对这一相互关系的共性认知,构建了土地利用类型与生态系统服务供给之间相关性矩阵。通过构建这一相关性矩阵,该评价方法被成功应用于欧洲 CORINE 生态系统服务评价项目中。该相关性矩阵以 44 种土地利用类型为纵列,以 29 种生态系统服务类型为横列,交叉组合形成 1 276 个各种土地利用类型的生态系统服务能力值,并根据各土地利用覆被类型提供某项生态系统服务能力的大小对其进行分级赋值,共分为 6 个等级,各等级赋值情况为:0 表示土地利用覆被类型无相关生态系统服务能力,1 表示具有较低相关服务能力,2 表示具有一般相关服务能力,3 表示具有中等相关服务能力,4 表示具有较高相关服务能力,5 表示具有极高的相关服务能力,如表 2-5 所示。Burkhard 等(2012)采用相同的方法探讨并提出了土地利用覆被类型与生态系统服务需求以及生态系统服务供需平衡之间的相关性矩阵,为生态系统服务研究领域探讨土地利用覆被类型与生态系统服务之间相互关系的研究提供了较为科学与便捷的评价方法与量化工具。

为探讨土地利用变化对生态系统服务供需的影响,尝试构建基于土地利用类型的生态系统服务供需评价模型。首先,从 CORINE 案例中列出的 44 种土地利用类型中识别出与本研究选取的六种土地利用类型所对应的土地覆被类型;其次,对 Burkhard 和 Kroll 等列出的 29 种生态系统服务进行相关比对,结合研究区域土地利用格局特征对各土地利用类型的供给服务、调节服务和文化服务的供给能力和消费需求进行相关强度赋值;再通过构建生态系统服务供给能力与消费需求评价模型计算区域生态系统服务供需。

研究在 Burkhard 和 Kroll 等的研究基础上,尝试探讨定量评价城市化区域各土地利用覆被类型生态系统服务供给能力与消费需求的模型方法。

表 2-5 对土地利用类型与生态系统服务供给能力相关性的赋值（Burkhard et al., 2009）

编码	a1	a2	a3	a4	a5	a6	a7	b1	b2	b3	b4	b5	b6	b7	b8	b9	b10	b11	c1	c2	c3	c4	c5	c6	c7	c8	c9	d1	d2
1	0	0	0	0	0	0	0	0	0	0	0	0	0	0	0	0	0	0	0	0	0	0	0	0	0	0	0	0	0
2	1	1	1	0	1	0	1	1	0	1	0	0	0	0	0	0	0	0	0	0	0	0	0	0	0	0	0	0	0
3	1	1	1	0	0	0	0	0	0	1	0	0	0	0	0	0	0	0	0	0	0	0	0	0	0	0	0	0	0
4	2	2	0	0	0	0	0	0	0	0	0	0	0	0	0	0	0	0	0	0	3	0	0	0	0	0	0	1	0
5	1	1	0	0	1	0	0	0	0	1	0	0	0	0	0	0	0	0	0	0	0	0	0	0	0	0	0	0	0
6	2	2	0	0	0	2	0	0	0	0	0	0	1	0	0	0	0	0	0	0	0	0	0	0	0	0	0	0	0
7	2	2	0	0	0	0	5	0	0	0	0	0	0	0	0	0	0	0	0	0	0	0	0	0	0	0	0	0	0
8	2	1	0	0	0	0	0	0	0	0	0	0	0	0	0	0	0	0	0	0	0	0	0	0	0	0	0	0	0
9	1	1	0	0	0	0	0	0	0	0	0	0	0	0	0	0	0	0	0	0	0	0	0	0	0	0	0	0	0
10	3	3	2	2	4	3	2	5	5	5	0	0	0	0	0	0	0	0	2	1	0	2	1	2	1	0	1	3	0
11	3	2	2	2	4	3	2	5	5	2	0	0	0	0	1	0	0	0	1	1	0	2	1	2	1	0	1	5	0
12	3	2	3	2	5	1	4	5	5	2	0	0	0	0	0	5	1	0	2	1	0	1	0	0	0	0	0	1	0
13	3	2	5	2	5	1	3	7	5	2	0	0	0	0	0	5	1	0	3	1	0	1	0	0	0	0	0	1	0
14	3	3	3	1	3	1	3	4	0	0	0	0	0	0	1	0	0	0	1	2	0	2	2	0	1	0	0	1	0
15	4	3	3	2	3	2	3	4	0	0	0	0	0	0	0	0	0	0	2	2	0	1	2	2	1	0	0	5	0
16	4	3	4	5	3	1	4	4	5	5	0	0	0	4	4	0	0	0	2	1	0	2	0	2	1	0	5	5	0
17	4	3	3	2	3	2	3	3	5	5	0	0	0	4	4	0	1	0	1	1	0	1	2	1	1	0	0	5	0
18	3	3	3	2	5	2	4	3	5	3	0	0	0	0	0	0	2	0	2	2	0	1	0	4	0	0	0	4	0
19	3	2	3	2	3	2	3	3	5	2	0	0	0	0	0	0	1	0	2	2	0	1	0	1	1	0	0	1	0
20	3	3	4	3	4	2	3	3	3	3	0	0	3	3	3	0	0	0	2	3	0	2	0	3	1	0	0	2	0
21	4	4	3	2	3	2	3	3	3	2	0	0	3	3	3	0	0	0	3	2	0	1	0	2	1	0	0	2	3
22	3	3	4	3	4	3	4	3	3	2	0	0	0	0	0	0	0	0	2	2	3	1	0	3	1	0	3	3	0
23	3	4	5	4	5	5	5	0	0	1	0	0	5	5	5	0	5	0	5	4	0	2	0	5	5	5	5	5	5

续表

编码	a1	a2	a3	a4	a5	a6	a7	b1	b2	b3	b4	b5	b6	b7	b8	b9	b10	b11	c1	c2	c3	c4	c5	c6	c7	c8	c9	d1	d2
24	3	4	4	4	5	5	5	0	0	1	0	0	5	5	5	0	5	0	5	4	3	2	0	5	5	5	5	5	5
25	3	5	5	5	5	5	5	0	0	1	0	0	5	5	5	0	5	0	5	4	3	2	0	5	5	5	5	5	5
26	3	5	4	5	4	5	5	0	3	0	0	0	2	0	0	0	5	0	2	3	0	1	0	0	3	5	0	3	3
27	3	4	4	5	4	5	5	0	2	0	0	0	1	0	2	0	0	0	4	3	5	2	0	0	3	4	2	5	5
28	3	4	2	4	3	4	2	0	2	0	0	0	1	0	2	0	0	0	2	3	0	2	0	0	5	5	2	2	4
29	3	3	2	4	3	4	1	0	0	0	0	0	1	0	2	2	0	0	4	0	5	0	0	0	5	4	2	2	2
30	3	3	1	3	1	3	1	0	0	0	0	0	0	0	0	0	0	0	0	0	0	1	0	0	0	0	0	5	0
31	2	2	0	3	1	1	1	0	0	0	0	0	0	0	0	0	0	0	0	0	0	1	0	0	0	0	0	4	0
32	2	1	1	1	0	0	3	2	2	5	3	0	0	0	0	0	5	0	3	3	0	0	0	0	0	0	0	0	0
33	2	3	0	0	0	0	0	0	0	0	0	0	0	0	0	0	0	0	2	0	5	4	0	0	0	0	0	5	0
34	3	2	1	3	4	3	5	0	0	2	0	0	0	0	0	0	0	5	2	3	2	2	0	0	4	5	2	4	5
35	2	4	4	4	4	4	5	0	0	0	3	0	4	0	0	0	0	5	1	5	5	3	0	0	3	3	0	3	4
36	1	3	4	3	3	4	5	0	0	0	3	0	4	0	0	0	0	0	1	0	2	0	0	0	2	0	0	2	0
37	2	1	0	0	0	0	0	0	0	0	0	0	0	0	0	0	0	0	4	1	5	1	0	0	1	0	0	4	0
38	3	3	1	2	1	3	1	0	0	0	0	0	0	0	0	0	0	5	1	2	2	1	0	0	3	3	0	2	5
39	4	3	4	3	3	3	1	0	0	0	3	0	4	0	3	3	0	5	2	2	5	1	0	0	3	1	0	5	5
40	4	4	4	4	4	4	1	0	0	0	3	5	4	0	3	3	0	5	1	1	1	2	0	0	1	3	0	5	4
41	4	4	4	4	5	3	1	0	0	0	5	5	4	0	0	0	0	0	2	1	4	0	0	0	3	1	0	5	3
42	4	4	3	4	5	4	2	0	0	0	5	5	4	0	0	0	0	0	1	2	1	0	0	0	1	3	0	4	3
43	3	3	0	3	3	4	1	0	0	0	5	5	4	0	0	0	0	0	3	5	4	0	0	0	3	3	0	4	2
44	2	2	0	3	3	4	1	0	0	1	5	5	0	0	0	0	0	0	3	5	0	0	0	0	5	0	0	4	2

表 2-6　对土地利用类型与生态系统服务消费需求相关性的赋值（Burkhard et al., 2012）

编码	b1	b2	b3	b4	b5	b6	b7	b8	b9	b10	b11	c1	c2	c3	c4	c5	c6	c7	c8	c9	d1	d2
1	5	5	1	5	5	5		2	5	5	5	5	3	4	5	5	1	1	1	3	4	2
2	4	4	2	4	4	4		3	4	5	5	5	3	4	5	5	1	2	2	4	4	3
3	5	5	2	4	4	4		5	5	5	5	1	5	4	5	5	1	2	3	4	1	1
4	0	0	0	0	0	0		0	4	0	1	2	4	0	0	4	3	0	0	4	1	0
5	2	2	0	2	2	1		2	5	1	3	2	4	5	5	2	4	0	3	1	2	1
6	2	2	0	2	1	0		0	5	1	3	2	0	5	5	1	4	2	2	0	1	0
7	0	0	0	0	0	0		0	3	0	2	0	0	2	4	4	0	4	0	0	0	0
8	0	0	0	0	0	0		0	1	0	2	2	2	2	2	2	3	0	2	2	0	0
9	1	1	0	0	0	0		0	4	1	2	2	0	0	4	2	0	2	0	0	0	0
10	2	0	0	0	0	0		1	1	0	3	2	0	2	2	2	1	0	2	2	1	1
11	1	0	0	0	0	0	1	0	3	1	0	0	2	2	2	0	3	5	3	0	0	0
12	1	0	0	0	0	0	0	0	1	1	5	2	2	2	5	1	2	3	5	3	0	0
13	1	0	0	0	0	0	0	0	2	1	5	3	2	2	5	1	2	3	4	5	0	0
14	1	0	0	0	0	0	0	0	2	2	4	5	4	5	3	0	5	3	2	2	4	1
15	0	0	0	0	0	0	0	0	2	2	3	2	2	0	3	0	1	2	4	3	3	0
16	1	0	0	0	0	0	0	0	2	2	2	2	1	1	1	1	2	3	2	1	0	0
17	1	0	0	0	0	0	0	0	2	2	2	1	1	0	1	0	2	2	5	2	0	0
18	0	1	3	0	0	0	0	0	1	2	2	2	3	1	2	1	5	2	2	5	0	0
19	1	0	0	0	0	0	0	0	2	2	2	1	1	1	0	0	1	2	2	2	0	0
20	1	0	0	0	0	0	0	0	1	1	1	1	2	0	1	1	1	5	2	3	0	0
21	1	0	0	0	0	0	0	0	2	2	2	1	1	0	1	0	2	3	2	2	0	0
22	1	0	0	0	0	0	0	0	1	1	0	1	2	1	0	0	0	3	2	2	0	0
23	0	0	0	0	0	0	1	1	0	0	0	0	0	0	0	0	1	0	0	0	0	0

续表

编码	b1	b2	b3	b4	b5	b6	b7	b8	b9	b10	b11	c1	c2	c3	c4	c5	c6	c7	c8	c9	d1	d2
24	0	0	0	0	0	0	1	1	1	0	0	0	0	0	0	0	0	0	0	0	0	0
25	0	0	0	0	0	0	0	1	1	0	0	0	0	0	0	0	0	0	0	0	0	0
26	0	0	0	0	0	0	0	0	0	0	0	0	0	0	0	0	0	0	0	0	0	0
27	0	0	0	0	0	0	0	0	0	0	0	0	0	0	0	0	0	0	0	0	0	0
28	0	0	0	0	0	0	0	0	0	0	0	0	0	0	0	0	0	0	0	0	0	0
29	0	0	0	0	0	0	0	0	0	0	0	0	0	0	0	0	0	0	0	0	0	0
30	0	0	0	0	0	0	0	0	0	0	0	0	0	0	0	0	0	0	0	0	0	0
31	0	0	0	0	0	0	0	0	0	0	0	0	0	0	0	0	0	0	0	0	1	1
32	0	0	0	0	0	0	0	0	0	0	0	0	0	0	0	0	0	0	0	0	0	0
33	0	0	0	0	0	0	0	0	0	0	0	0	0	0	0	0	0	0	0	0	0	0
34	0	0	0	0	0	0	0	0	0	0	0	0	0	0	0	0	0	0	0	0	0	0
35	0	0	0	0	0	0	0	0	0	0	0	0	0	0	0	0	0	0	0	0	0	0
36	0	0	0	0	0	0	0	0	0	0	0	0	0	0	0	0	0	0	0	0	0	0
37	0	0	0	0	0	0	0	0	0	0	0	0	0	0	0	0	0	0	0	2	0	0
38	0	0	0	0	0	0	0	0	0	0	0	0	0	0	0	0	0	0	0	0	0	0
39	0	0	0	0	0	0	0	0	0	0	0	0	0	0	0	0	0	0	0	0	0	0
40	0	0	0	0	0	0	0	0	0	0	0	0	0	0	0	0	0	0	0	0	0	0
41	0	0	0	1	0	0	0	0	0	0	0	0	0	0	0	0	0	0	0	0	0	0
42	0	0	0	1	0	0	0	0	0	0	0	0	0	0	0	0	0	0	0	0	0	0
43	0	0	0	1	0	0	0	0	0	0	0	0	0	0	0	0	0	0	0	0	0	0
44	0	0	0	1	0	0	0	0	0	0	0	0	0	0	0	0	0	0	0	0	0	0
45	0	0	0	1	0	0	0	0	0	0	0	0	0	0	0	0	0	0	0	0	0	0

0　　1　　2　　3　　4　　5

值得注意的是，Burkhard 和 Kroll 在其研究中将维持生态完整性的支持服务包括在生态系统服务供给能力与消费需求评价当中，而研究考虑所列各支持服务类型与供给服务和调节服务之间存在一定的重复，例如，生物水流与淡水资源供给、水产养殖、洪水防护等服务类型之间；烟值捕获与局地气候调节、全球气候调节之间等。因此，本书研究中只针对供给服务、支持服务和调节服务进行生态系统服务供需评价。基于土地利用变化的生态系统服务供需评价方法目前仍存在一定的局限性，需在后续研究过程中不断进行调整与完善。表现为对生态系统服务供需的流动性、利益相关者偏好对生态系统服务供需的影响等方面考虑略显不足。此外，Burkhard 和 Kroll（2010）等在 CORINE 项目中所列出的 29 种生态系统服务类型仍需不断通过个案研究对其进行补充与完善。由于数据资料的限制，本研究对这一评价方法的参考与应用存在一定的局限性，但应用于探讨区域生态系统服务供需空间格局仍具有较强的可操作性与理论指导意义。

五、土地利用变化时空动态模拟

（一）系统动力学模型

系统动力学（System Dynamics，SD）模型是美国麻省理工学院的 Jay W. Forrester 于 1958 年首创的一种系统仿真模拟方法，是社会科学领域广泛应用的实验方法，被称为"战略与决策实验室"。该方法首先建立 DYNAMO 模型，并利用计算机仿真技术进行高阶、非线性、复杂、多重反馈系统的定量研究（王其藩，1994）。目前该方法已经在自然科学、社会科学领域等得到了广泛应用，所涉及的研究领域众多，如水文水资源研究领域（Gohari et al.，2017；Videira et al.，2017；Kotir et al.，2016；Winz et al.，2009）、土地利用变化和土地资源管理研究领域（Zhao et al.，2016；张梦婕等，2015；李海燕等，2014）、环境规划管理领域（Duran-Encalada et al.，2017；Gohari et al.，2017；Sukholthaman et al.，2016；Al-Khatib et al.，2015）、交通运输与物流（崔祥民和梅强,2010)以及全球气候变化与碳排放问题等研究(Tziogas et al.,2017;Machado et al.,2005;Shin et al.,2013)。随着不同领域对系统动力学模型的广泛应用与发展完善,该方法已经成为模拟社会科学领域内诸如社会经济发展、人口增长等问题的常用工具之一。模型具体模拟过程如图2-4所示。

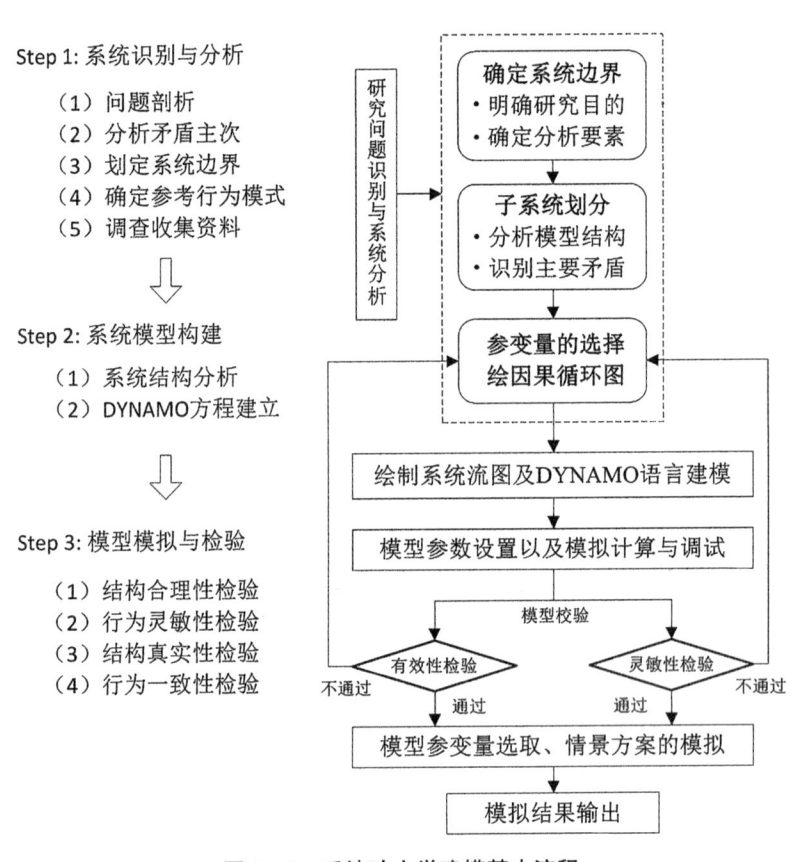

Step 1: 系统识别与分析
(1) 问题剖析
(2) 分析矛盾主次
(3) 划定系统边界
(4) 确定参考行为模式
(5) 调查收集资料

Step 2: 系统模型构建
(1) 系统结构分析
(2) DYNAMO方程建立

Step 3: 模型模拟与检验
(1) 结构合理性检验
(2) 行为灵敏性检验
(3) 结构真实性检验
(4) 行为一致性检验

图2-4 系统动力学建模基本流程

SD模型在确定各参变量之间逻辑与反馈关系之后,需在专业软件中建立数学函数关系,通过计算机模拟确定各参变量之间的定量关系,通过定量分析来识别系统行为的合理性与反馈结构的科学性,通过不断地调整模型结构域参数,最终使系统能够达到有效模拟与精确预测的目的。

在SD模型中常用的函数有INTEG函数、Table函数、IF THEN ELSE

函数、Delay函数等(王其藩,2009a),其中水平变量的函数表达通常为差分方程的形式(王其藩,2009a;车越等,2006a;吕永鹏等,2009a;张雪花等,2002a):

LEVEL.K=LEVEL.J+(INFLOW.JK-OUTFLOW.JK)*DT

式中,LEVEL为状态变量,INFLOW为输入速率,OUTFLOW为输出速率,DT为计算时间步长(表示从J时刻到时刻K的时间间隔,文中Time step设置为1年)。有关水平变量在系统动力学专业软件VensimDSS中实现函数编写。

系统动力学模型的检验一般主要包括真实性检验(Reality check)、灵敏度检验、模型历史检验、模型结构检验、模型行为检验等。本书建立的模型主要在VensimDSS中利用软件自带的检验功能进行了Units Check检验模型结构,通过将模拟结果与历史数据进行对比进行模拟的精确度检验,结果显示各主要水平变量的模拟值与历史值的平均误差在4.2%,均不超过6%;模型的灵敏度检验(sensitivity testing)由VensimDSS版本中的蒙特卡洛方法(Monte Carlo Simulations)对单个参数或多个参数同时进行灵敏度检验,通过分析变量输出的概率分布情况判断各参数设置对模型模拟的灵敏度。模型使用该功能对主要参数进行了检验,在参数变动的过程中模拟结果的趋势基本一致,灵敏度适中,模型识别出部分敏感性较强的参数,在模拟预测之前对该部分参数进行了适当调整。

(二) CLUE-S模型

CLUE-S模型是荷兰瓦赫宁根大学P.H.Verburg教授等提出的用于模拟小尺度区域土地利用格局变化的模型方法(Luo et al.,2010),具有较强的实用性与可操作性。经过广泛的案例研究论证,目前该方法已成为规划管理领域土地利用变化情景分析的重要方法。

模型主要由模拟土地利用需求变化的非空间模块和模拟土地利用需求空间分配的空间模块两部分组成。对于土地利用需求模拟,常用的有趋势模拟、情景条件假设和数学模型等,本书采用 SD 模型与之耦合进行各类土地利用需求的模拟。空间分配模块主要利用 GIS 空间分析技术计算土地利用转化与分配的概率分布与空间异质性,从而实现各土地利用类型的近似空间分配(Verburg et al., 2004;2007)。非空间模块与空间分配模块通过土地利用需求进行关联。而模拟所得各土地利用需求的空间分配,需综合考虑空间驱动因子的经验分析和各土地利用类型的转移弹性。其中,空间驱动因子的选取主要考虑区域社会经济发展与自然地理条件因素对土地利用需求空间分配的影响,例如区域人口密度分布、经济密度分布、距离主要道路距离和 DEM 等;而转移弹性系数是指一种用地类型转化为另一种土地利用类型的难易程度。该模型的模拟过程可以依托包括多个版本的 Dyna-CLUE 软件,本书选用的是 Dyna-CLUE 3.0 版本。

1. 模型的适用条件

目前,该模型通过多项实证研究已被国际同行所接受并应用。其特点是,针对小尺度区域由高分辨率(一般为 1 000 米×1 000 米)图形作为输入,进行土地利用变化研究。目前该模型的最新版本为 2006 年发行的 Dyna-CLUE 3.0。

CLUE-S 模型模拟是在一定的假设条件下进行的。模型假定区域土地利用变化主要受各用地类型需求的驱动,并且土地利用需求、土地利用格局以及区域社会经济影响因子三者处于动态平衡的过程中。在此假设的基础上,模型同步模拟不同用地类型在空间上的博弈与竞争,其理论基础主要包括土地利用类型变化的相关性、梯度特征、竞争性和相对稳定性等。

2. 模型的基本原理

CLUE-S 模型由非空间模块和空间模块组成。非空间模块主要用于模拟土地利用需求的变化。目前用于土地利用需求的模拟方法较多,而在本书中选取了 SD 模型进行土地利用需求模拟;空间分配模块主要通过 GIS 技术计算的各土地利用类型空间转化的方向与转移的概率分析实现。

非空间土地利用需求计算的结果直接输入空间分配模块。土地利用需求在空间分配模块中的分配是综合对土地利用空间驱动因子的经验分析、各用地类型本身的转移弹性以及动态模拟实现的。

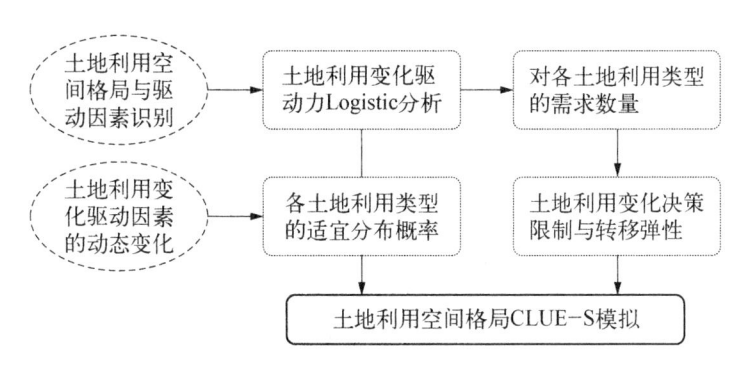

图 2-5　CLUE-S 模型基本算法过程

（三）模型主要方法过程

1. 土地利用变化驱动力的空间分析

区域土地利用变化的驱动力大致可分为政策制度、社会经济和自然地理三个方面，其中影响较显著且难以定量进行空间分析的是政策制度影响因子。国内专家学者对土地利用变化驱动力的分析多侧重于社会经济和自然地理两个方面，一般包括与城市中心的距离、距城镇的距离，与主干道路与次干道路的距离，与主干河流的距离，以及高程、坡度、气候等。

对土地利用变化与其驱动因子关系的分析主要采用逻辑斯蒂逐步回归的方法进行。在 CLUE-S 模型中，主要是通过 GIS 技术先将待研究的驱动因子与赋予二值（0 表示土地利用类型不在栅格中出现；1 表示土地利用类型在栅格中出现）的单一土地利用类型转成 ASCII 码，通过软件自带的 Converter 功能转成可供 SPSS 软件进行回归分析的文件格式，再进行回归分析。概率计算公式为：

$$\text{Log}\left[\frac{Pi}{1-Pi}\right]=\beta_0+\beta_1 X_{1,i}+\beta_2 X_{2,i}+\cdots+\beta_n X_{n,i}$$

式中，β 表示每个栅格可能出现某一土地利用类型的概率，X 表示各驱动因素。通过逐步回归的方法筛选出对 i 土地利用格局起显著影响的因素，同时剔除不显著的因素。回归分析结果中 Exp(β)>1，发生比增加；Exp(β)=1，发生比不变；Exp(β)<1，发生比减少。

驱动因子对土地利用格局的解释能力主要通过 R.G.Pontius 提出的 ROC(Relative Operating Characteristics)方法，并根据 Logistic 回归结果得到各土地利用类型的空间分布概率适宜图。

2. 不同土地利用类型的转换规则

对于各用地类型转移的弹性系数，一般按照以下原则进行设定。

第一种：对于一般不会转变为其他土地利用类型的地类，ELAS 设为 1。

第二种：对于极易变化的地类，ELAS 设为 0。一般为农业用地。

第三种：对于发生转化的难易程度介于以上两种极端情况之间的用地类型，ELAS 设为大于 0 小于 1 的某一值。

3. 区域土地利用变化的动态模拟与空间分配

迭代分配过程是在土地利用的空间分布概率适宜分析、土地利用变化规则和研究初期土地利用分布的基础上，根据总概率 TPROP 大小对土地利用需求进行空间分配的过程。其具体的迭代分配的公式：

$$TPROP_{i,u} = P_{i,u} + ELAS_u + ITER_u$$

式中，$TPROP_{i,u}$ 为待分配的土地利用类型在特定栅格中分配的总概率；$ELAS_u$ 为设定的土地利用转移弹性系数；$ITER_u$ 为设置的迭代变量，若初次分配的土地利用面积大于需求量则减小迭代值。

第三章
长三角土地利用变化对生态系统服务的影响

本章以长三角地区为案例研究区域,宏观尺度上分析了土地利用数量变化特征与趋势,利用价值评估方法分析土地利用变化引起的生态系统服务的稀缺性;并以上海城郊结合区为土地利用剧烈变化的典型景观,分析了土地利用格局变化对生态系统服务功能的影响。一方面识别出研究时段内长三角地区土地利用的现状、特征与变化趋势,另一方面明确了土地利用变化与生态系统服务变化之间的关联性,为后续章节开展土地利用变化的生态系统服务响应评价提供研究基础。

第一节 宏观尺度土地利用数量变化对生态系统服务价值的影响

目前已有大量研究案例证实了土地利用变化对生态系统服务价值时空异质性的影响(林栋等,2016;田义超等,2015;曾摇杰,2014;胡和兵等,2013)。本书以长三角地区为例,以生态系统服务价值评估作为量化生态系统服务的重要手段(赵军和杨凯,2007),采用GIS技术分析区域宏观尺度上土地利用变化特征与趋势,并分析土地利用变化与生态系统服务价值变化的关联性。据此,一方面可以识别出长三角地区生态系统服务管理现状与时空演变趋势,另一方面可以加强从土地利用变化角度对各类型生态系统服务之间复杂相互作用关系的辨识。

时间维度上以长三角地区为例探讨 1990—2010 年各省市土地利用变化对生态系统服务价值的结构组成与变化趋势的影响,以及影响生态系统服务价值变化的主要影响因素,分析社会经济发展背景差异对生态系统服务价值变化的影响,以期为宏观尺度上协调社会经济发展与生态环境保护提供规划管理依据。

空间维度上选取长三角地区的南京、常州、苏州、上海、杭州、宁波六个近年来城市化发展较为迅速的城市为研究区域,利用 GIS 空间分析技术评价其城市建成区域周边 30 千米范围内的生态系统服务价值变化,以识别土地利用变化对特定的城市空间尺度上生态系统服务价值的影响,以期为未来城市化发展过程中生态系统服务价值协同保护提供科学规划管理建议。

本章以南京、常州、苏州、上海、杭州、宁波六个城市建成区周边 30 千米缓冲区为评价范围(中心点选取各城市的商业中心),结合长三角地区 1990 年、1995 年、2000 年、2005 年和 2010 年五个时期的土地利用遥感解译数据,利用 GIS 工具进行网格化处理,筛选出网格大小为 1 千米×1 千米的完整网格化区域,分别计算五个时相各研究区域的生态系统服务价值。

一、长三角土地利用数量变化特征

根据长三角地区 1990 年、1995 年、2000 年、2005 年和 2010 年五个时期的土地利用遥感解译数据,长三角北部江苏省和上海属于典型的平原河网地区,土地利用类型主要为农业用地、城镇建设用地和河湖水域;南部山地丘陵地区以林地为主,植被类型多样且具有明显的森林垂直分布特征,境内沿主干水系有大量城镇建设用地分布。

统计分析1990—2010年区域土地利用变化特征(见表3-1),主要表现为城市建设用地大量转入,1990—2000年呈缓慢增长,2000—2010年增幅明显上升,研究时段内长三角地区城市建设用地面积共增加11584.37平方千米,比1990年增长了72.23%。其中,上海市和浙江省增幅较大,而江苏省增幅较小,城市建设用地扩张与区域社会经济发展水平密切相关。水域面积整体呈现先增加后快速减小的趋势,虽然研究时段内水域面积增加了367.20平方千米,但2005—2010年区域水域面积整体呈明显的下降趋势。其中,上海城市化过程中水域面积大量消失,河网水系所提供和维持的生态系统服务价值随之严重衰减。林地面积变化主要表现为上海和江苏省林地面积逐渐减小,浙江省林地面积增加,虽然长三角范围内林地面积整体增加了314.05平方千米,然而,江苏省和上海市城市化群发展密集地区的林地覆盖率仍旧呈下降趋势。研究时段内农业用地、草地和未利用地大量转出。农业用地是主要的土地利用转出类型,1990—2010年农业用地持续下降,共减少11704.27平方千米,其中上海市农业用地减少的比重达25.71%、浙江省减少16.36%、江苏省减少7.9%;草地面积呈先增加后减少的趋势,共减少318.64平方千米,其中上海市草地面积变化幅度较大,研究时段内草地面积从1990年的13.62平方千米下降至2010年的4.96平方千米。

表3-1 长三角地区1990—2010年主要省市土地利用变化

(单位:平方千米)

土地利用类型	省市	1990年	1995年	2000年	2005年	2010年
农业用地	上海	4824.76	4493.43	4413.56	4037.91	3584.12
	浙江	29186.39	28102.58	28045.94	26093.48	24412.16
	江苏	72058.27	70295.38	69571.41	68335.86	66368.87
	汇总	106069.41	102891.39	102030.90	98467.25	94365.14

续 表

土地利用类型	省市	1990 年	1995 年	2000 年	2005 年	2010 年
林地	上海	101.08	100.93	98.69	107.72	81.98
	浙江	65 005.36	65 669.35	65 364.66	65 040.40	65 319.41
	江苏	3 371.68	3 366.57	3 328.53	3 331.59	3 187.77
	汇总	68 478.12	69 136.85	68 791.88	68 479.71	68 589.16
草地	上海	13.62	4.57	4.72	6.14	4.96
	浙江	2 093.43	2 240.31	2 211.01	2 201.17	1 974.82
	江苏	1 054.40	1 043.29	876.13	830.94	863.02
	汇总	3 161.44	3 288.17	3 091.87	3 038.25	2 842.80
水域	上海	273.47	291.05	294.49	277.97	251.88
	浙江	2 222.98	2 174.73	2 267.37	2 457.80	2 258.11
	江苏	11 843.93	11 957.95	12 204.42	12 491.41	12 197.61
	汇总	14 340.39	14 423.73	14 766.28	15 227.17	14 707.59
建设用地	上海	1 034.21	1 356.02	1 435.41	1 817.14	2 323.41
	浙江	2 807.32	3 162.85	3 452.54	5 545.48	7 381.28
	江苏	12 197.30	13 851.96	14 544.66	15 535.28	17 918.51
	汇总	16 038.83	18 370.82	19 432.61	22 897.90	27 623.20
未利用地	上海	0.00	0.88	0.00	0.00	0.00
	浙江	64.31	38.48	38.28	38.80	30.51
	江苏	16.88	19.55	17.30	16.75	14.22
	汇总	81.18	58.91	55.58	55.56	44.73

整体来看,1990—2010 年,长三角地区土地利用变化呈现农业用地大量转出和城市建设用地大量转入的典型城市化特征,随着城市化进程的持续推进,未来将长期维持这一发展趋势。受区域社会经济发展差异的影响,土地利用变化类型与强度具有明显的空间异质性。其中,江苏省和上海市

所处的平原河网地区城市建设用地快速增加,导致农业用地、水域和林地面积呈急剧减小趋势,而浙江省范围内林地面积略有增加。

二、土地利用变化引起区域生态系统服务价值持续降低

为探讨时间维度上生态系统服务价值与土地利用变化之间的相关性,在1990—2010年生态系统服务价值评价的基础上分析了供给服务价值(EPS)、调节服务价值(ERS)、支持服务价值(ESS)、文化服务价值(ECS)与农业用地(AGR)、林地(FOR)、草地(GRA)、水域(WAT)、建设用地(CON)等土地利用类型的面积两两指标之间的相关性。Spearman秩相关系数计算结果显示(表3-2),农业用地面积与草地面积呈显著正相关,而农业用地面积、草地面积与城市建设用地面积呈显著负相关,表明长三角地区城市化过程中城镇建设用地扩张以对农业用地和草地的占用为主;生态系统供给服务价值与支持服务价值呈显著正相关,说明两者在时间维度上的变化呈现协同关系;生态系统供给服务价值与农业用地和草地面积变化呈显著正相关,调节服务价值和支持服务价值均与农业用地、林地、草地面积变化呈显著正相关,而与城市建设用地面积变化呈显著负相关,文化服务价值与林地面积变化呈显著正相关。以上分析初步表明土地利用变化与生态系统服务变化关联。

表3-2 生态系统服务价值与土地利用类型Spearman秩相关系数

	EPS	ERS	ESS	ECS	AGR	FOR	GRA	WAT
EPS								
ERS	0.912 8**							
ESS	0.995 6**	0.934 5**						
ECS	0.122 7	0.516 1	0.189 3					
AGR	0.996 9**	0.883 4*	0.985 5**	0.054 6				

续表

	EPS	ERS	ESS	ECS	AGR	FOR	GRA	WAT
FOR	0.274 9	0.640 5*	0.725 2*	0.968 7**	0.217 2			
GRA	0.885 6*	0.967 9**	0.915 4**	0.511 2	0.849 1*	0.599 5		
WAT	−0.564 8	−0.575 0	−0.515 6	−0.160 3	−0.585 8	−0.391 3	−0.477 8	
CON	−0.999 7**	−0.910 8**	−0.996 3**	−0.119 1	−0.996 4**	−0.268 6	−0.882 9*	0.548 1

1990—2010年长三角地区生态系统服务价值整体呈现降低趋势,但1990—1995年总的生态系统服务价值略有波动上升,1995—2010年总的生态系统服务价值呈快速衰减趋势。其中,供给服务价值降低约7.4%、调节服务价值降低约1.4%、支持服务价值降低约4.1%、文化服务价值升高约0.3%,总的生态系统服务价值降低约2.0%,其中供给服务价值和支持服务价值降低最为显著。分析不同类型生态系统服务价值时间维度上的变化特征,1990—2010年供给服务价值与支持服务价值变化趋势一致,均呈持续降低趋势,调节服务价值与文化服务价值以1995年为转折,呈现先升高后降低趋势(见图3-1)。

(一) 供给服务价值变化

研究时段内供给服务价值由5.40亿元下降至5.01亿元,衰减了7.38%,其中,1990—2000年间衰减较为缓慢、2000—2010年间衰减相对迅速,供给服务价值占总生态系统服务价值的比重也显著降低。其中,上海市生态系统供给服务价值衰减最为显著,1990—2000年衰减25.32%,江苏省和浙江省虽然衰减幅度较小,但两者供给服务价值变化约占长三角地区供给服务价值衰减总量的90%。其主要原因是由于研究时段内长三角地区以上海为典型的城市化进程明显加快,城镇建设用地扩张引起各省市农业用地和草地面积呈现不同强度加速转出,各省市农业用地面积变化直接制约了区域生态系统供给服务价值的供给。由此可知,长三角不同省市社会经济发展水平差异以及协同管理机制的相对滞后,部分区域社会经济发展引起生

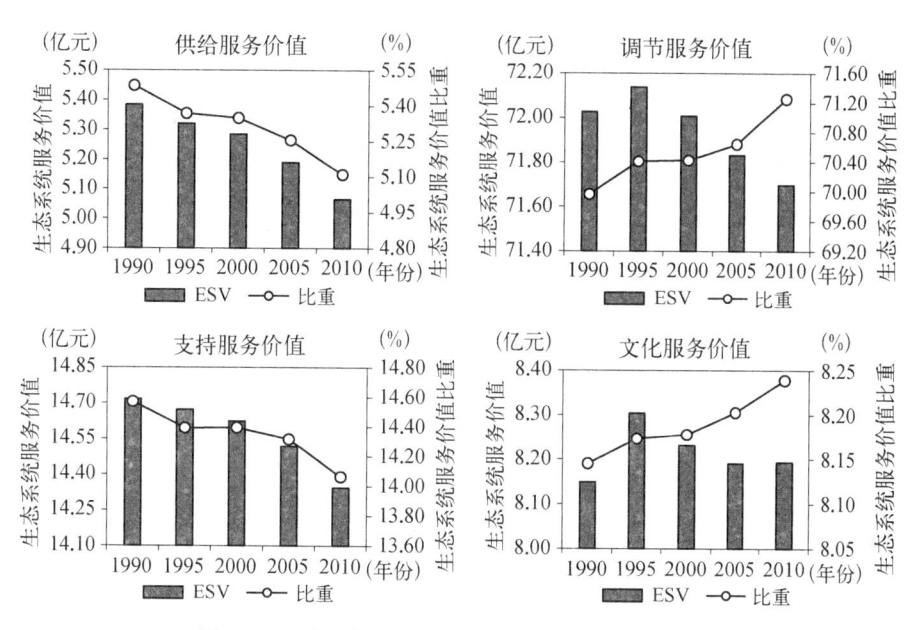

图 3-1 时间维度生态系统服务价值变化曲线特征

态系统服务快速衰减。

(二) 调节服务价值变化

长三角地区生态系统调节服务价值在研究时段内呈先增加后衰减的趋势,调节服务价值变化与农业用地、林地和草地面积变化呈正相关。其中,浙江省由于自然植被覆盖率较高,对长三角地区生态系统调节服务价值贡献最大,约占 84%,1990—2010 年浙江省林地和草地面积均呈先增加后衰减的趋势,是整个长三角地区生态系统调节服务价值变化的主要影响因素。随着江苏省和上海市范围内土地利用变化引起区域生态系统调节服务价值的持续衰减,浙江省林地和草地等自然植被景观的保护对整个长三角地区生态系统调节服务价值的维持将发挥至关重要的作用。从长远角度看,江苏省和上海市等平原河网地区由于自身自然资源条件有限,且城市化过程中自然植被景观持续快速衰退,生态系统调节服务价值这一自然资产的遗失将严重制约整个长三角地区"社会—经济—自然"复合生态系统的可持续性。以上分析表明,生态系统调节服务与区域自然资源分布紧密关联,尤其是林地、草地等自然植被景观的覆盖面积。

(三) 支持和文化服务价值变化

农业用地、林地和草地等植被覆盖景观具有土壤保持、维持生物多样性等重要的生态系统服务功能,与区域生态系统支持服务价值呈正相关。研究时段内长三角各省市农业用地和草地面积呈不同程度的减小趋势,支持服务价值也随之呈现不同程度的衰减。其中,上海市支持服务价值衰减幅度最大,约为20%,支持服务价值占总生态系统服务价值的比重也随之降低。从土地利用变化角度分析其原因,主要是城镇建设用地扩张对农业用地和自然植被景观的干扰与破坏。长三角地区生态系统文化服务价值与林地面积变化呈显著正相关,分析各省市生态系统文化服务价值变化,结果显示浙江省生态系统文化服务价值在研究时段内呈波动上升趋势,而上海市和江苏省均呈下降趋势,区域社会经济发展水平与土地利用管理政策的差异引起生态系统文化服务价值的空间分布出现不均衡现象。

三、土地利用变化加剧生态系统服务价值空间分布失衡

(一) 生态系统服务价值空间制图

国内对生态系统服务价值制图的研究主要通过 GIS 空间分析技术与价值量评价相结合的方式,单位面积价值量多采用 Costanza 等(1997)和谢高地等(2008)的生态系统服务价值系数。为研究土地利用变化对生态系统服务价值空间异质性的影响,利用 ArcGIS 空间分析工具对选取的城市化区域周边 30 千米圆形缓冲区范围进行网格化,并提取大小为 1 千米×1 千米的完整网格,参照谢高地等通过问卷调查方式获取的生态系统服务价值当量计算网格单元的生态系统供给服务价值(EPS)、调节服务价值(ERS)、支持服务价值(ESS)和文化服务价值(ECS),利用 ArcGIS 和 ArcVIEW 工具进行生态系统服务价值空间制图,如图 3-2 所示。

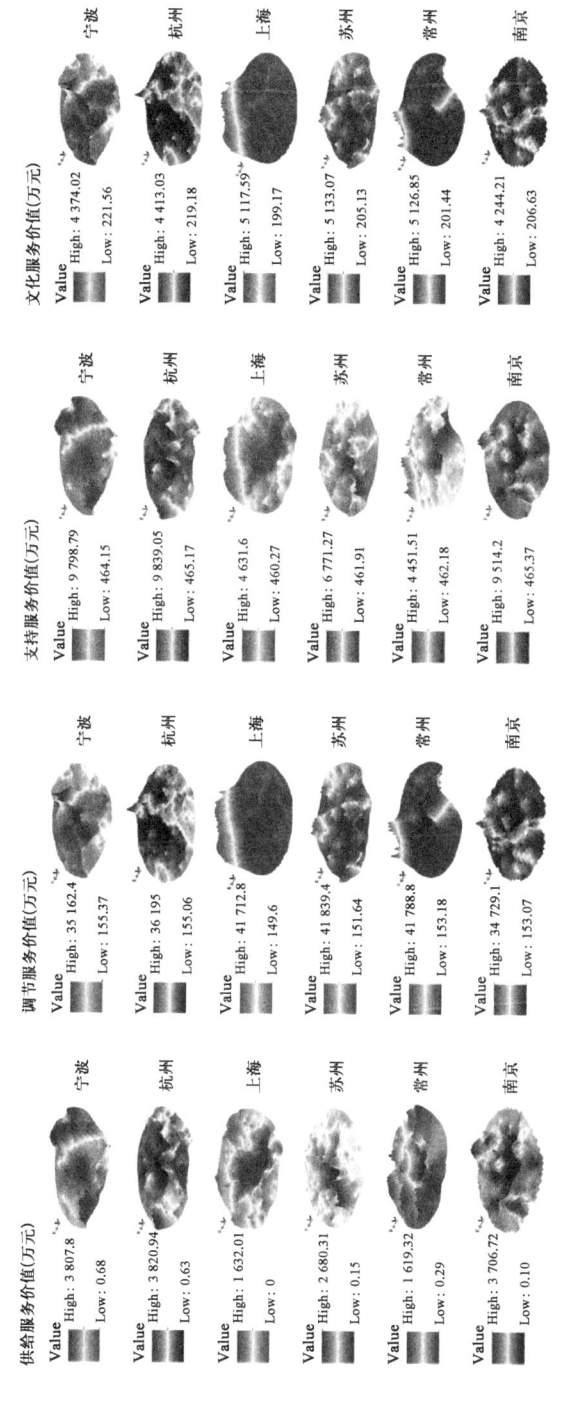

图 3-2 长三角主要城市各类生态系统服务价值空间梯度特征

注：各城市化区域研究范围的确定以城市中心周边 30 千米圆形缓冲区为准，此近似覆盖各城市化区域城市建设用扩张的范围，各类型生态系统服务价值评价网格单元大小为 1 千米×1 千米的完整网格。单位面积生态系统服务价值当量因子参考谢高地等(2008)的研究成果，生态系统服务价值评价模型参考 Costanza 等(1997)的研究成果。

(二) 生态系统服务价值空间分布特征

1. 生态系统服务价值空间梯度特征

区域生态系统服务价值的空间格局一方面受到区域自然资源分布的影响,呈现较强的空间异质性;另一方面人类社会经济活动对自然植被的改造和破坏加剧了其空间分布失衡。按照到城市中心点的距离分类统计不同距离范围内所有网格单元各类型生态系统服务价值的平均值,据此将生态系统服务价值按照到城镇中心的距离进行排序,结果如图3-3所示。各研究区域生态系统服务价值均随着距城镇中心距离的增加呈波动上升趋势,生态系统服务价值从中心城区到城郊具有明显的递减特征。从曲线变化特征来看,距离城市中心较近的高度城市化区域文化服务价值普遍略高于供给服务价值,中心城区以外的地区生态系统服务价值组成主要遵循调节服务价值＞支持服务价值＞供给服务价值＞文化服务价值的规律。

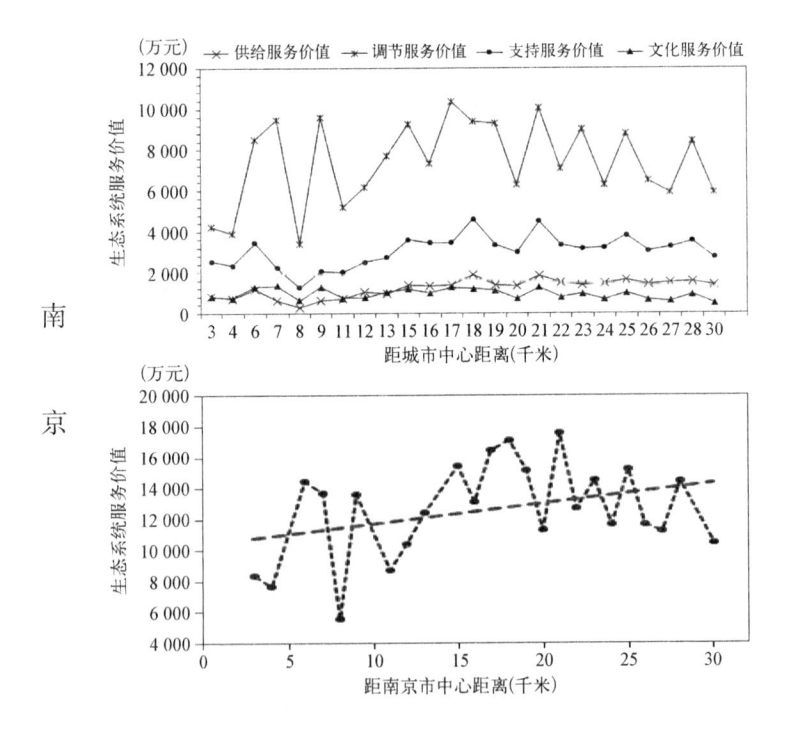

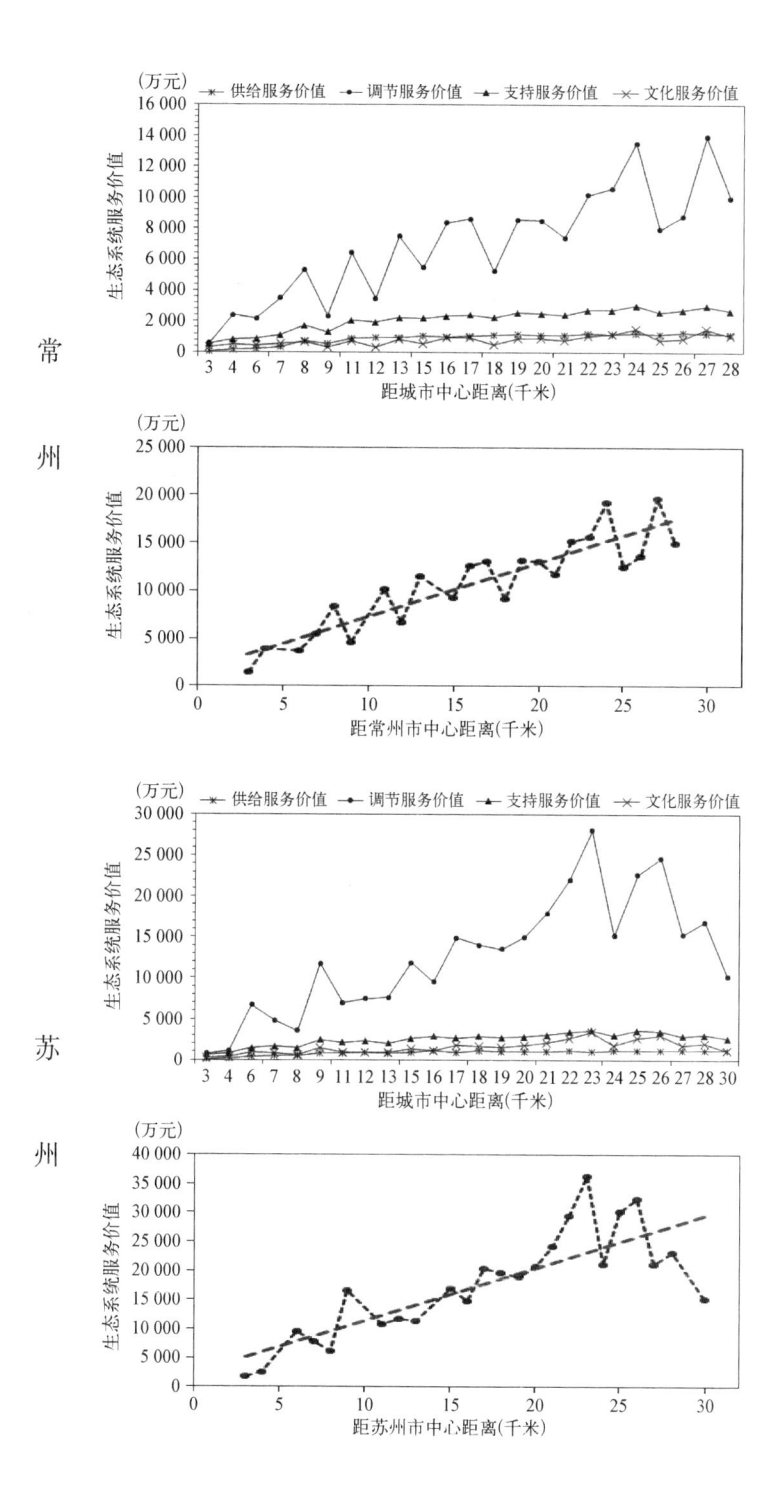

第三章 长三角土地利用变化对生态系统服务的影响 | 67

常州

苏州

上海

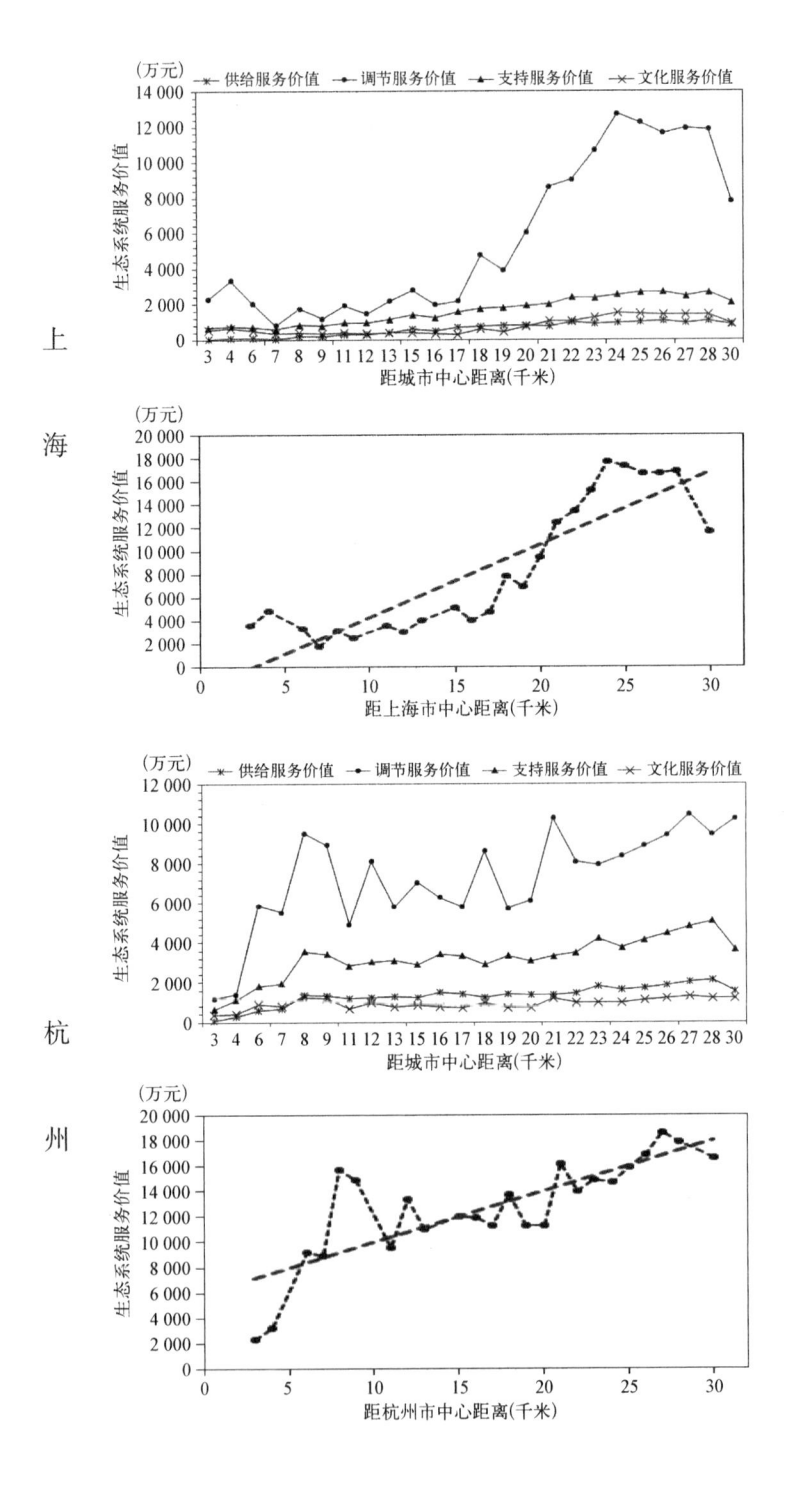

杭州

宁波

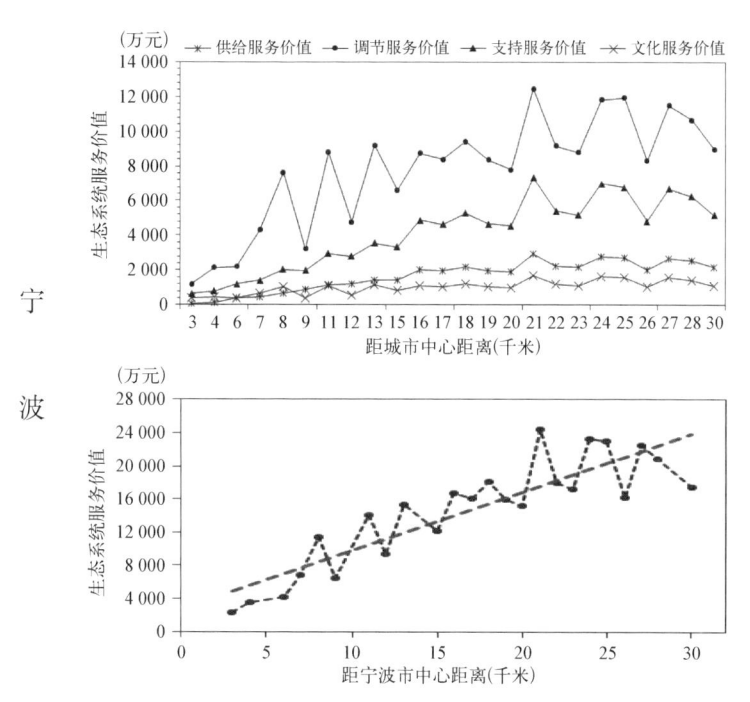

图3-3 生态系统服务价值按照距城镇中心距离排序的曲线特征

城市化过程中调节服务价值变化最为剧烈且波动性较强，对距城镇中心距离的变化最为敏感，是区域生态系统服务价值变化的主要方面。其次为支持服务价值，随着距城镇中心距离的增大呈显著波动上升趋势。其原因主要是，由于城市化发展过程中土地利用变化在空间上具有明显的城郊梯度特征，城市建设用地不断由中心城区向城郊扩张，区域林地、草地、农业用地等与生态系统调节服务价值呈显著正相关的用地类型迅速消失。供给服务价值和文化服务价值随着距城镇中心距离的增大变化较小且呈缓慢增长，且两者变化趋势较为一致。生态系统服务价值的空间递变规律受区域城市发展格局与土地利用变化的影响呈现多样化的特征，但整体仍有规律可循，其中供给服务价值变化和文化服务价值变化在空间上较为平缓，调节服务价值的变化在空间上波动性较强，对土地利用的城郊梯度变化最为敏感。整体来看，长三角土地利用变化导致生态系统服务价值空间分布严重失衡,城市建成区生态系统服务价值持续下降。

2. 生态系统服务价值空间结构变化

城市化过程中土地利用变化不仅使生态系统服务价值在空间上呈现显著的梯度变化特征,而且生态系统服务价值的组成与结构也受到影响。随着到城镇中心距离的增加,区域各类型生态系统服务价值均显著增加,而不同研究区域各类型生态系统服务价值占总生态系统服务价值的比重呈现不同的变化趋势(见图3-4)。其中,南京市、常州市、杭州市供给服务价值和调节服务价值占总生态系统服务价值的比重呈增加趋势,支持服务价值和文化服务价值占总生态系统服务价值的比重呈减少趋势;苏州市生态系统供给服务价值、支持服务价值和文化服务价值占总生态系统服务价值的比重逐渐降低,调节服务价值占总生态系统服务价值的比重逐渐升高;宁波市供给服务价值和支持服务价值占总生态系统服务价值的比重逐渐增加,调节服务价值和文化服务价值占总生态系统服务价值的比重逐渐降低。各城市化区域生态系统服务价值结构的演变呈现不同的变化特征,整体表现为:随着距城镇中心距离的增加供给服务价值和调节服务价值占总生态系统服务价值的比重呈增加趋势,而支持服务价值和文化服务价值占总生态系统服务价值的比重呈减少趋势。

从上述六个城市化区域生态系统服务价值结构的空间演变来看,区域自然资源分布和人类活动引起的土地利用空间格局差异是其重要驱动因素,林地和水域等对生态系统服务价值贡献较大的土地利用类型对维持区域生态系统服务价值结构的稳定具有重要的作用。以宁波市和苏州市为例,在距离宁波市中心较近的地区内生态系统服务价值结构的变化波动性较强,而城郊林地覆盖率较高的地区生态系统服务价值结构较为稳定;距离苏州市中心较近的地区内生态系统服务价值结构的变化较为明显,而城郊水域覆盖面积较大的地区生态系统服务价值结构较为稳定。此外,不同类型生态系统服务价值在空间上的递变速率存在差异,研究选取的各城市化

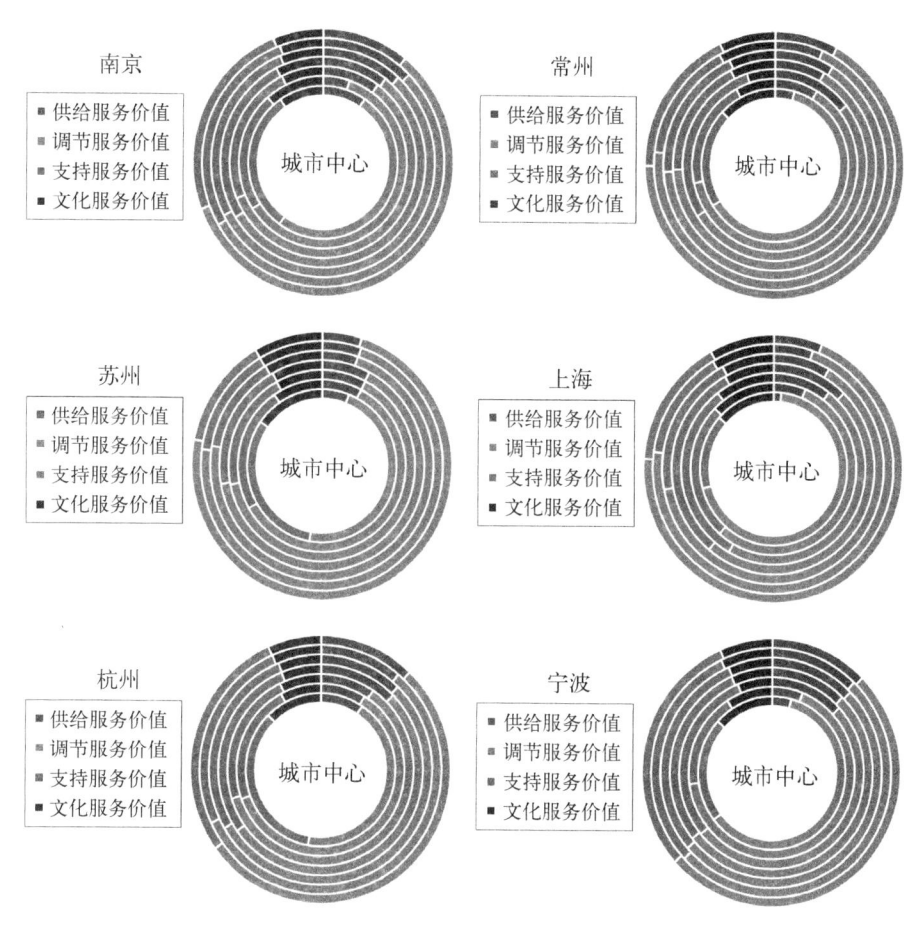

图 3-4 生态系统服务价值结构空间梯度变化特征

区域调节服务价值在空间上随着距离城市中心距离增大,梯度变化最显著;其次为支持服务价值和供给服务价值,文化服务价值的空间递变速率最小,进一步表明生态系统调节服务价值对城市化过程中的土地利用变化较为敏感,在区域生态系统服务价值保护过程中需重点关注。

四、问题分析与总结

第一,研究结果表明 1990—2010 年长三角土地利用变化整体表现为农业用地大量转出和城市建设用地大量转入的典型城市化特征,随着城市化进程的不断推进，未来将长期维持这一发展趋势。江苏省和上海市等平原河网地区城市建设用地快速增加导致农业用地、水域和林地面积呈急剧减小趋势，而浙江省范围内林地面积略有增加。而整体来看，长三角土地利用数量变化导致生态系统服务价值整体呈快速降低趋势，其中供给服务、支持服务价值降低较为显著，调节服务价值与文化服务价值呈先增加后衰减趋势，主要受农业用地和草地面积减小的影响。

第二，城镇建设用地扩张对生态系统服务价值的空间分布和结构组成均产生影响，城镇建成区生态系统服务价值显著偏低，城郊地区生态系统服务价值偏高，呈现梯度变化特征。其中，调节服务价值的梯度变化最为显著，其次为支持服务价值。未来土地利用规划管理过程中应重视调节服务价值和支持服务价值，并深入探讨相应的规划管理与保护措施。总体来看，长三角土地利用变化导致生态系统服务价值空间分布严重失衡，城市建成区生态系统服务价值普遍偏低。

第二节 景观尺度土地利用格局变化对生态系统服务功能的影响

城郊结合区景观是指产业结构、人口结构以及土地利用空间结构从城市区域向乡村特征过渡的具有强烈异质性和生态脆弱性的地带，交错分布着多种土地利用类型，如住宅区、商业区、农田、人工植被等，景观的空间结构极不稳定。城郊结合区景观与城市发展关系密切，具有景观异质性高，物质、能量与信息流较为频繁，生态系统具有脆弱性与敏感性较高等特征（Zang et al.，2017；Micheli et al.，2014；Metzger et al.，2006；Schröter et al.，2005）。由于城郊结合区地带的边缘效应，在城市化快速发展的过程中首先受影响的是城郊结合地区，主要表现为土地利用变化在城市化发展过程中变化较为剧烈,土地利用变化引起的生态环境退化问题严重。这已成为城市规划管理者和学术界关注和研究的重点。

利用 GIS 空间分析技术识别出 2000—2010 年上海中心城区周边建设用地变化最为剧烈的带状区域,将其定义为上海城郊结合区景观。在识别城郊结合区景观生态系统服务功能的基础上,通过分析景观指数与生态系统服务功能之间的相互关系,利用多尺度评价方法定性评价城郊结合区景观尺度和微观尺度土地利用变化驱动下景观形态与组分变动对生态系统服务功能的影响。

一、上海城郊结合区景观的空间范围识别

城郊结合区景观的范围在空间上具有不确定性,其结构和功能也表现出较高的多样性和变化活跃的特征(Vizzari et al.,2015；Wu et al.,2015；Kroll et al.,2012；Alberti et al.,2005)。随着城市建成区的不断扩大,城郊结合区景观在空间上也随之移动,因此对城郊结合区景观的空间范围的识别需要根据研究目的来确定适当的研究时段。城市化过程中城郊结合区土地利用变化最主要且最直接的特征是城市建设用地比重显著增加。上海2000—2010 年区域城镇建设用地扩张较为迅速,以城镇建设用地比重变化作为识别城郊结合区景观范围的特征指标能直观反映区域土地利用变化的空间格局特征。首先利用 GIS 空间分析技术分别计算出 2000 年和 2010 年区域 1 千米×1 千米网格单元内的城镇建设用地比重,再通过网格空间叠加计算并识别出城镇建设用地比重变化的空间分布,将中心城区周边 30 千米缓冲区范围内建设比重增加大于 10% 的连续网格区域定义为上海的城郊结合区景观。结果显示,中心城区与远郊地区网格单元内城市建设用地比重变化普遍低于 10%,区域建设用地比重增加主要发生在以高度城市化的中心城区周边且呈带状分布。2000—2010 年各网格单元内城市建设用地比重增加均大于 10%,越靠近中心城区城镇建设用地比重增加越明显。这与已有研究指出的亚洲区域国家城市化发展以城市建成区为中心向外延伸扩散的边缘扩散效应相一致(Sun et al., 2015；Yue et al., 2013；Kroll et al., 2012)。据此研究识别出上海 2000—2010 年城郊结合区景观的空间范围(图 3-5)。

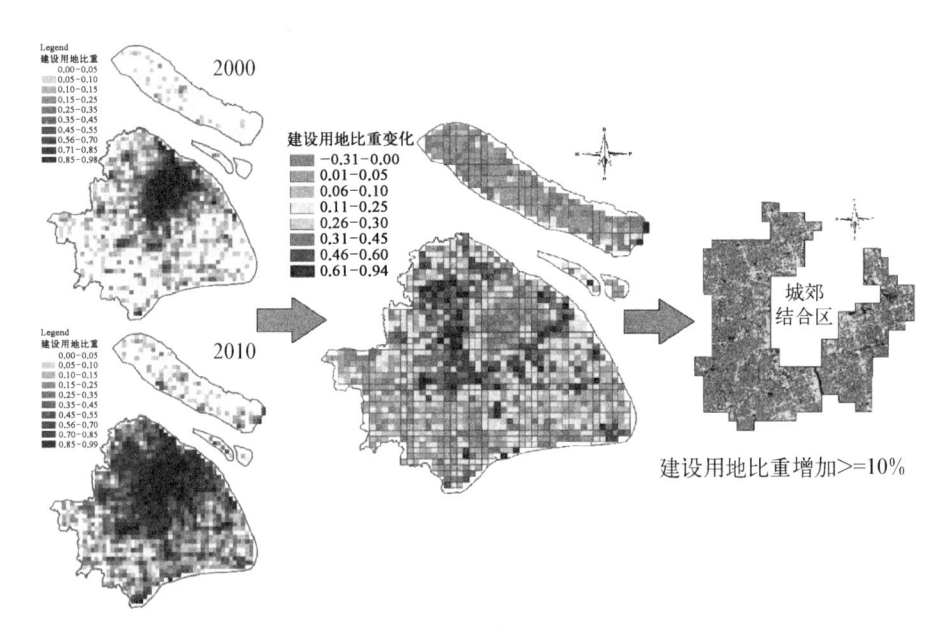

图 3-5　上海土地利用覆被及城郊结合区景观识别空间示意(2000—2010 年)

二、上海城郊结合区的土地利用变化特征

2000—2010 年上海城市建设用地扩张主要发生在以中心城区为核心的周边约 1 270 平方千米的带状区域内。上海城郊结合区景观土地利用变化的主要特征是农业用地的转出和城市建设用地的转入,其中:农业用地由 2000 年的 751.30 平方千米(59.16%)减少至 2010 年的 199.10 平方千米(15.68%),主要转化为城镇建设用地、城市绿地以及其他用地；城市建设用地由 394.85 平方千米(31.10%)增至 2010 年的 704.28 平方千米,区域城市建设用地比重达到 55.46%,城市化景观特征明显(表 3-3)。2000—2010 年研究时段内上海城市化发展较为迅速,突出表现为中心城区周边的农业

用地和细小的村级河流大量消失、城市公共建筑用地和居住用地不断增加，表明土地利用变化过程与上海城市发展的空间格局调整以及土地利用的社会服务功能转变相关。

表 3-3　上海城郊结合区景观土地利用变化(2000—2010 年)

	2000		2010		面积变化
	平方千米	%	平方千米	%	平方千米
农业用地	751.30	59.16	199.10	15.68	−552.20
水域	94.09	7.40	81.86	6.45	−12.23
城市绿地	27.22	2.14	129.56	10.20	102.34
城市建设用地	394.85	31.10	704.28	55.46	309.43
其他用地	2.50	0.20	155.16	12.21	152.66

值得注意的是，2000—2010 年研究时段内区域大量村级河流随之消失，主要转化为城市工业用地、道路交通用地以及居住用地等，河网密度降低，水系结构趋向简单化，河流结构趋向结构化(图 3-6)。平原河网地区的

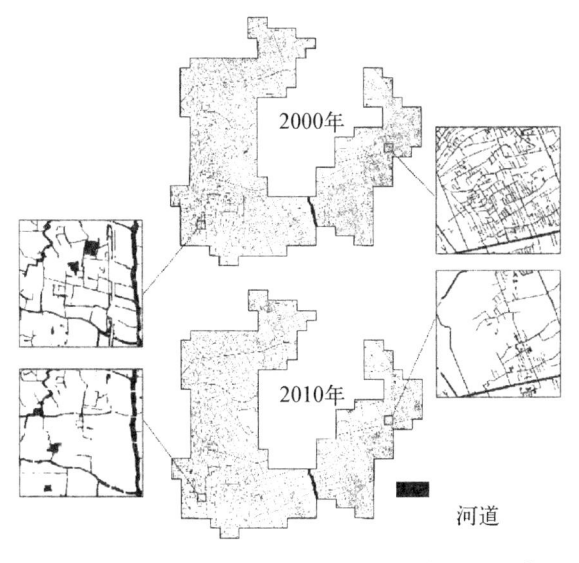

图 3-6　上海城市化过程河流景观变化空间示意

河网水系结构特征与水文功能具有紧密的关联性。杨凯(2004)、袁雯(2005)等学者选取上海浦南东片区、浦南西片区、青松片区、浦东片区等10个主要的水利片为基本流域单元,分析水面率、分维数等水系结构参数与河网单位面积可调蓄容量、槽蓄容量之间的关系,揭示了河网水系结构与防洪调蓄功能之间的关联性,指出河网的防洪调蓄能力受水域面积和水系结构等因素的共同影响。综上可见,上海城郊结合区景观土地利用剧烈变化的过程中,以农田与河网交错形成的湿地景观的消失以及城市建设用地的增长为主要特征,同时伴随河网水文调蓄等重要生态功能的衰退。

三、土地利用格局变化引起生态系统功能变化

景观结构广义上指景观各组成单元的异质性和空间上的配置,分为景观空间与非空间特征;而景观格局是景观异质性的具体外在表现,是人类社会经济活动与自然界生物物理过程之间相互作用的产物,主要指景观的空间格局,包括景观的形态、组分以及在空间上的排列与分布。景观的结构与景观提供的生态服务功能密切相关,特定景观结构下,景观各组成要素的形态、大小、数目以及类型特征都对景观所维持的各种物理、化学与生物过程产生直接或间接影响,从而对景观的生态功能产生影响(王航等,2017;车越和杨凯,2016;宋博等,2016;胡建等,2011)。同时,随着人类社会的不断发展,人们对自然景观所提供的生态服务功能的需求也不断发生变化,通过土地利用规划管理对景观生态系统的结构产生相辅相成的作用。基于以上景观结构与功能之间的相互关系,笔者尝试从景观格局变化的角度分析土地利用变化对区域生态系统服务功能的影响。

(一)区域生态系统服务功能识别与分类

根据千年生态系统评估公布的结果(MA,2003),全球自然生态系统每年提供的物质材料和服务如新鲜空气、水资源、粮食产品等价值约15万亿英镑,而人类同时破坏了约2/3提供这些产品和服务的生态系统,包括森

林、湿地、农田、河流等。目前,大约有60%人类赖以生存与发展的生态系统服务正在持续下降,如气候调节、疾病与灾害的调节与控制、水资源供应等。人类对生态系统服务的过度消费引起的生态系统服务功能衰退将极大地削弱人类社会的可持续发展。生态系统结构通过影响生态系统过程从而影响生态系统服务功能。上海城郊结合区景观土地利用景观格局,主要由农业用地、城市绿地、城市建设用地、水域和其他用地组成。由于上海属于典型的平原河网地区,区域河流密布,河流不仅发挥着城市主要生态廊道作用,农田与河网交错形成特有的湿地景观结构并提供类似于湿地生态系统的重要生态系统服务功能。

参照欧洲环境署(European Environment Agency,EEA)提出的基于人类福祉的国际生态系统服务分类方案措施(Common International Classification of Ecosystem Services,CICES),将上海城郊结合区景观生态系统提供的生态系统服务分为三大类:供给服务、调节与维持服务、文化服务(见表3-4)。区域农业用地主要包括水田、旱地和林地,主要提供粮食作物与木材生产、畜禽养殖以及水产养殖等,发挥生态系统供给服务。上海地区河网密集,河流既提供大量鱼类等水产品,同时通过生物物理循环过程提供水体污染物净化功能。河岸缓冲区范围内的农田与林地除了提供物质材料生产服务,在邻近河流区域过滤并削减了大量区域地表径流污染,调节与维持地表水环境质量,同时为河岸带范围内的两栖动物提供了重要的栖息地与迁移通道。河网与农田交错形成的湿地景观不仅在区域微气候调节、缓解城市热岛效应、提供鸟类等生物栖息地、维持生物多样性方面发挥重要作用,暴雨季节农田景观为削减暴雨径流提供了下渗通道与存储空间,而且为地下水交换提供重要媒介(Huang et al.,2012;Ma and Swinton,2011;Millennium Ecosystem Assessment,2005)。文化服务方面,上海具有典型的江南水乡特色并依托江南水乡古镇景观建立了11处旅游景点,提供了重要的旅游、娱乐与文化教育服务。具体分类如表3-4所示:

表 3-4　上海城郊结合区景观生态系统服务分类

一级分类	二级分类	三级分类
供给服务	● 物质材料 ● 营养	● 木材、药材、淡水资源 ● 农产品（水稻、畜禽、水产品）
调节与维持服务	● 调节废弃物、有毒有害物质 ● 调节河川径流 ● 维持物理、化学与生物过程	● 地表径流污染、固体废弃物降解 ● 洪水调节、雨水径流调节 ● 生物栖息地与基因库 ● 土壤形成与保持、水源涵养 ● 水环境域空气环境质量的维持 ● 区域微气候调节
文化服务	● 与景观直接的物理接触与智慧启发 ● 与景观精神、文化等其他类型接触	● 娱乐活动、旅游、美学与教育活动 ● 精神启发、江南水乡文化特征

（二）多尺度景观指数选取与研究点位确定

景观生态学着重于研究多样化的景观或单一景观要素的变化,以及景观变化对生态系统功能的影响(陈爱莲等,2012;彭建等,2006;张秋菊等,2003)。土地利用变化过程中景观组分与景观空间格局的变化不仅直接影响生态系统的生物化学过程,而且影响自然生态系统与近自然生态系统多种生态服务功能的发挥(陈爱莲等,2012;苏常红等,2012;李伟峰等,2005)。已有研究表明,将景观生态学概念应用于城市生态系统研究将提升景观格局变化对生态系统过程影响的科学认识(王航等,2017;王重玲等,2015;刘焱序等,2013;Nakayama et al.,2011)。研究选取平均斑块大小(mean patch size,MPS)、平均形状指数(mean shape index,MSI)、聚集度指数(contagion index,CONTAG)、斑块密度(patch density,PD)以及最大斑块指数(largest patch index,LPI)等主要景观指数,利用多尺度分析方法探讨 2000—2010 年研究时段内上海城郊结合区景观土地利用变化对生态系统服务功能的影响。以前文识别出的上海城郊结合区景观为较大研究尺度范围,从景观尺度上探讨区域城市化过程土地利用变化的整体特征与趋势。选取城郊结合区景观范围内四个具有不同景观形态特征的 3 千米为半径的圆形区域为微观尺度研究范围。四个微观尺度的研究区域分别用于反映上海城市化过程中土地利用变化的主要特点。各微观尺度研究区域在 2000—2010 年研究时段内城市建设用地比重增加均大于 60%。通过研究四个具有不同土地利用变化特征的微观尺度区域景观指数变化与生态系统服务功能的相互关系,以期从土地利用规划管理角度获取未来城市化过程生态系统服务功能的优化管理措施与方案。不同尺度研究区域及其特征描述如图 3-7 所示。

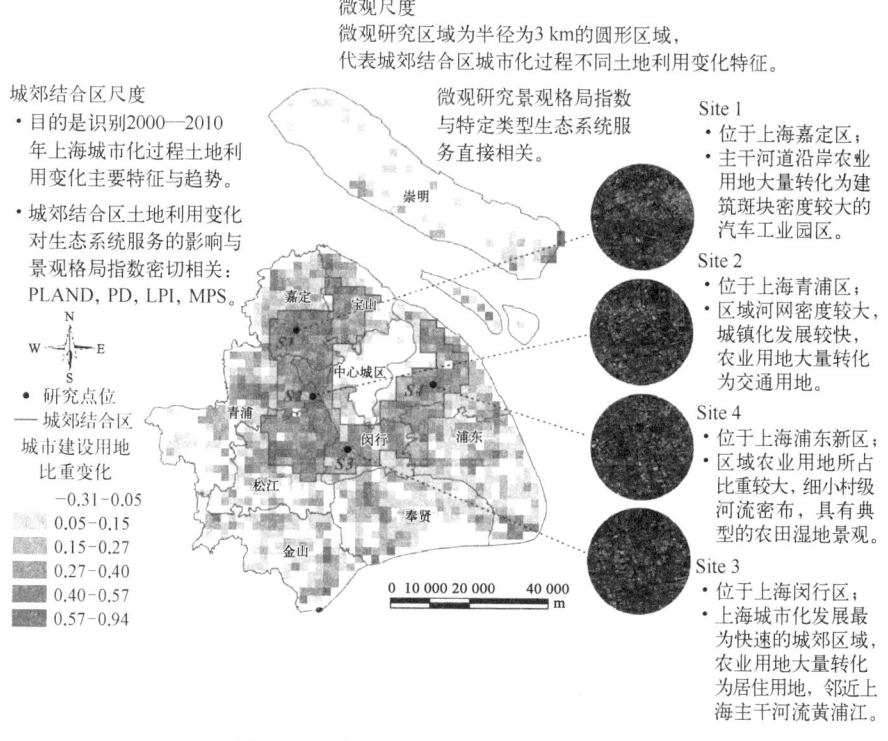

图 3-7 城郊结合区景观尺度与微观尺度特征及区域空间示意

(三) 景观指数与生态系统服务功能的关联

景观中斑块的面积大小、形态和密度对生物多样性的维持以及其他生态学过程均有影响(范玉龙等,2016)。已有研究表明,斑块面积的增加会使斑块的各类生态服务功能呈非线性增加,如生物多样性的维持、植物生产能力等。而除了斑块面积以外的其他景观特征同样具有重要的影响。一般而言,较大的景观斑块对地下蓄水层以及河流湖泊的水质具有调节作用,且有利于为生境敏感物种的生存提供更好的生境核心区。斑块形状的差异也对斑块的内部面积大小产生影响,从而影响核心生境的抗干扰状态,而以上斑块大小和形态的差异可以通过景观指数来反映。

斑块的结构特征也对多种生态系统服务功能的发挥产生影响,例如养分循环、防止土壤侵蚀、疾病灾害的传播、地表温度调节等(Estoque et al.,2017;Asgarian et al.,2015;Mitchell et al.,2015;Steckel et al.,2014)。斑块的空间结构对外界干扰的扩散与传播具有重要影响,同一斑块类型在空间上集聚程度越高越有利于干扰的传播和扩散,而干扰的传播扩散又会使斑块数量减少,从而抑制干扰的进一步传播,两者存在一定的负反馈关系。此外,由于斑块的边缘效应,生态系统的供给服务如粮食生产服务和侵蚀调节服务也会受到斑块结构的影响,斑块边缘通常是受周围环境干扰较为强烈、水土流失较为严重的区域,这些影响受斑块面积和斑块结构等因素的共同影响。基于以上分析,有必要从城郊结合区景观尺度与微观尺度选取景观指数来探讨土地利用变化对区域生态系统服务功能的影响。

从景观结构角度看,区域土地利用覆被类型与各用地类型比重的变化直接影响多种生态系统服务功能。城市化过程伴随着区域透水性地表向不透水性地表转化,不透水面积的增加使地表渗透率降低,从而增加了暴雨季节的地表径流量,加重了洪水灾害风险,同时也阻碍了地下水交换过程(Gregory et al.,2006)。农业用地斑块面积比重的减少直接影响了土地利用的粮食生产与其他农作物供给服务,在区域总面积一定的情况下,农业用地斑块面积比重可间接测度生态系统的供给服务能力;城市绿地、农田等植被覆盖景观可以提供多重生态系统调节服务,如地表径流污染负荷削减、水源涵养、碳吸收与储存、区域气候调节等,城市绿地、农业用地等植被覆盖景观的比重同样可以用来测度生态系统调节服务的大小。

从景观形态角度看,已有研究指出农业用地的形态与规模直接影响农作物的产量与农业效率,农业用地斑块面积越大对抗外界干扰能力越强,而且农业生产效率越高(Lee et al.,2012)。农业用地不仅对地下水交换过程具有重要的调节作用,位于河流沿岸的农业用地在暴雨季节发挥重要的削减洪水灾害的功能(张东等,2016;李锋等,2014;谢高地等,2013;赵荣钦等,2003)。景观美学价值评估的理论与方法目前已广泛应用于生态系统文化服务价值评价,人们对景观的偏好程度受景观多样性以及景观形态的复杂程度共同影响。Kaplan et al. (1998)认为,混合的多样化的景观复杂程度增强,与单一景观相比更能吸引人们的注意力,而景观香农多样性指数(Shannon's diversity index, SHDI)是用来测度景观多样性与复杂程度的常用指标之一。聚集度指数反映景观中不同斑块类型的聚合程度以及各景观组分的空间配置特征,也可以度量不同景观中景观类型的聚合水平。农田景观与河流景观的聚合在空间上有利于增加景观的复杂度,形成典型的江南水乡风貌,靠近河流的农业用地或其他绿地景观在空间上聚合度增加可以为两栖动物和其他生物提供更加适宜的栖息地和迁徙廊道。研究通常以河岸缓冲区50米范围内的植被覆盖景观比重作为测度植被覆盖景观与河流景观聚集程度的指标。

基于以上分析,建立景观指数与生态系统服务功能之间的相互对应关系,如表3-5所示。其中,植被覆盖景观包括农业用地和城市绿地;透水地表包括水域、农业用地和城市绿地。河岸50米缓冲区范围内的农业用地和植被覆盖景观斑块面积比重通过做主要河流的缓冲区计算获得,对主要河流的筛选通过在GIS中剔除区域水域图层中2000—2010年消失的村镇级河流获得。各景观指数的计算首先在ArcGIS中将不同尺度研究区域先转化为Raster图层,再利用Raster to ASCII工具转化为ASCII文件,导入Fragstats 3.0版本中完成计算。微观尺度上景观指数的变动定性反映土地利用变化过程中生态系统服务功能的变化趋势。

表 3-5 微观尺度景观指数与生态系统服务功能的相互对应关系

			生态系统服务功能					
			供给服务		调节服务			文化服务
景观特征与性质		生态服务功能	提供食物、木材等物质材料	局地气候调节	洪水调节	地表水过滤/渗透		景观美学、娱乐、文化及精神启发
景观结构指标	透水性地表覆盖的比重	●地表径流的过滤 ●维持水文过程的稳定性	**			PLAND（透水地表）		景观美学、娱乐、文化及精神启发
	农业用地与自然植被斑块面积的大小	●地表径流过滤 ●提供栖息地；农作物与木材生产 ●提供娱乐休闲空间	PLAND（农业用地）	PLAND（植被覆盖景观）	PLAND（农业用地）	PLAND（植被覆盖景观）		PLAND（植被覆盖景观）
	景观多样化程度与复杂度	●提供景观娱乐、审美、精神启发	**	**	**	**		SHDI
	河湖水域面积的比重	●地表径流储存与水源涵养 ●提供景观娱乐与美学欣赏 ●局地气候调节	**	PLAND（水域）	PLAND（水域）	PLAND（水域）		
景观形态指标	自然植被与自河流水域的邻近程度	●地表径流过滤与渗透、防止侵蚀 ●提供两栖动物栖息地 ●提供景观娱乐与美学欣赏	PLAND（农业用地、河岸50米范围）	PLAND（植被覆盖景观、河岸50米范围）	PLAND（农业用地、河岸50米范围）	PLAND（植被覆盖景观、河岸50米范围）		PLAND（植被覆盖景观、河岸50米范围）
	景观斑块形态的复杂性	●景观娱乐与美学欣赏 ●提高农业效率 ●提供文化服务	●SHAPE（农业用地） ●MPS（农业用地）	MPS（水域）	**	MPS（植被覆盖景观）		SHAPE（农业用地）
	植被覆盖景观类型的连接度	●提供生物迁徙的廊道 ●乡村景观风貌维持 ●提升应对全球气候变化的弹性	**	●Contagion Index ●AI（植被覆盖景观）		**		●AI（植被覆盖景观） ●Contagion Index

四、多尺度景观指数变化分析结果

(一) 城郊结合区尺度上景观指数变化

1. 景观水平上景观指数变化

利用 Fragstats 景观指数计算工具计算 2000—2010 年上海城郊结合区景观水平上各景观指数的变化(见表 3-6),结果显示,斑块密度指数由 2.796 0 增加至 3.415 9,最大斑块指数由 2000 年的 37.898 7%下降至 2010 年的 37.405 9%,平均斑块大小由 2010 年的 35.763 3 公顷下降至 2010 年的 29.275 2 公顷。从景观水平上来看,区域景观斑块数量增加,平均斑块面积减小,景观破碎化程度加重。景观水平上 SHDI 指数增加,表明不同斑块类型面积的分布趋向于均衡化,区域农业用地的主导优势被削弱。邻近度指数反映景观斑块在空间上的聚集水平,邻近度指数由 2000 年的 41.87 下降至 2010 年的 30.794 1,揭示了区域景观形态整体呈现复杂化趋势。平均形状指数由 2000 年的 1.158 1 下降至 2010 年的 1.152 8,表明区域景观斑块的聚集程度和统一类型斑块的连接度均有所降低,同时也说明斑块数量的增加和平均斑块面积的减小,景观破碎化程度增加。可见,2000—2010 年上海城市化发展过程中城郊结合区景观呈现破碎化、复杂化趋势。

表 3-6 城郊结合区景观水平景观指数变化(2000—2010 年)

年份	PD (NO./100ha)	LPI (%)	MPS (ha)	SHDI	CONTAG (%)	SHAPE_MIN
2000	2.796 0	37.898 7	35.763 3	1.058 1	41.870 0	1.158 1
2010	3.415 9	37.409 5	29.275 2	1.286 3	30.794 1	1.152 8

2. 景观类型水平上景观指数变化

由图 3-8 各景观类型水平上景观指数计算结果,2000 年城郊结合区景观范围内农业用地所占比重由 2000 年的 56.52%下降至 2010 年的

15.57%,农业用地大量转化为城镇建设用地以及其他在建用地和建设储备用地等。农业用地平均斑块大小由2000年的389.98公顷下降至2010年的28.17公顷,而城镇建设用地平均斑块大小由2000年的31.10公顷增加至2010年的216.78公顷,表明在此过程中城镇建设用地不断聚合成较大斑块,城镇建设用地扩张过程中以对农业用地的占用为主。农业用地斑块密度的增加与最大斑块指数的急剧下降表明在此过程中农业用地破碎化程度严重,而城镇建设用地呈现规模化聚合的趋势。水域面积所占比重与水域斑块密度呈下降趋势,而平均斑块大小和最大形状指数变化不大,揭示了在2000—2010年城市化发展导致区域大量细小河流被填埋占用。

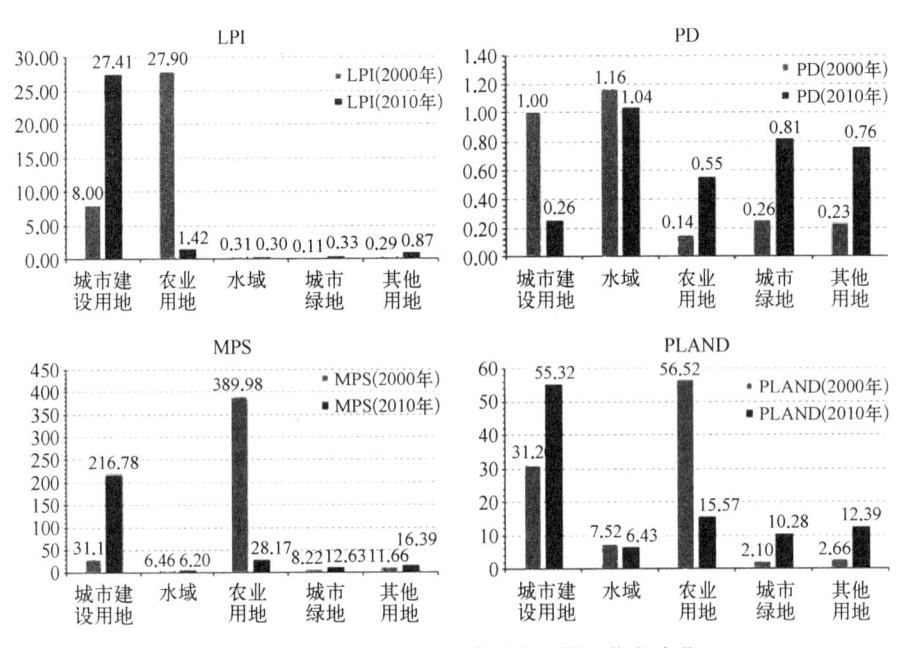

图3-8 城郊结合区景观类型水平景观指数变化

(二) 微观尺度景观指数变化

微观尺度上四个研究区域的景观指数计算结果见表3-7,四个研究区域的农业用地、植被覆盖景观、透水地表以及水域景观的PLAND指标均呈现不同程度的下降趋势(见图3-9)。除Site 1的水域平均斑块面积从0.319 1

表 3-7 上海城郊结合区微观尺度 4 个研究区域景观指数变化

类型	景观格局指标	Site 1 2000	Site 1 2010	Site 2 2000	Site 2 2010	Site 3 2000	Site 3 2010	Site 4 2000	Site 4 2010
供给服务功能	农业用地 PLAND(%)	67.598 9	11.955 6	61.710 5	13.869 3	51.959 6	12.706 7	51.508 8	11.172 1
	农业用地 MPS(ha)	56.221 1	3.346 3	26.219 5	3.614 1	12.732 5	4.790 3	11.149 1	4.836 2
	农业用地 SHAPE	2.575 8	1.437 7	1.861 1	1.524 0	1.644 5	1.501 3	1.938 6	1.641 1
	河岸 50 米范围内农业用地 PLAND(%)	82.532 2	30.325 4	74.541 2	25.332 8	67.971 2	24.332 7	60.527 1	38.269 3
	植被覆盖景观 PLAND(%)	69.769 9	24.213 2	62.702 3	18.816 3	54.025 3	22.567	51.708 8	27.403 1
调节与支持服务功能	农业用地 PLAND(%)	67.598 9	11.955 6	61.710 5	13.869 3	51.959 6	12.706 7	51.508 8	11.172 1
	透水地表 PLAND(%)	77.936 2	31.948	69.038 4	25.112 5	60.666 9	28.211 7	64.165 6	36.371 3
	水域 PLAND(%)	8.166 3	7.734 8	6.336 1	6.296 2	6.641 6	5.644 7	12.456 8	8.968 2
	河岸 50 米范围内植被覆盖景观 PLAND(%)	82.532 2	30.325 4	74.541 2	25.332 8	67.971 2	24.332 7	60.527 1	38.269 3
	植被覆盖景观(AI)	85.794 9	80.268 0	86.352 9	79.617 1	83.692 2	80.978 3	79.148 6	77.529 0
	CONTAG(%)	53.473 6	36.159 1	54.097 8	48.362 1	44.713 7	46.376 1	47.160 9	34.642 8
文化服务功能	植被覆盖景观 MPS(ha)	28.276	2.081 4	13.412 6	2.276 4	6.577 1	3.080 6	5.697 6	3.162 0
	水域 MPS(ha)	0.319 1	0.357 4	0.307 3	0.225 4	0.173 6	0.191 1	0.339 0	0.389 7
	植被覆盖景观 PLAND(%)	69.769 9	24.213 2	62.702 3	18.816 3	54.025 3	22.567	51.708 8	27.403 1
	香农多样性指数(SHDI)	0.927 7	1.397 9	0.962 0	1.105 4	1.107 4	1.165 7	1.067 6	1.443 2
	河岸 50 米范围内植被覆盖景观 PLAND(%)	82.532 2	30.325 4	74.541 2	25.332 8	67.971 2	24.332 7	60.527 1	38.269 3
	农业用地 SHAPE	2.575 8	1.437 7	1.861 1	1.524 0	1.644 5	1.501 3	1.938 6	1.641 1
	植被覆盖景观(AI)	85.794 9	80.268 0	86.352 9	79.617 1	83.692 2	80.978 3	79.148 6	77.529 0
	CONTAG(%)	53.473 6	36.159 1	54.097 8	48.362 1	44.713 7	46.376 1	47.160 9	34.642 8

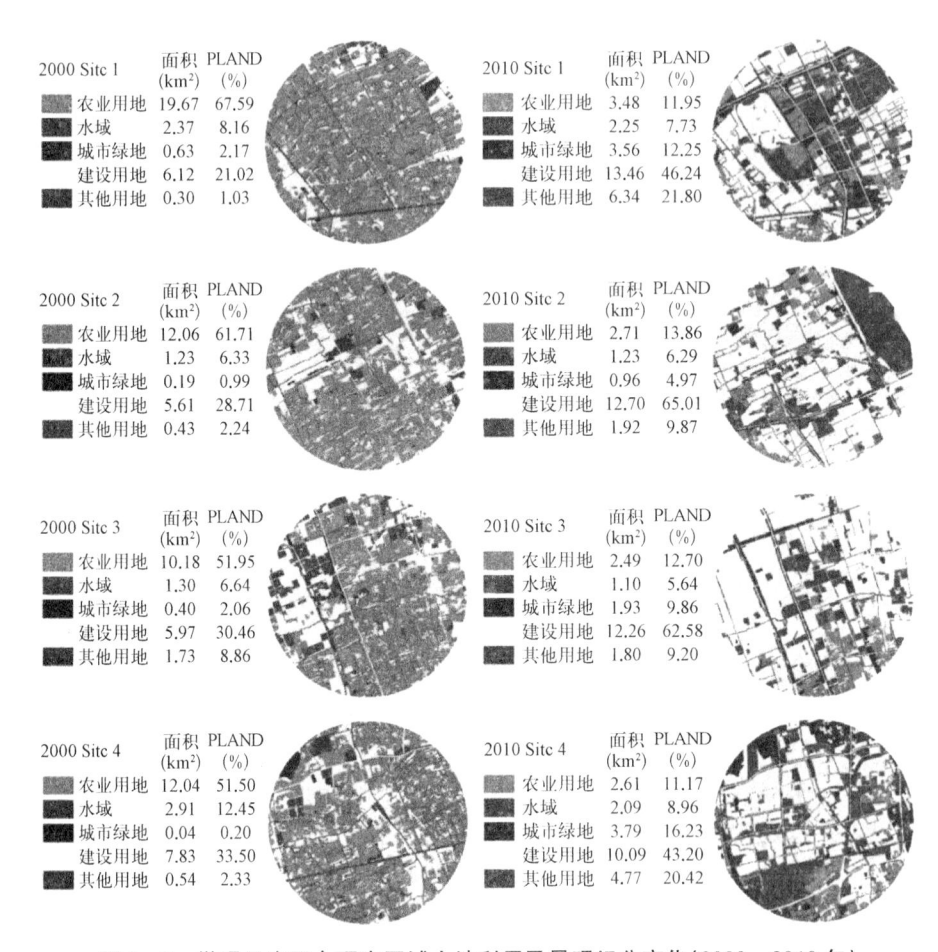

图 3-9 微观尺度四个研究区域土地利用及景观组分变化(2000—2010 年)

公顷增加至 2010 年的 0.357 4 公顷外，其他各点位农业用地、植被覆盖景观的平均斑块面积均显著下降。结合 Site 1 水域面积所占比重变化与土地利用变化遥感图像分析，其原因主要为该区域大量细小河道被填埋，河道主干化、简单化趋势严重，因此区域水域斑块的平均面积变大。分析四个研究区域的农业用地斑块形状指数变化，2000—2010 年各点位的农业用地斑块形状指数均呈下降趋势，而除了 Site 1 植被覆盖景观的斑块形状指数明显下降外，Site 2、Site 3 和 Site 4 植被覆盖景观的斑块形状指数均略有增加，结合各点位土地利用变化遥感解译图像分析,其原因主要为 2000 年 Site 1 区域内农业用地破碎化程度较高,区域范围内主要为斑块面积较小的、形状不规则的农业用地与村镇建设用地交错,随着区域城市化过程的推进,斑块面积较小的农业地块大量转化为城市建设用地,保留了斑块面积较大、形状较为规则的农业地块,而其余各点位在土地利用转化过程中保留的农业地块和新增的城市绿地斑块在空间分布上较为分散。各点位的香农多样性指数(SHDI)增加,表明随着各研究区域城市化发展,农业用地占据的主导优势逐渐被削弱,区域土地利用类型趋向于多样化,各用地类型面积比重趋向均衡化。AI 值越接近 100,表明斑块类型越趋向于聚集成一个整体,而各点位植被覆盖景观斑块的聚合度指数(AI)均显著降低,揭示了研究区域植被覆盖景观斑块在空间上相邻出现的概率降低,斑块在空间分布上较为分散。

五、土地利用格局变化对生态系统服务功能的影响

前文对城郊结合区景观尺度景观水平与景观类型水平上景观指数变化进行了分析,上海城市化过程以农业用地大量转化为城镇建设用地为主要特征,农业用地与水域景观面积的较少与破碎化间接反映区域生态系统服务功能整体呈现衰退趋势。结合当前上海的城市化发展趋势,城市建设用地的扩张势不可挡,然而利用识别出的生态系统服务功能与景观指数之间的相关性对农业用地、水域、城市绿地等景观的形态与空间格局进行规划调整,可以实现最大限度地减少区域生态系统服务功能的衰退。例如,对河岸带缓冲区范围内农田和其他植被覆盖景观的保留,可以充分发挥其生态廊道效应。从微观尺度定性分析不同土地利用背景下景观指数变化对生态系统服务功能的影响,可以为土地利用规划的区域生态系统服务保护提供科学参考依据。各微观尺度研究点位景观指数变化对生态系统供给服务、调节与维持服务,以及文化服务的影响分析如下。

(一) 供给服务功能

生态系统供给服务功能主要包括农作物、禽畜、水产品、木材等物质材料的供给。上海地区农作物以水稻为主,以农业用地景观斑块面积比重和景观形态指标变化定性分析区域生态系统供给服务的变化。由于农作物产量主要与种植面积有关,各点位农业用地斑块面积比重的降低直接导致生态系统供给服务功能衰退。农业用地的平均斑块大小(MPS)和斑块面积比重(PLAND)的下降表明农业用地斑块破碎化程度较高,而由于斑块的边缘效应,斑块平均规模较小的农田生态系统容易受干扰而使农业生产效率降低,同时增加了水土流失的风险,对生态系统供给服务的供给服务和调节服务均产生负面影响。从景观形态变化的角度来看,农业用地的斑块形状越规则越有利于农业生产,特别是在机械化种植的区域。各研究区域范围内农业用地的斑块形状指数均呈下降趋势,而 Site 1 保留的农业用地斑块形状相对其他研究点位较为规则,更加有利于农业生产。建议在未来城市化过程中对农业用地进行开发利用时保留斑块形状较为规则、斑块面积较大的农业地块更加有利于生态系统供给服务的保护,虽然从生态系统文化服务的角度看,形态较为复杂的农业景观更具有美学欣赏价值。已有研究表明,距离河流越近农田灌溉越充分,越有利于农业生产效率的提高。各研究点位距离河岸带缓冲区 50 米范围内农业用地斑块面积比重(PLAND)均显著下降,表明大量优质农业用地消失,生态系统供给服务功能被削弱。综上,建议未来城市化发展对靠近河岸缓冲区范围内的优质农田加以保护,将斑块面积较小的农田合并为形状较为规则、斑块面积较大的农田,以利于最大程度地发挥生态系统的供给服务功能。

(二) 调节与维持服务功能

平原河网地区农业用地与河网水系交错形成特有的类似于湿地的景观并发挥重要的生态系统支持与调节服务功能,如水文调节、区域微气候调节、缓解城市热岛效应、地表径流过滤与渗透等调节服务功能。各研究点位景观水平蔓延度指数(CONTAG)、植被覆盖景观的斑块面积比重(PLAND)与聚合度指数(AI)的下降揭示了城市化过程中大量植被覆盖景观消失,保留的农业用地、城市绿地等在空间分布上较为分散,湿地结构的变化直接削弱了平原河网生态系统气体调节、土壤保持、地下水交换等服务功能。平原河网地区的农业用地在提供生态系统供给服务过程中同时为洪水与暴雨径流提供存储空间,对区域洪涝灾害起到调节作用。各研究点位农业用地斑块面积比重(PLAND)显著下降表明农业用地大量转化为村镇建设用地、居住用地等不透水性地表,直接削弱了土地利用的雨水径流与洪水调节服务功能。河岸带缓冲区范围内的植被覆盖景观通过对环境内物理、化学与生物过程的维持具有多重生态系统调节与维持服务功能,一方面植被具有防止河岸带土壤被侵蚀以保持服务功能,并为河岸带动植物提供生境、栖息地以及迁徙通道;另一方面河岸带植被覆盖景观对地表径流具有显著的过滤与渗透作用,维持地表水环境并提供地下水交换媒介。各研究点位河岸50米缓冲区范围内植被覆盖景观斑块面积比重(PLAND)均显著下降,Site 1下降最为剧烈,由2000年的82.53%下降至2010年的30.33%,揭示了区域生态系统调节与维持服务功能严重衰退。为此,建议在未来城市化发展过程中将河岸带缓冲区范围内的农业用地视为城市绿色基础设施与其他类型的城市绿地一并列入土地利用规划保护范围,以保护农业用地与城市绿地呈集聚状态的景观结构,发挥河网与农田交错形成的湿地生态系统的调节服务功能。

(三) 文化服务功能

城市化区域的农田、水域、城市绿地景观可以为城市居民提供景观欣赏、娱乐、文化感知,以及旅游休憩空间等重要的文化服务功能。上海属于典型平原河网地区,农田、林地、草地等景观空间集聚形成特有的乡村自然风貌。各研究点位景观水平上景观蔓延度指数(CONTAG)和景观类型水平上植被覆盖景观的聚合度指数(AI)显著降低,显示上海城市化过程中区域景观类型分布趋于分散,复杂化程度增强,典型乡村景观正逐渐消失,原有的生态系统文化服务功能逐渐衰退。为此,建议未来城市化发展须保留农田、林地等植被覆盖景观相对集聚的自然乡村景观,以实现生态系统调节服务与文化服务的协同保护。从景观形态变化角度分析,农田、林地、草地等植被覆盖景观斑块面积越大提供景观欣赏、娱乐与旅游休憩空间的可能性越大。各研究点位植被覆盖景观斑块面积比重(PLAND)均显著下降,揭示区域土地利用变化从景观形态上影响了文化服务功能的供给。同时,农业用地与城市绿地景观斑块形状越不规则越能够发挥景观欣赏、精神启发与文化感知等服务功能。各研究点位城市绿地斑块面积所占比重较小,植被覆盖区域以农田为主,故采用农业用地的斑块形状指数(SHAPE)来测度区域景观斑块形状的复杂程度。结果显示,各研究点位农业用地斑块形状指数(SHAPE)均呈现下降趋势,表明城市化过程中保留的农业用地斑块形状较为规则,虽然有利于农业机械化生产与农业生产效率的提高,但对景观美学欣赏服务价值造成负面影响。从景观结构变化的角度分析,河岸缓冲区范围内的绿地与农田景观在提供娱乐休闲空间方面备受城市居民青睐,如亲水性绿色步道设施提供了散步、观光的活动空间。分析河岸带 50 米缓冲区范围内的植被覆盖景观斑块面积比重(PLAND)变化,结果显示该指标明显下降,表明区域内具有重要文化服务功能的亲水性绿地景观大面积消失,生态系统文化服务功能明显衰退。

第三节 小 结

本章以长三角为案例研究区域,宏观尺度上不仅分析了土地利用数量变化特征与趋势,也分析评价了区域生态系统服务的稀缺性;并以上海城郊结合区为土地利用剧烈变化的典型景观,分析了土地利用格局变化对生态系统服务功能的影响；从土地利用规划管理角度探讨了区域生态系统服务保护的对策措施。主要结论有：

第一，1990—2010年长三角土地利用变化整体表现为农业用地大量转出和城市建设用地大量转入的典型城市化特征，江苏省和上海市等平原河网地区城市建设用地快速增加导致农业用地、水域和草地面积呈急剧减小趋势，土地利用数量变化导致生态系统服务价值整体呈快速降低趋势，其中供给服务价值衰减7.4%、调节服务价值降低1.4%、支持服务价值降低4.1%，总的生态系统服务价值降低2.0%，土地利用变化导致区域生态系统服务稀缺。

第二，长三角生态系统服务价值的空间分布和结构组成受土地利用变化影响，表现出城镇建成区生态系统服务价值显著偏低而城郊地区生态系统服务价值偏高的梯度变化特征。其中，调节服务价值的梯度变化特征最为显著，其次为支持服务价值，生态系统服务价值空间分布严重失衡，城市建成区生态系统服务价值普遍偏低。未来土地利用规划管理过程中应加强重视对调节服务价值和支持服务价值，并深入探讨相应的规划管理与保护措施。

第三，以上海城郊结合区为典型，长三角土地利用格局变化以农田和自然植被覆盖景观斑块面积减少和破碎化为主，城镇建设用地平均斑块面积增大且呈聚合发展趋势，斑块面积较小的河流景观大量消失，引致生态系统供给服务、调节与维持服务和文化服务功能均呈下降趋势。

第四章
长三角土地利用变化的生态系统服务响应评价

本章以长三角为案例研究区域,从生态系统服务供需平衡、脆弱性和空间权衡的视角分析土地利用变化的生态系统服务响应,并进行区域生态系统服务可持续性评价。一方面从多个视角量化评价土地利用变化的生态系统服务响应,明确两者相互作用特征,为土地利用规划管理过程中的生态系统服务保护提供对策建议;另一方面为开展生态系统服务的土地利用可持续性情景模拟提供决策情景依据。

第一节 生态系统服务响应评价要素选取

回顾近年来研究土地利用变化对生态系统服务影响的相关研究案例,分析生态系统服务对土地利用变化的响应包括生态系统服务脆弱性变化(Reinmann et al.,2017;Vitule et al.,2016;Tzilivakis et al.,2015;Vicente et al.,2013;Haines-Yong,2009)、生态系统服务供给能力与消费需求(Hegetschweiler et al.,2017;Uthes et al.,2016;Palacios-Agundez et al.,2015;Burkhard et al.,2010;2012)、生态系统服务的权衡与协同

(Lafond et al.,2017；Kim et al.,2016；Howe et al.,2014；Lester et al.,2013；Johnson et al.,2012)等方面。其中,生态系统服务脆弱性是指"社会—经济—自然"复合生态系统在应对全球气候变化与人类活动干扰共同作用导致的生态系统服务供给减少,容易受到或无法适应此不利影响的程度(刘金龙等,2013),该要素与区域生态系统服务的可持续性呈负相关;生态系统服务的权衡与协同是指人类为增加对某一类型生态系统服务的获取,同时导致另一些类型生态系统服务随之减少的情形(李双成等,2014；Swallow et al.,2009),生态系统服务权衡的强度越大,其可持续性越弱;生态系统服务供给能力与消费需求的平衡直接反映生态系统服务的可持续性,当生态系统服务供给能力远大于生态系统服务消费需求时,生态系统服务的可持续性较强,反之则可持续性越弱。为此,本章尝试从生态系统服务脆弱性、供需平衡和空间权衡三个方面分析土地利用变化的生态系统服务响应,在此基础上进行区域生态系统服务可持续性评价。

以上影响生态系统服务可持续性的三个要素在土地利用规划管理过程中相互作用并具有较强的关联性。分析生态系统服务脆弱性与生态系统服务供需之间的关系可知,人类社会经济系统为满足日益增长的生态系统服务消费需求,通过对处于不同发展功能定位与自然地理区位条件下的生态系统进行改造与利用,增强了生态系统的暴露程度,引起生态系统结构、过程与生态服务功能衰退,表现为生态系统敏感性和适应能力的变化。然而,人类社会经济系统为改善生态系统服务功能所采取的工程管理措施一定程度上提升了生态系统应对气候变化与人类活动干扰的适应能力,而生态系统服务所处的暴露程度、敏感性和适应能力综合表现为生态系统服务脆弱性,因此两者存在关联。生态系统所具有的脆弱性使得生态系统服务供给能力在人类活动的干扰下不断下降,引致生态系统服务供需平衡的变化。分析生态系统服务权衡与供需之间的关系可知,人类社会为满足各类物质产品和精神娱乐消费需求,采取生态系统管理措施以不断提高某一类型生态系统服务的供给能力,而这一过程往往会导致另一类型生态系统服务供给能力的下降,引起生态系统服务之间的权衡。与此同时,生态系统服务权衡同样引起生态系统服务供需平衡变化,两者相辅相成。综上表明,生态系统服务脆弱性和时空权衡均对生态系统服务供需平衡产生影响,三者相互作用并共同影响生态系统服务的可持续性。

第二节 生态系统服务脆弱性响应:生态系统服务脆弱性空间分异

生态系统为人类生活与生产活动提供了丰富的物质材料和景观娱乐服务,对维持人类福祉具有重要的作用(谢高地等,2008;李双成等,2014)。随着生态系统的不断更替与演化,生态系统服务也处于一个动态变化的过程,社会经济发展、土地利用变化以及全球气候变迁都对未来生态系统服务产生影响,如全球尺度上,热带森林面积不断减少,生物多样性破坏、温室气体排放导致全球气候变暖与海平面上升等(IPCC,2001)。区域尺度上,随着城市化区域人口快速增长对食物需求与化石能源消耗的增加,人类对陆地生态系统的改造活动加剧,向环境排放的污染物数量增加,由此导致的生态环境破坏与环境污染直接制约了生态系统服务的可持续性。其中,城市化过程土地利用变化是引起生态系统服务变化的关键驱动因素(Vitule et al.,2016;Burkhard et al.,2010;Tscharntke et al.,2005;Flynn et al.,2005),城镇建设用地扩张导致农业用地、林地、草地等自然植被的衰退,直接影响了生态系统服务的供给能力,如粮食生产服务、木材供应服务、水源涵养服务、侵蚀调节服务等。由此可见,生态系统服务在应对外界人类活动干扰时表现出具有较强的脆弱性。识别土地利用变化引起的生态系统服务脆弱性变化及其空间格局,有助于从规划管理角度实施区域生态系统服务的保护,同时也有利于丰富当前关于弹性城市建设与气候适应性城市建设的理论探讨。

长江三角洲是我国近年来城市化发展最为迅速的区域,也是我国东部沿海城市群最为密集的区域。随着区域社会经济的快速发展,长三角城市群以上海为中心,人口与产业发展迅速向城市地区聚集,城市建设用地扩张引起土地利用剧烈变化,耕地、水域和草地面积大量减少,区域生态系统结构与功能逐渐退化。在区域生态环境承载能力有限的情况下,人类活动诱发的生态环境问题较为突出,如城市地表水环境污染、空气环境质量下降、城市生活垃圾产生量剧增等。此外,全球气候变暖带来的海平面上升、台风、海啸等极端气候频发,共同加剧了沿海地区生态系统服务的脆弱性。为此,笔者尝试以长三角地区为案例研究区域,探讨土地利用变化的生态系统服务脆弱性响应。

一、生态系统服务脆弱性概念

（一）脆弱性概念概述

脆弱性的概念在不同学科背景下含义有所不同,多见于医学、社会科学领域,而后被引入自然灾害学和气候变化研究领域。在自然灾害学研究领域主要是指系统受灾害影响所产生的损害程度或受损害的可能性大小（谢盼等,2015）。在生态学研究领域,MA将生态系统脆弱性作为度量人类福祉的一项重要指标。长期以来,IPCC对脆弱性的定义不断进行补充与完善,最初将其表述为"系统遭受损害的程度";直至2001年,脆弱性的概念发展较为成熟,最终在2007年IPCC的研究报告中脆弱性是指"系统容易受到灾害影响或无法应对气候变化对其产生的不利影响的程度"。

近年来,随着该领域研究的不断深入,脆弱性的概念逐步得到扩展与衍生,从专门针对自然生态系统演变为针对人类社会经济与自然复合生态系统这一更为复杂与广泛的复合生态系统中(李双成等,2014)。在此过程中,IPCC 和 ATEAM 共同拓宽了脆弱性的概念内涵,关注对象不仅涵盖气候变化,还包括社会经济发展、土地利用变化、温室气体排放等对生态系统脆弱性的影响。在以往注重自然环境演化为中心的基础上,逐步过渡到以关注人类活动对生态系统脆弱性影响为中心,将人类对生态系统演变的应对能力与适应性研究作为核心内容。国内也逐步开展了类似相关研究,并提出了"生态脆弱性""环境脆弱性""景观生态脆弱性"等概念。

(二)生态系统服务脆弱性概念辨识

生态系统服务是连接社会经济系统与自然生态系统的重要纽带,由此产生了生态系统服务脆弱性的概念。国外学者 Merzger 在分析 IPCC 和 ATEAM 关于脆弱性定义与相关内涵的基础上,将生态系统服务脆弱性定义为潜在影响和适应能力的函数(刘金龙等,2013;Metzger,2006),而潜在影响是关于敏感性和暴露程度的函数,表示为:

$$V(es,n,s,t) = f(E\{es,n,s,t\}, S\{es,n,s,t\}, AC\{es,n,s,t\});$$
$$PI(es,n,s,t) = f(E\{es,n,s,t\}, S\{es,n,s,t\});$$
$$V(es,n,s,t) = f(PI\{es,n,s,t\}, AC\{es,n,s,t\})。$$

式中,V(vulnerability)表示生态系统服务脆弱性;S(sensitivity)表示敏感性;AC(adaptive capacity)表示适应能力;PI(potential impact)表示潜在影响;es(ecosystem services)表示生态系统服务;n 为网格单元;s 表示情景设置;t 表征某一研究时间段(刘金龙等,2013)。

综合国内外关于生态系统服务脆弱性概念的相关研究,笔者将生态系统服务脆弱性定义为:"社会—经济—自然"复合生态系统在应对自然气候演变与人类活动干扰共同作用所导致生态系统服务供给衰退的情形下,容易受到或难以适应此负面影响的程度。笔者认为生态系统脆弱性与生态系统服务脆弱性在概念内涵上具有重叠部分,两者均强调气候变化与人类活动对生态系统的影响。前者强调全球气候变化、自然灾害和人类活动对生态系统结构、组成与生态过程的影响,而后者聚焦于对生态系统服务这一人与自然相互作用过程的影响。因此,生态系统服务脆弱性应当是生态系统脆弱性的外在表现与有机组成部分,并且生态系统脆弱性直接影响生态系统服务脆弱性。

二、指标体系构建与指标权重的确定

(一)指标体系构建

1. 指标体系构建原则

评价指标的选取对于评价结果的客观性与科学性至关重要。长三角位于海陆交汇的海岸带区域,生态系统类型复杂多样,陆地生态系统与海洋生态系统相互交叉影响,脆弱性评价涉及的影响因素多而复杂。笔者对长三角地区生态系统脆弱性评价指标的选取主要遵循以下原则:(1)系统性原则:评价指标选取应系统反映"社会—经济—自然"复合生态系统中社会经济发展、自然地理条件和人为管理活动等因素的影响;(2)代表性原则:与暴露程度、敏感性和适应能力各要素相关的影响因素众多,在指标筛选时应保留较具有代表性与特征性的指标,避免指标数量众多而带来数据搜集与运行计算负担;(3)数据可获取性原则:各评价指标应具有准确可靠的数据来源。在量化各项指标并进行空间制图时,要尽可能反映各类指标的空间异质性,而各省市对相关指标统计完整性差异较大,因此,在指标选取时要以数据的可获取性和可操作性为前提。

2. 指标体系结构组成

基于前文对生态系统服务脆弱性概念内涵的剖析与评价方法的梳理,本书构建的长三角地区生态系统服务脆弱性评价指标体系主要包括暴露程度、敏感性和适应能力三个要素。按照前文指标选取原则对各要素所包含的评价指标进行筛选,如表4-1所示:

表 4-1　城市生态系统服务脆弱性评价指标体系

目标层	生态系统脆弱性(Ecosystem vulnerability)		
	暴露程度	敏感性	适应能力
指标层	距主要道路距离 距主要河流距离 距主要城镇距离 距沿海岸线距离 区域人口密度 区域经济密度	供给服务价值变化 调节服务价值变化 支持服务价值变化 文化服务价值变化	人均城市道路面积 城市排水管道密度 城市污水处理率 城市固定资产投资 供水综合生产能力 建成区绿化覆盖率

（二）暴露程度及其评价指标选取

"欧洲陆地生态系统分析和建模高级项目"（ATEAM）将暴露定义为"人类与自然复合生态系统所面临的环境变化特征及变化程度，是指生态系统遭受外界环境干扰的特征、强度与频度"（崔胜辉等，2009）。生态系统的暴露状况与形式较为多样化，如：洪涝灾害、全球气候变化背景下的厄尔尼诺现象及其他水热条件异常，人类社会经活动干扰下的土地利用变化等。长三角东临东海，沿江沿海岸线较长，靠近沿江沿海岸线的生态系统受洪涝、台风和海啸等自然灾害影响较大。生态系统的脆弱性与系统所处的暴露状态紧密相关，而生态系统所处的暴露状况除了受特定区位自然地理条件与气候影响因子影响外，人类社会经济活动的干扰起主导作用。以长三角地区为例，沿海高度城市化地区社会经济发展相当活跃，城镇建设用地快速扩张与人口快速增长导致对生态系统服务的消费需求持续增加，加剧了对生态系统的干扰程度，且生态系统的受干扰程度表现为距主要道路和城镇建成区中心距离越近干扰强度越大，人口密度与经济密度较大的地区生态系统服务的消费需求越大。据此，笔者选取了人口密度、经济密度、距城镇中心距离、距海岸线距离、距主要河流距离以及距主要道路距离六个指标，作为表征长三角城市生态系统暴露程度主要指标。

距城镇中心距离、距海岸线距离、距主要河流距离以及距主要道路距离四项指标通过在 GIS 中利用空间分析技术，计算区域范围内各 1 千米×1 千米大小的栅格单元到各城镇中心点、海岸线、主要河流与道路中心线的欧氏距离，各指标的栅格大小与人口密度和经济密度的栅格数据保持一致，为 1 千米×1 千米，得到各指标的空间格局如图 4-1 所示。各评价指标均具有显著的空间异质性，人口密度与经济密度的空间格局与主要城镇化区域的空间分布整体保持一致；长江沿岸与杭州湾地区城市分布较为密集，城镇化区域具有沿主要道路延伸发展的特征。各指标对暴露程度的影响表现为：人口密度和经济密度越高的地区，人类社会经济活动强度和频率越高，系统暴露程度越强；距离海岸线的欧氏距离越小时，受海洋气候影响与自然灾害的干扰越大，暴露程度越强；长三角地区城镇化发展具有沿主要河流与道路分布的特点，因此，设置距离城镇中心、主要河流与道路的欧式距离越小时，越容易受到城镇建设用地扩张、自然村落建设、农业生产等人类活动的影响，暴露程度越强。

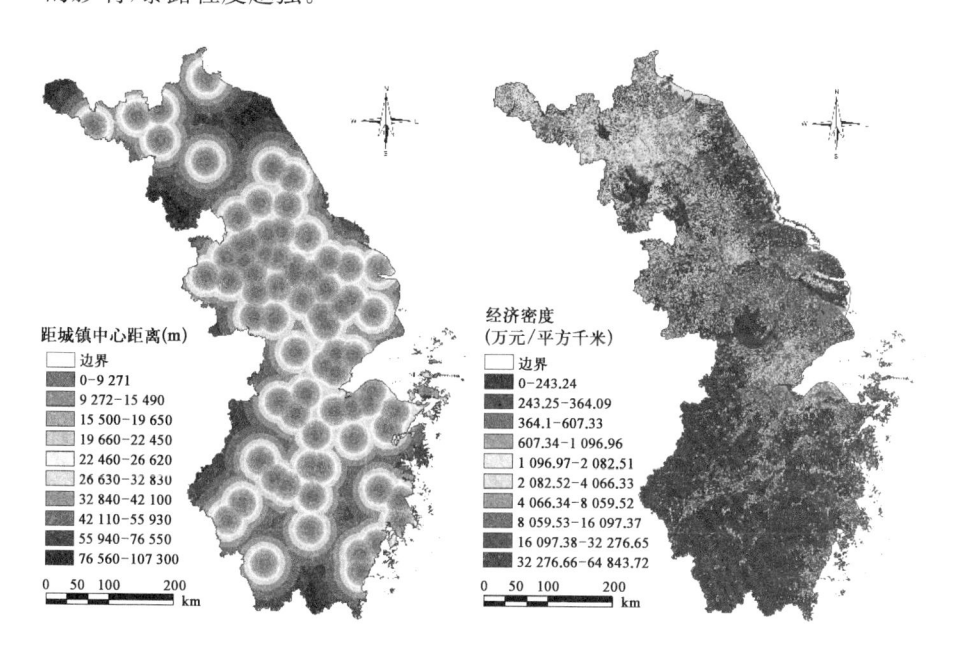

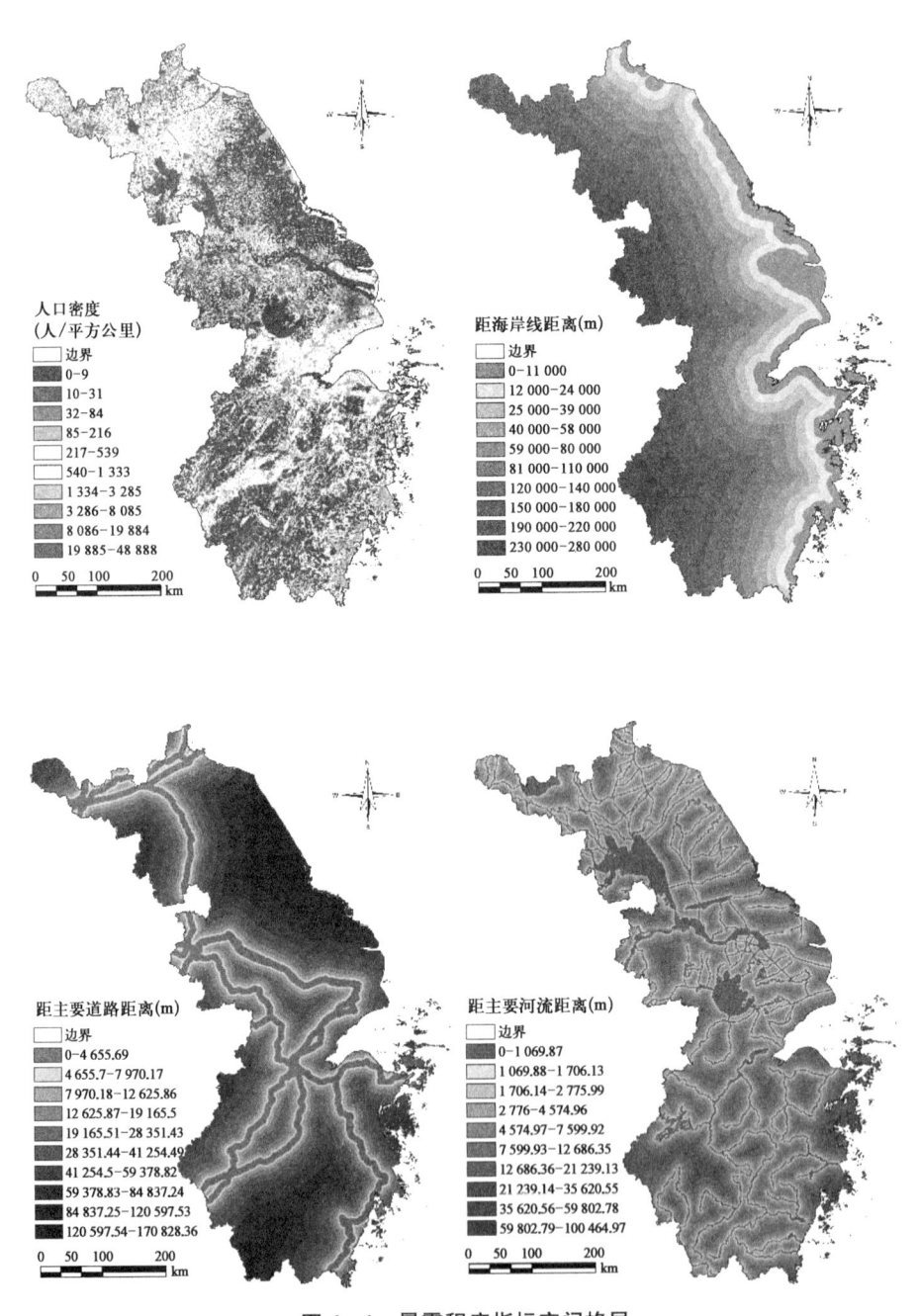

图 4-1 暴露程度指标空间格局

(三) 敏感性及其评价指标

对于敏感性概念的定义，IPCC(1995)与ATEAM项目的观点较为一致，认为敏感性是指"生态系统对气候变化的正面或负面的响应程度"(崔胜辉等,2009)。从系统的角度看,敏感性是指系统遭受外界干扰或者胁迫影响后表现出的系统内在的敏感特质,而在生态系统遭受外界干扰后往往表现为系统组成、结构与生态过程的变化,结构与功能变得不稳定或者相关生态系统服务功能的衰退。生态系统服务价值是量化评价生态系统服务的重要手段之一(Costanza et al.,1997),故笔者以生态系统服务价值变化来间接表征长三角地区生态系统服务的敏感性。

生态系统为人类社会提供的服务包括：木材与食物等物质材料生产的供给服务,局地气候调节、水源涵养、削减地表径流污染负荷等重要的调节服务,提供生物生境与栖息地、维持生物多样性与土壤保持等支持服务,以及提供景观美学欣赏、娱乐休闲及文化教育等文化服务。生态系统服务价值是测度并量化生态系统服务的有效工具,通过评价区域生态系统服务价值变化,可在一定程度上间接反映系统应对外界环境干扰的敏感性。因此,笔者利用生态系统供给服务价值、调节服务价值、支持服务价值与文化服务价值的变化表征系统的敏感性。

基于长三角地区过去20年社会经济发展与土地利用变化特征,考虑社会经济数据和土地利用数据可获取性,笔者评价分析了2000—2010年长三角地区各类型生态系统服务价值的变化,利用GIS空间叠加分析功能,得到各类型生态系统服务价值变化的空间格局如图4-2所示。供给服务价值变化在空间上整体呈南高北低的格局,南部山地丘陵地区供给服务价值上升最大,其次为江苏省东部沿海地区,而主要城镇化区域供给服务价值呈下降趋势；调节服务价值与文化服务价值的变化格局较为一致,价值增加量最大的主要是河湖水域以及沿江沿海地区,而整体南部的增加量高于北部,主要城镇化地区调节服务价值均呈下降趋势；支持服务价值整体变化格局表

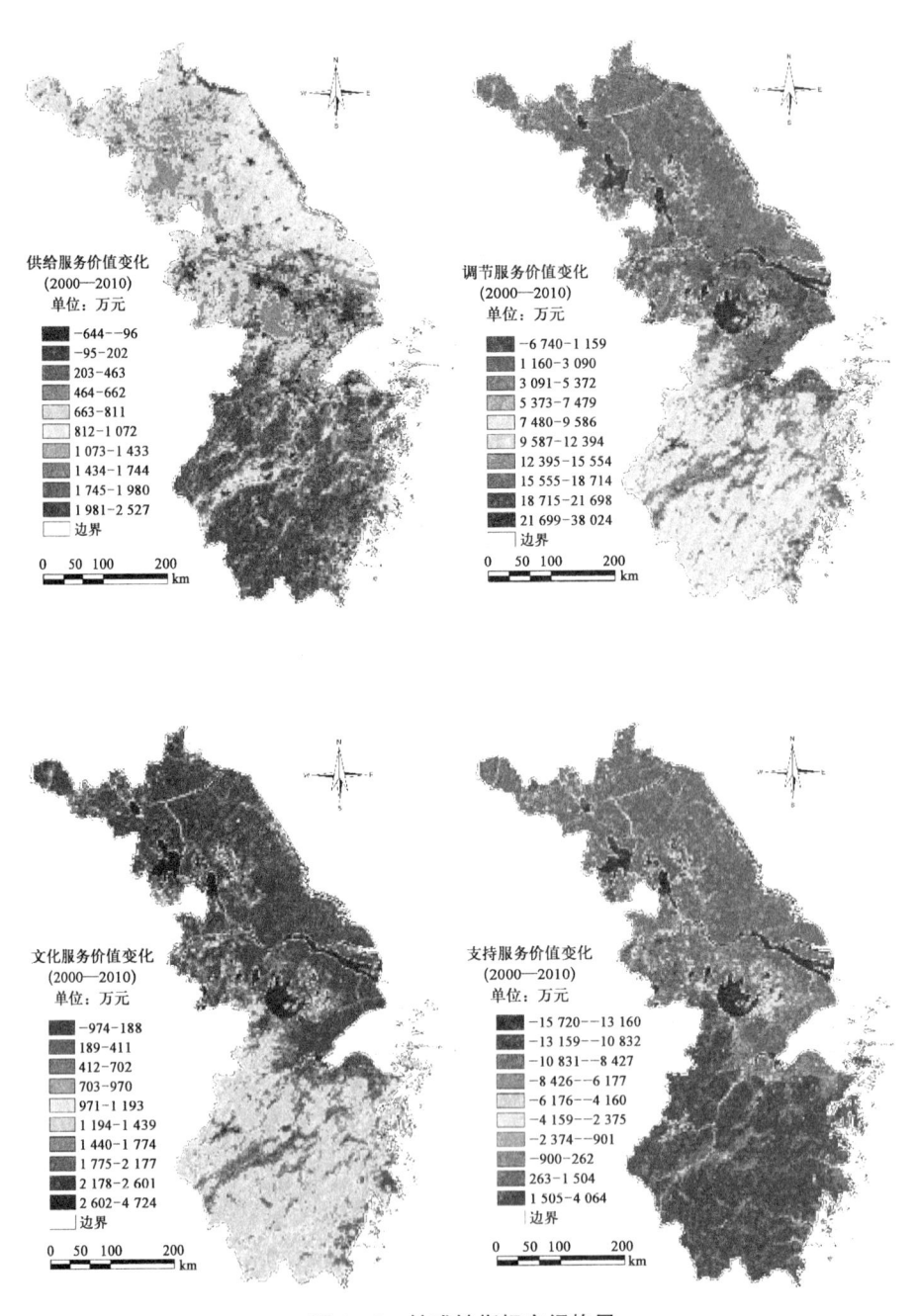

图 4-2 敏感性指标空间格局

现为南部呈增加趋势,而北部江苏省和上海市区域整体呈下降趋势,其中河湖水域支持服务价值下降最为显著。以上分析表明,生态系统服务价值变化受区域社会经济发展差异、土地利用变化类型与强度空间分异的影响,在区域分布上具有显著的空间异质性。各类型生态系统服务价值变化与生态系统服务敏感性之间的关系表现为,某一时间段内生态系统服务价值增加或减少的幅度越大,系统敏感性越强。

(四) 适应能力及其评价指标

IPCC(2001)定义适应能力是指"系统进行自调整以适应气候变化及其他自然灾害,实现趋利避害的能力"。生态系统服务脆弱性评价体系中,适应能力是指在特定的区域社会经济与生态环境条件下,系统应对外界扰动与自身所处暴露状况时,具有减缓或避免灾害发生的能力。生态系统的生物物理循环与自净过程、植被群落结构演替等自然生态系统自身的恢复与应对能力,属于生态系统自身固有的属性,系统的这种适应能力是先于系统外界扰动而存在的。城市生态系统是人与自然复合生态系统,适应能力应当包涵人类社会经济系统与自然生态系统应对外界环境干扰而采取的调控与管理措施(Folke,2006;Nelson et al.,2006),属于人为干预形成的适应能力,两者存在一定的相似性。前者的量化评价难度较大,与系统自身的结构、弹性以及恢复力等因素密切相关。因此,笔者选取了环保投入、科技投入、人均公园绿地面积、城市排水管道长度、城市污水处理能力等作为适应能力指标。

通过搜集江苏省、浙江省和上海市共 25 个城市 2010 年人均城市道路面积、城市排水管道密度、建成区绿化覆盖率、城市污水处理率、供水综合生产能力、城市固定资产投资等指标数值,利用 GIS 空间分析工具对以上 6 项指标进行"反距离插值",得到栅格大小为 1 千米×1 千米的栅格图层,各指标的空间格局如图 4-3 所示。以上选取的各项指标反映了系统为减缓和应对区域环境污染、生态环境退化等所采取的工程建设措施与生态环境管

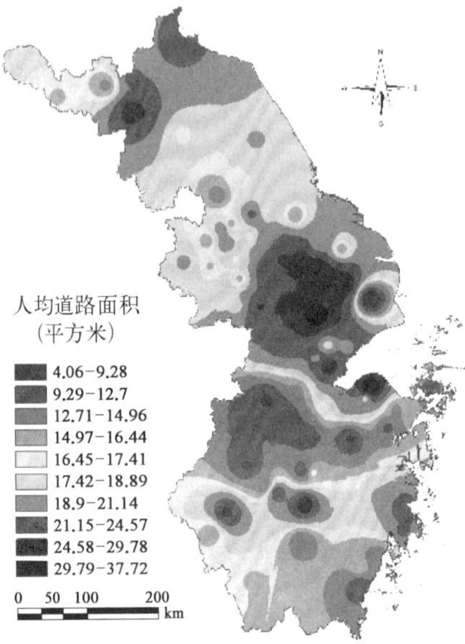
人均道路面积
(平方米)
4.06-9.28
9.29-12.7
12.71-14.96
14.97-16.44
16.45-17.41
17.42-18.89
18.9-21.14
21.15-24.57
24.58-29.78
29.79-37.72
0 50 100 200
km

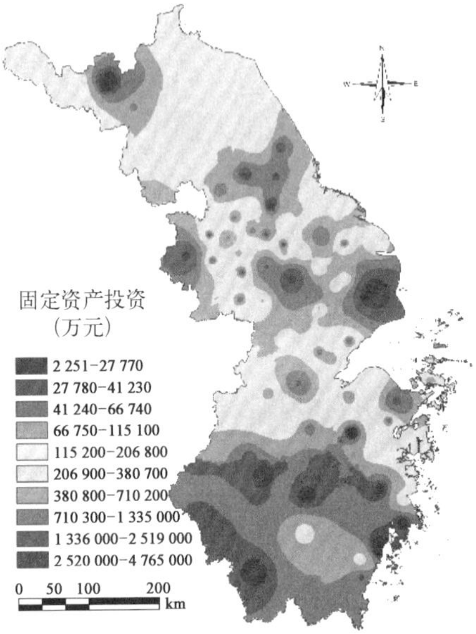
固定资产投资
(万元)
2 251-27 770
27 780-41 230
41 240-66 740
66 750-115 100
115 200-206 800
206 900-380 700
380 800-710 200
710 300-1 335 000
1 336 000-2 519 000
2 520 000-4 765 000
0 50 100 200
km

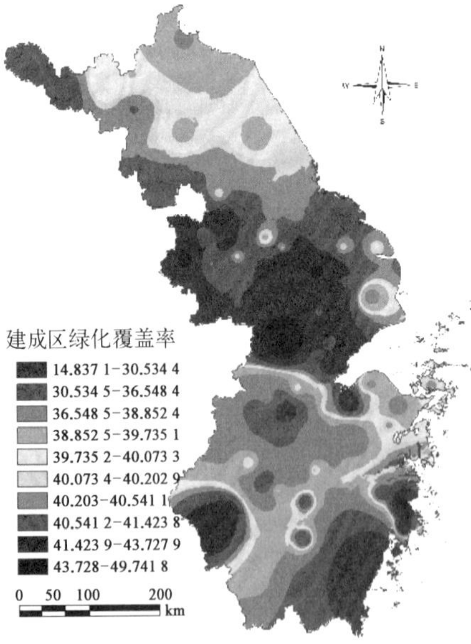
建成区绿化覆盖率
14.837 1-30.534 4
30.534 5-36.548 4
36.548 5-38.852 4
38.852 5-39.735 1
39.735 2-40.073 3
40.073 4-40.202 9
40.203-40.541 1
40.541 2-41.423 8
41.423 9-43.727 9
43.728-49.741 8
0 50 100 200
km

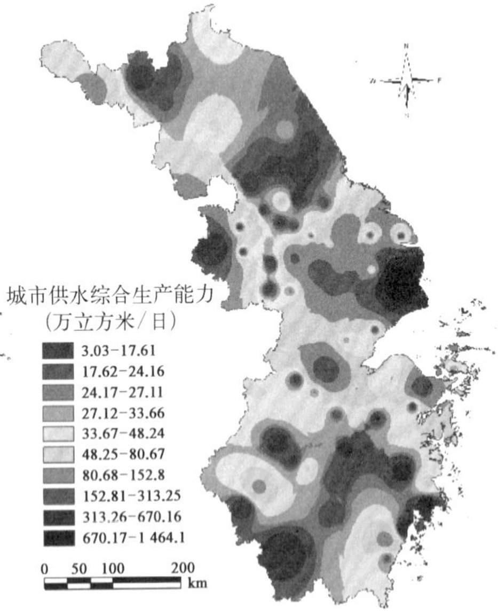
城市供水综合生产能力
(万立方米/日)
3.03-17.61
17.62-24.16
24.17-27.11
27.12-33.66
33.67-48.24
48.25-80.67
80.68-152.8
152.81-313.25
313.26-670.16
670.17-1 464.1
0 50 100 200
km

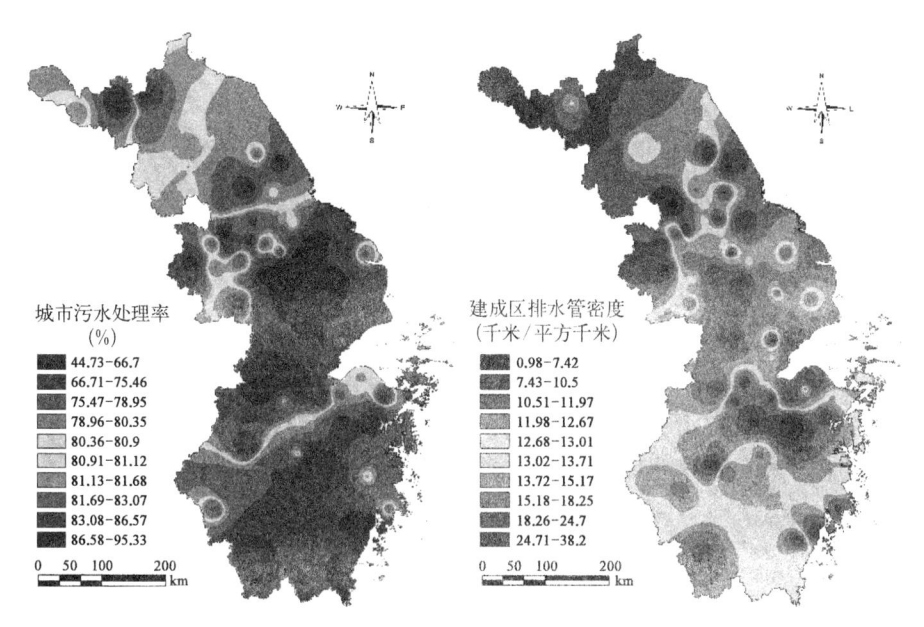

图 4-3 适应能力指标空间分布情况

理力度。各项评价指标与生态系统服务适应能力之间的相互关系表现为，各类工程建设措施与生态环境管理力度越大，系统的适应能力越强。

(五) 评价指标权重的确定

各要素和评价指标对生态系统服务脆弱性的贡献程度存在差异，需要确定各指标相对权重的大小，以反映各指标属性的差异。当前对于指标权重的确定，有主观分析判断的专家咨询法以及数理检验的层次分析法、灰色关联法和主成分分析法等。这些方法在确定指标权重的分析过程中均存在一定的主观性，需要通过数学方法检验以减少其随意性。本章采用定性与定量分析相结合的层次分析法(Analytic Hierarchy Process，AHP)，具有操作方便、实用性强、定量数据需求少等优点(马立平，2000)。各指标权重值计算采用 yaahp V7.5 软件完成权重值计算，在构建矩阵时通过查阅大量文献资料进行权衡以减少计算方法本身的主观随意性，结果通过一致性检验，如表 4-2 所示。

表 4-2　城市生态系统服务脆弱性评价指标权重

目标层	中间层	指标层	
城市生态系统服务脆弱性	暴露程度(+) (0.425 0)	距主要道路距离(-); 距主要河流距离(-); 距主要城镇距离(-); 距沿海岸线距离(-); 区域人口密度(+); 区域经济密度(+);	0.134 2 0.069 9 0.218 5 0.037 7 0.055 3 0.109 4
	敏感性(+) (0.238 5)	供给服务价值变化(+); 调节服务价值变化(+); 支持服务价值变化(+); 文化服务价值变化(+);	0.031 5 0.066 9 0.022 3 0.015 8
	适应能力(-) (0.336 5)	人均城市道路面积(+); 城市排水管道密度(+); 城市污水处理率(+); 城市固定资产投资(+); 供水综合生产能力(+); 建成区绿化覆盖率(+);	0.016 9 0.023 4 0.041 8 0.086 2 0.045 7 0.024 5

分析各指标权重的相对排序可知,距主要城镇距离的权重远高于其他的评价指标,达到0.218 5,其次为距主要道路距离这一自然地理区位要素。分析其原因,主要是长三角地区城市化发展沿主干道路分布,城镇建设用地沿已有城市建成区向外辐射扩张,距城镇距离和距主要道路距离的大小直接反映了系统受人类活动干扰的强度和频度。区域经济密度指标直接反映了区域土地开发利用的经济产出,也间接反映了人类土地开发利用的方式与强度。一般区域社会经济发展水平较高的区域土地开发利用强度和频度也越高,生态系统所处的暴露程度较高,从而使生态系统服务脆弱性增强。与此同时,社会经发展水平较高的城市化区域市政基础设施建设较为完善,生态系统服务适应能力较强,有利于提升生态系统服务的可持续性。

三、生态系统服务脆弱性空间格局分析

(一) 数据标准化处理

在确定评价指标体系和各项评价指标数据搜集与制图的基础上,需要对各项评价指标进行预处理。利用GIS栅格数据计算,将各类型量纲不同的评价指标进行标准化处理,使其取值分布在[0,1]区间内,增加其可度量性与可比性。其中,敏感性评价各项指标取生态系统服务价值变化量的绝对值后进行标准化计算,标准化处理的计算公式为:

$$V_{st} = \frac{V_i - V_{min}}{V_{max} - V_{min}} \times 100\%$$

式中:V_{st}为标准化后各评价指标的赋值结果;V_i为各项评价指标的初始值;V_{min}为各项评价指标初始值的最小值;V_{max}为各项评价指标初始值的最大值。

(二) 脆弱性计算与空间制图

根据上述确定的生态系统服务脆弱性指数计算公式,利用GIS空间叠加分析功能计算出各栅格单元的相对暴露程度指数、敏感性指数、适应能力指数和脆弱性指数。对长三角地区生态系统服务脆弱性评价的主要目的在于识别其空间格局以及不同脆弱程度区域的空间分布。因此,为反映暴露程度、敏感性、适应能力以及脆弱性在空间上的相对等级水平,利用GIS中空间数据equal interval分级方法,将计算所得各项相对指数进行空间分级(见表4-3),得到其空间格局特征如图4-4所示。

表4-3 生态系统服务脆弱性评价及各指标等级划分

等级划分	0~0.2	0.2~0.4	0.4~0.6	0.6~0.8	0.8~1
暴露程度 敏感性 适应能力	微度	轻度	中度	重度	极度
脆弱性	微度脆弱	轻度脆弱	中度脆弱	重度脆弱	极度脆弱

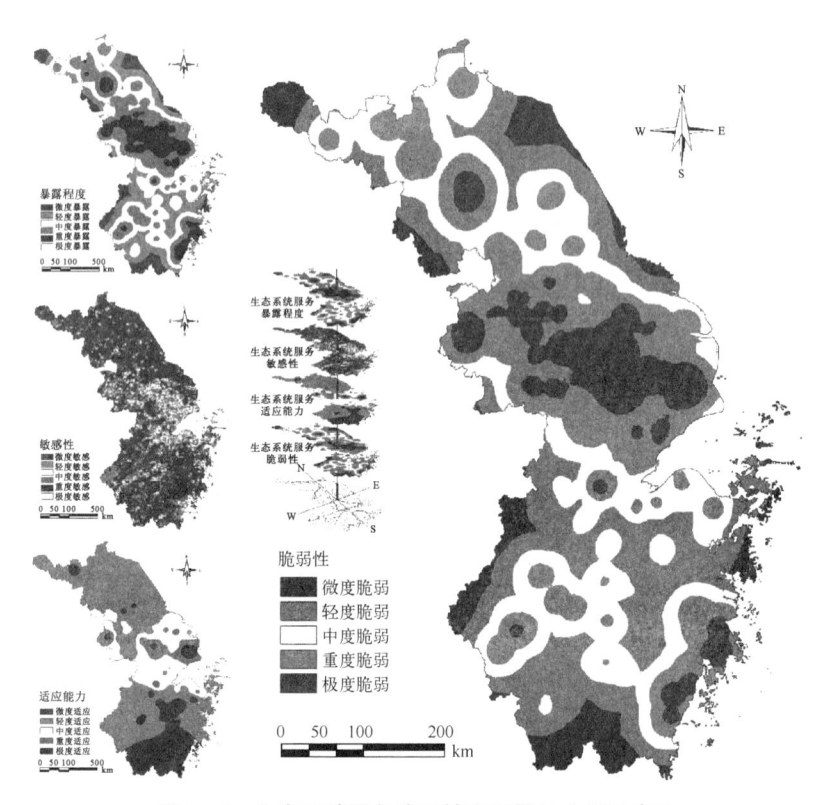

图 4-4 生态系统服务脆弱性空间叠加分析示意图

(三) 脆弱性及其影响要素的空间格局

1. 脆弱性空间格局分析

从图 4-4 生态系统服务脆弱性叠加计算的结果来看,长三角地区生态系统服务脆弱性空间异质性较强,中部沿长江城市发展带和东南沿海城市化区域生态系统脆弱性等级最高,南部山地丘陵地区和北部江苏省沿海地区脆弱性等级相对较低。其主要原因是,长江沿岸和东南沿海区域城市群分布较为密集,人类社会经济活动干扰强度较大,暴露程度和敏感性较强;江苏省东部沿海地区和浙江省山地丘陵地区人类社会经活动受自然地理条件限制和区域生态环境保护管理约束,生态系统受到干扰的强度与频度较低,暴露程度和敏感性较低。整体来看,由于已有城市建成区对周边地区社会经济发展与土地开发利用活动具有较强的辐射影响,不同脆弱性等级在空间分布上具有明显的梯度特征。

2. 主要影响要素的空间格局分析

综合暴露程度、敏感性和适应能力的空间格局来分析,生态系统服务脆弱性与暴露程度的空间格局较为一致。敏感性是指生态系统内在的敏感特质,与系统自身的组成、结构以及生态过程密切相关。空间格局整体表现为长江沿岸、太湖流域等平原河网地区敏感性较强,而南部山地丘陵地区和北部江苏省沿海生态系统敏感性相对较弱。分析其原因可知,太湖流域属于平原河网地区,城市化发展导致生态系统结构破碎化、类型多样化,城市生态系统、农田生态系统、自然村落生态系统、水域生态系统相互交错,结构复杂,容易受到外界干扰而表现为系统结构与组成极不稳定,故其敏感性较强;南部山地丘陵地区主要以森林生态系统为主,江苏省北部以农田和自然村落生态系统为主,系统结构与组成相对较为稳定,故其敏感性相对较弱。

适应能力的空间格局为南部山地丘陵地区最弱,其次为江苏省北部地区,而长江沿岸和太湖流域地区适应能力较强。在不考虑不同类型生态系统自身恢复能力差异的情况下,人类社会经济发展在增加系统暴露程度的同时,对一系列工程与管理措施建设的推动作用是提升系统适应能力的主要因素。长三角南部山地丘陵地区和江苏省北部地区城市化发展相对滞后,城市基础设施建设、环境管理、环保资金投入相对不足,因此,在应对全球气候变化和自然灾害影响、社会经济发展带来的生态环境退化与环境污染时,系统的调控与适应能力相对较弱;而长江沿岸城市发展带和环太湖地区社会经济发展综合实力较强,太湖流域通过开展一系列的生态环境综合整治活动和成立流域管理机构,生态环境保护资金投入和基础设施建设较为完善,形成较为成熟的环境管理机制,系统适应能力较强。

四、生态系统服务脆弱性影响因素分析

为分析生态系统服务脆弱性与城市化发展的关联性,选取人口密度、经济密度和城镇建设用地比重三个代表性指标进行两者关联性分析。首先,利用

GIS工具对评价所得生态系统服务脆弱性、人口密度与经济密度栅格数据进行栅格重采样,并将数据导出后进行归一化处理,得到相对人口密度和相对经济密度。建设用地比重指标通过网格法计算每一网格单元内建设用地占网格单元总面积的比重获得。按相对人口密度、相对经济密度以及建设用地比重对生态系统服务脆弱性指数进行分类汇总求平均值,得到生态系统服务脆弱性与城市化发展水平之间的相关变化趋势曲线,如图4-5所示。

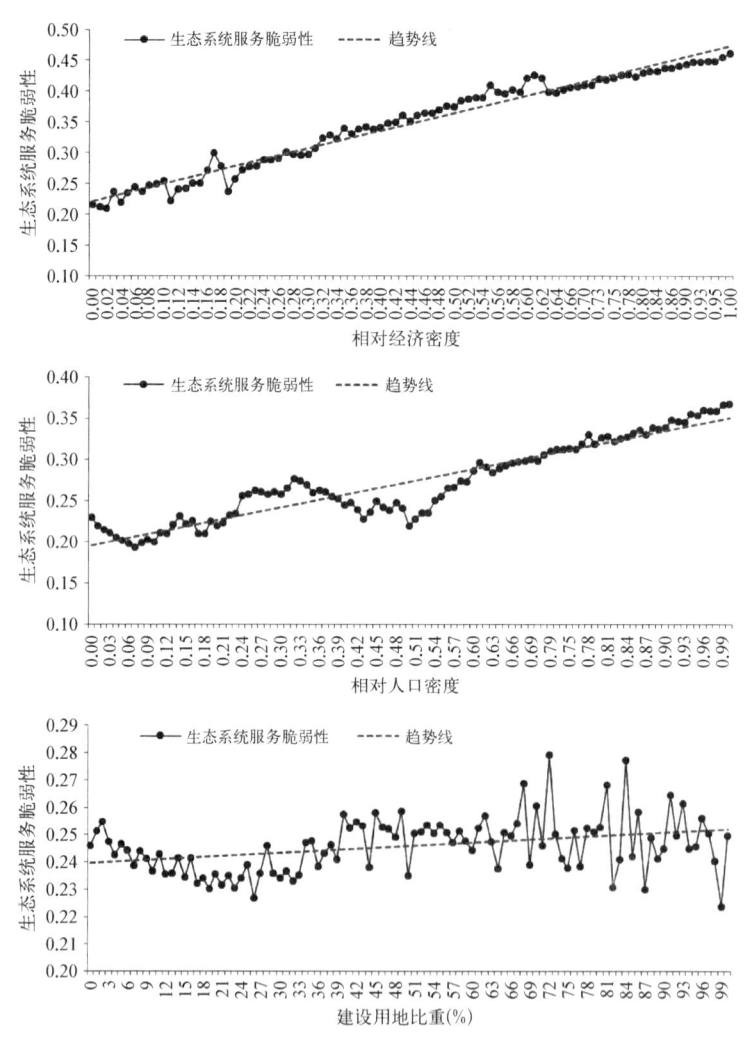

图4-5 生态系统服务脆弱性与社会经济发展空间相关性

由图 4-5 可知,随着空间上相对经济密度和相对人口密度的增加,生态系统服务脆弱性呈显著的波动上升趋势,表明人口增长和经济发展与生态系统服务脆弱性空间分布显著关联。空间上建设用地比重增加与生态系统服务脆弱性变化的相关曲线整体呈上升趋势,但曲线波动性较强,表明两者具有复杂相互关联,受干扰因素较多。分析其原因可知,一方面,长三角范围内村镇建设用地分布范围较为广泛且相对较为分散,城镇建设用地、农田、水域等生态系统类型交错分布,生态系统所处的区位条件不同导致暴露程度存在空间差异,生态系统结构与组成的复杂性和多样性引起应对气候变化与人为活动干扰的敏感性亦存在空间差异;另一方面,不同城市化区域社会经济发展空间异质性较强,而由前文分析可知,社会经济发展对区域生态系统服务脆弱性具有复杂的双面影响。以上多重影响因素共同形成了城市扩张与生态系统服务脆弱性的复杂相互关系。据此,笔者认为城市化背景下,城镇建设用地扩张对区域生态系统服务脆弱性的影响不仅是土地利用变化,还应包括生态系统所处的自然地理区位条件,与区域社会经济发展水平相关的城市市政基础设施建设与生态环境规划管理等影响要素。

五、从生态系统服务脆弱性视角探讨规划管理的对策措施

(一) 调整土地开发利用方式与强度,降低暴露程度

相对于全球气候变化引起的水热条件变化异常,人类社会经活动作用下的土地开发利用活动是影响生态系统暴露程度的较为可控的要素。通过调整土地开发利用对自然生态系统干扰的强度与频度可以有效降低生态系统的暴露程度。以平原河网地区为例,城镇建设用地、河网水系与农田交错分布,城镇建设与农业开垦易导致大量细小河流被填埋,影响区域整体水文循环并降低系统水质调节与防洪调蓄功能。为此,限制河网水系密集地区城镇建设用地扩张与农业开发,改为建设自然遗产保护区与城市郊野公园将有利于降低生态系统的暴露程度。

(二) 完善城市市政基础设施建设，提升适应能力

根据城市生态系统所处的自然地理区位条件与自然灾害风险特征，通过完善城市市政基础设施建设并加强生态环境规划管理，可以提升城市生态系统针对特定区域自然气候条件的适应能力。例如，上海市属于季节性降水差异较大的区域，每年6—9月暴雨比较集中，由此导致的城市内涝与地表径流污染问题较为突出。针对这一气候特点，通过完善并加强城市给排水工程设施建设、河湖堤防工程和水源地建设与保护等措施可以有效提升城市应对全球气候变化的适应能力。

(三) 完善城市生态基础设施建设，降低敏感性

考虑生态系统结构与组成特征对生态系统服务敏感性的影响，依托当前海绵城市建设和弹性城市建设以完善城市生态基础设施建设，例如：建设城市湿地公园、雨洪公园和郊野公园完善城市湿地生态基础设施建设；城市道路、广场和居住区不透水地表的生态工程改造；平原河网地区河岸带生态绿色廊道与绿色网络建设；等等。以上生态基础设施建设对提升城市生态系统服务稳定性具有重要作用。

第三节 生态系统服务权衡响应：生态系统服务空间权衡格局分析

一、生态系统服务权衡研究概况

(一) 生态系统服务权衡概念

土地利用变化对生态系统服务的影响涉及人类获取生态系统服务全过程的多个方面，传统的生态系统服务功能与价值评估已难以满足规划管理决策需求。除前文探讨的生态系统脆弱性响应外，生态系统服务间的权衡与协同关系也逐渐引起规划管理者和学界的重视，对生态系统服务权衡的

发生机制、类型及特征的探讨已成为该领域研究热点(李双成等,2011；Daily et al.,2013)。"生态系统服务权衡是指人类为增加对某一类型生态系统服务的获取,同时导致另一些类型生态系统服务随之减少的情形"(李双成等,2014；Swallow et al.,2009),是生态系统管理与抉择的结果,对生态系统服务的结构组成具有显著影响。根据 MA 生态系统服务分类原则,多数研究倾向于将生态系统服务权衡划分为：空间维度上不同尺度区域的权衡、时间维度短期与长期规划引起的利益权衡,以及可逆性与不可逆性之间的权衡。目前对于多种类型生态系统服务之间的相互作用关系及形成机制的认识仍然不够清晰,部分学者指出供给服务和调节服务之间存在权衡关系(Su et al.,2012),其他学者指出生态系统服务供给和生物多样性维持之间存在协同作用关系。加强生态系统服务之间复杂的非线性作用关系的研究,有助于提高对人类活动引起生态系统服务演变的认识,同时也有助于在实施区域规划管理过程中选择合适的时空管理措施,提升规划管理的综合效益。

(二) 生态系统服务权衡研究概况

1. 不同类型生态系统服务之间相互作用关系研究

已有研究指出生态系统服务之间复杂的相互关系是管理生态系统面临的主要挑战之一,并且各类型生态系统服务之间的相互作用关系具有高度非线性特征(李双成等,2014),理解生态系统服务之间的非线性关系有助于改善生态系统服务管理实践(Kim et al.,2016；Howe et al.,2014；Lester et al.,2013；Johnson et al.,2012)；国内对于生态系统服务之间的非线性关系研究也取得了进展,如李鹏等(2012)对生态系统服务竞争与协同的概念与内涵进行了辨析,并识别出其主要类型,在此基础上探讨了生态系统服务竞争的时空尺度效应。

2. 生态系统服务权衡类型以及形成机制研究

Rodriguez 等(2006)指出生态系统服务的权衡主要包括空间维度上不同尺度区域之间的权衡、时间维度上短期与长期之间的权衡,以及规划管理行为导致的生态系统服务的可逆性与不可逆性之间的权衡。Lester 等（2013）通过描述两种类型生态系统服务之间的曲线特征，"将生态系统服务权衡划分为无关联、凹权衡、凸权衡、S 形权衡、直接权衡等类型"。李双成等（2014）指出生态系统服务权衡受到区域社会经济发展和文化背景因素的影响，生态系统供给服务与文化服务、调节服务之间均存在权衡关系。此外，李双成（2013；2014）归纳总结并指出"市场激励、规划管理政策以及利益相关方的偏好都会通过影响土地利用对生态系统服务的权衡与协同产生影响，且具有非线性和时空异质性特征"。

3. 生态系统服务权衡的尺度依赖性和空间异质性

生态系统服务依存于生态系统服务功能，具有尺度依赖性。而由于生态系统服务的供给与需求在空间上具有不确定性，导致生态系统服务的供给与需求在空间上不一致，进而引起不同的利益相关方对生态系统服务的权衡与协同（Bohensky et al., 2006）。研究发现，生态系统服务权衡关系同样具有空间异质性，在制定区域多种类型生态系统服务协同保护发展规划时，由于区域选择不当，也会出现权衡的结果（Phelps et al., 2012）。

二、长三角地区生态系统服务空间权衡分析

长三角地区生态系统类型复杂多样，空间分布差异明显。整体上，南部浙江省山区森林覆盖率较高，形成天然的生态屏障；中部属于典型的平原河网地区，农田、河流与湖泊形成天然的湿地景观，发挥着重要的水源涵养、水环境调节、维持生物多样性等生态系统服务功能；东部沿海湿地、滩涂依次更替，沿长江入海口两岸城市群分布较为密集，人口分布较为集中，是生态系统服务主要的消费地区。长三角地区生态系统服务类型多样，且城市化发展迅速，是研究土地利用变化对生态系统服务空间权衡影响的理想区域。本书以长三角为案例研究区域，以 2010 年为目标评价年份，首先，筛选区域生态系统的农作物生产、洪水调节、水净化、侵蚀调节四种典型的生态系统服务类型，构建生态系统

服务供给能力评价模型。其次,评价四类生态系统服务供给能力的空间格局,在此基础上分析生态系统服务之间的相关性,识别生态系统服务权衡关系。最后,通过引入生态系统服务权衡指数,定量分析生态系统服务权衡的空间格局,并探讨社会经济发展与城市扩张对生态系统服务权衡空间分布的影响。

(一)生态系统服务供给的空间制图

1. 生态系统服务供给能力评价

根据长三角地区城市化发展和自然地理特征,选择农作物生产、洪水调节、水净化、侵蚀调节服务作为权衡研究的对象。首先计算各类型生态系统服务的供给能力,计算方法参照前文生态系统服务供给能力评价模型,根据Burkhard和Kroll(2009;2010)等的研究,对各土地利用类型的四种生态系统服务供给能力相关系数 k 值进行赋值(见表4-4),再利用GIS进行网格单元大小为1千米×1千米的生态系统服务供给能力空间制图,生态系统服务供给能力空间分布如图4-6所示。

表4-4 各土地利用类型生态系统服务供给能力相关系数 k 值

土地利用分类	土地利用变化	农作物生产 相关强度	k	洪水调节 相关强度	k	水净化 相关强度	k	侵蚀调节 相关强度	k
耕地	非灌溉用地	5	5	1	1	0	0	0	0
	永久灌溉耕地	5		1		0		0	
林地	阔叶林	0	0	3	3	5	5	5	5
	针叶林	0		3		5		5	
	混交林	0		3		5		5	
草地	牧场	0	0	1	1	0	0	4	4
水域	水道	0	0	2	2	3	2	0	0
	水体	0		1		0		0	
城镇建设用地	连续城镇结构	0	0	0	0	0	0	0	0
	不连续城镇结构	1	1	0		0		0	
未利用地	盐土地	0	0	0	0	0	0	0	0

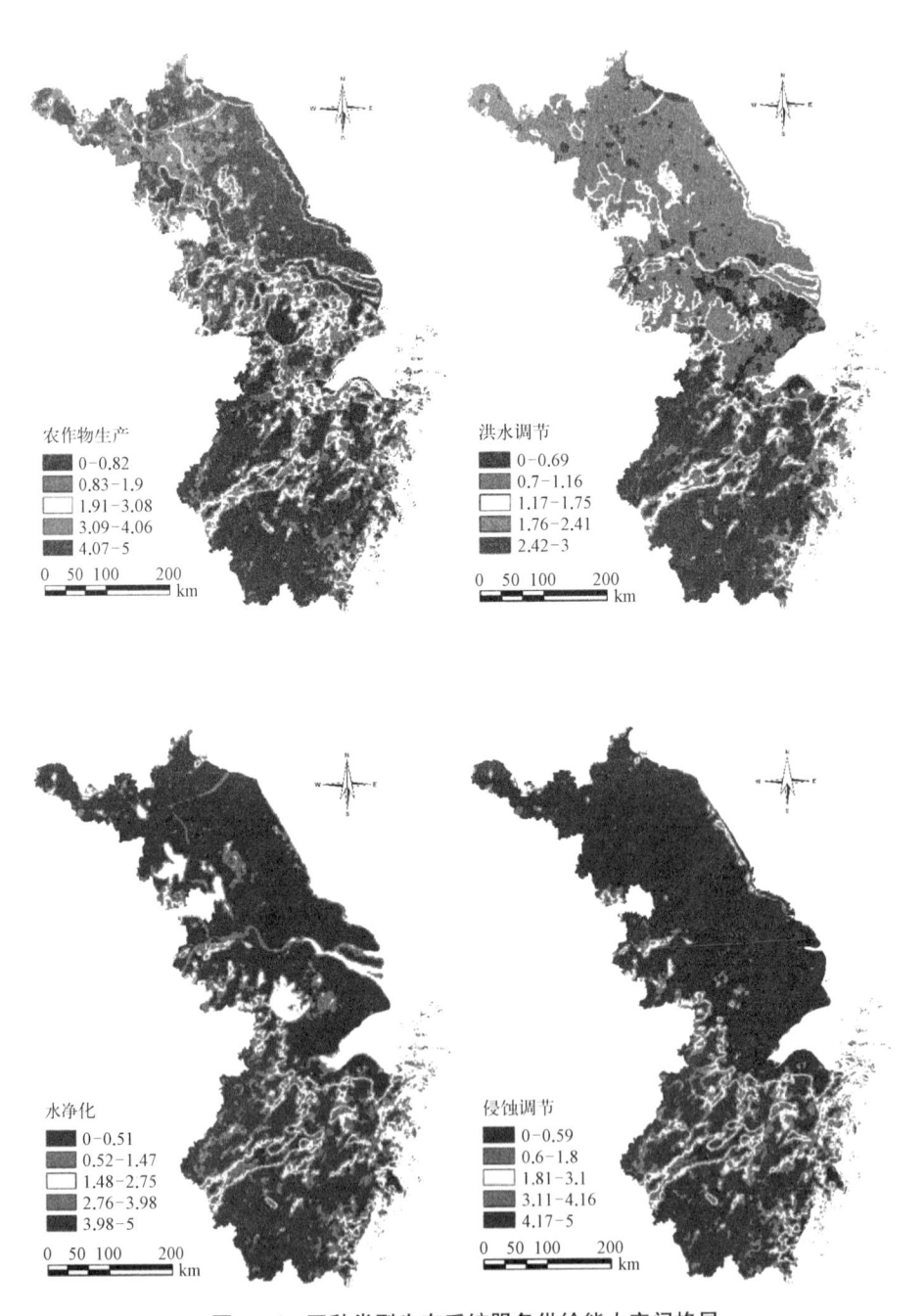

图 4-6 四种类型生态系统服务供给能力空间格局

2. 生态系统服务供给能力空间格局

（1）农作物生产是自然生态系统，尤其是农业生态系统最为典型的供给服务之一。影响农作物生产的因素有很多，包括土壤的肥力、肥料的使用、水分保持以及病虫害等各方面（吕新等，2017；张红富等，2011；屈宝香等，2009）。评估生态系统供给服务有多种方法，很难将以上影响因素全部考虑在内。本书出发点是探讨生态系统服务对土地利用变化的响应，因此，基于各土地利用类型与生态系统农作物生产服务之间的相关强度，初步评价了农作物生产服务供给能力的空间格局，可以发现区域内农作物生产服务具有显著的空间分异，总体上呈现东北部较高西南部较低的格局，北部江苏省沿海平原河网地区承担着重要的农作物生产和供给功能。

（2）洪水调节服务。生态系统洪水调节服务对于城市化区域，特别是沿海平原河网极端气候频发地区尤为重要（闫人华等，2015；董川永等，2014）。长三角洪水调节服务的空间分布，整体呈南高北低的格局。长三角南部山地森林覆盖率较高，而森林的水文效应对区域蒸发、降水以及径流均具有显著的影响，森林对极端降水具有明显的削减洪峰、减少洪水流量，以及延缓洪水过程的作用，而对连续暴发的洪水，森林覆盖区域相对于非林区具有较大的洪水通量。长三角中部太湖流域属于典型的平原河网地区，河流湖泊与农田交错具有重要的洪水调节服务功能，而环太湖以及长江沿岸的高度城市化区域，由于城镇建设用地不断扩张，导致区域不透水性地表覆盖面积增加，洪水调节服务显著偏低。

（3）水净化服务。长三角地区城市一体化发展过程中社会经济的快速发展带来了一系列生态环境问题。其中，城市工业废水与生活污染排放引起的水环境问题成为制约区域可持续发展的重要因素。由于长三角地区水系纵横连通，省际、市际水污染相互扩散形成跨界水污染冲突（马存利等，2016；顾子乾，2013）。此外，近年来长江干流水质呈恶化趋势，南京、上海、镇江、南通等城市的沿岸水污染较为明显。长三角各类水体面临着污染物排放量有增无减、水环境承载能力有限和水安全隐患突出等多重矛盾。而城镇建设用地的扩张导致草地、林地等自然植被退化、河网水系破坏、连通性降低,严重削弱了生态系统的水净化服务功能。长三角水净化服务供给能力分布呈南高北低的空间格局,南部山地丘陵森林覆盖率较高,是水源涵养与水净化服务主要的供给区域。

(4) 土壤保持服务。土壤作为地球表层维持植被生长,提供食物与纤维等资源的重要环境要素之一,是环境物质输出与接收的双重载体(朱永官等,2016;潘根兴等,2015)。土壤侵蚀是自然生态系统中较为常见的生态过程,然而严重的土壤侵蚀会降低土壤的肥力与作物生产能力,同时会导致河流和湖泊淤积等不良后果。城市化发展对土壤侵蚀的影响较为显著,过度的土地利用开发导致地表植被骤减,加大了土壤侵蚀的风险。自然植被的根系具有重要的土壤保持功能。长三角南部的山地丘陵由于植被覆盖率较高,侵蚀调节服务供给能力较强;北部江苏省和上海市自然植被覆盖率整体较低;江苏省东部沿海地区分布有带状草地与灌丛,侵蚀调节服务供给能力相对较高。

综上所述,长三角地区生态系统服务供给空间异质性较强,表现为北部平原河网地区农作物生产服务供给能力较强,南部山地丘陵地区洪水调节服务、水净化服务和侵蚀调节服务较强,并形成生态系统调节服务簇。

(二) 生态系统服务供给相关性分析

长三角地区农作物生产、洪水调节、水净化、侵蚀调节四种生态系统服务的空间分布具有明显的异质性,即:北部沿海平原地区是农作物生产服务供给的高值区,水净化和侵蚀调节能力较弱;而南部山地丘陵地区则是侵蚀调节、洪水调节以及水净化服务供给的高值区,农作物生产服务供给能力较弱。使用空间相关分析方法对长三角地区生态系统服务空间权衡进行分析。在各类型生态系统服务供给能力空间制图的基础上,笔者采用 ArcGIS 软件的 Spatial Analyst Tools 下 Multivariate 模块中的 Band

Collection Statistics 工具，计算上述四种生态系统服务的相关性系数矩阵，并在 SPSS 中进行回归系数检验。由图 4-7 可知，以农作物生产服务为典型的生态系统供给服务与洪水调节、水净化、侵蚀调节服务形成的生态系统调节服务簇具有显著负相关，而洪水调节与水净化、侵蚀调节之间呈明显的正相关。这与以往相关研究显示供给服务与调节服务之间呈现负相关的结论相一致。分析其原因，农作物生产服务供给能力较强的平原农田地区，其洪水调节、水净化、侵蚀调节能力较弱；而侵蚀调节、洪水调节能力较强的山地丘陵地区农作物生产能力较弱。表明长三角地区农作物生产服务与洪水调节服务、水净化服务、侵蚀调节服务存在较强空间权衡。

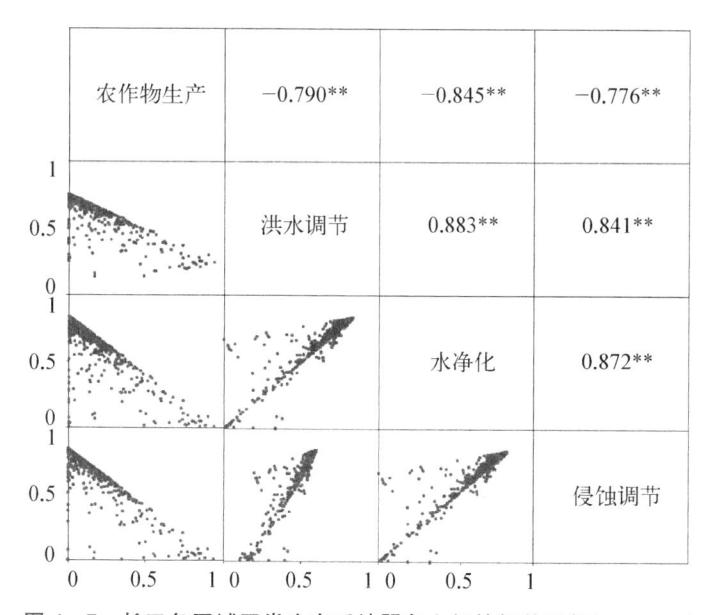

农作物生产	−0.790**	−0.845**	−0.776**
	洪水调节	0.883**	0.841**
		水净化	0.872**
			侵蚀调节

图 4-7 长三角区域四类生态系统服务之间的相关系数（$P<0.01$）

（三）生态系统服务权衡的空间格局特征

利用 GIS 叠加分析功能计算出农作物生产—洪水调节、农作物生产—水净化和农作物生产—侵蚀调节两两之间的权衡指数，识别出生态系统服务权衡的空间格局及权衡等级分布（见图 4-8）。

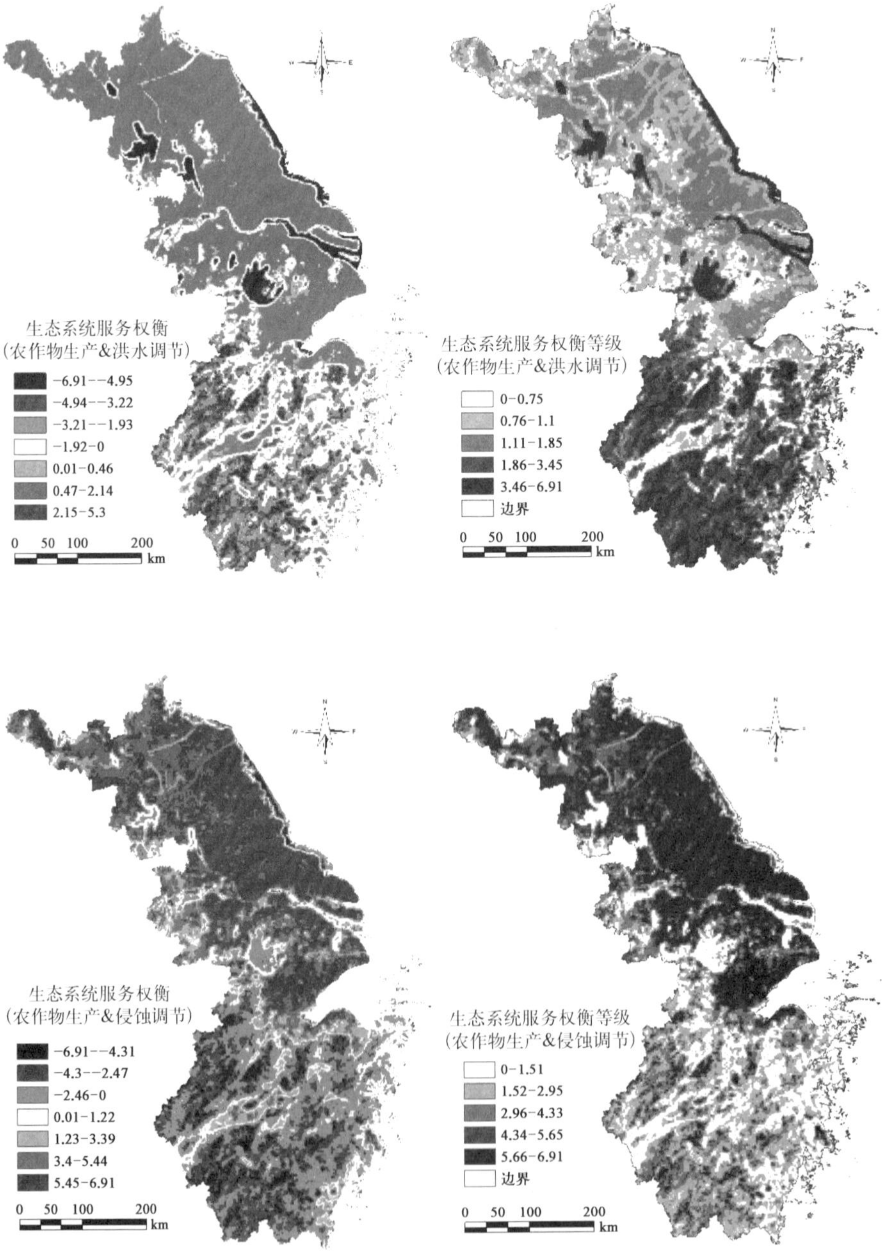
生态系统服务权衡
(农作物生产&洪水调节)
-6.91--4.95
-4.94--3.22
-3.21--1.93
-1.92-0
0.01-0.46
0.47-2.14
2.15-5.3
0 50 100 200
km
生态系统服务权衡等级
(农作物生产&洪水调节)
0-0.75
0.76-1.1
1.11-1.85
1.86-3.45
3.46-6.91
边界
0 50 100 200
km
生态系统服务权衡
(农作物生产&侵蚀调节)
-6.91--4.31
-4.3--2.47
-2.46-0
0.01-1.22
1.23-3.39
3.4-5.44
5.45-6.91
0 50 100 200
km
生态系统服务权衡等级
(农作物生产&侵蚀调节)
0-1.51
1.52-2.95
2.96-4.33
4.34-5.65
5.66-6.91
边界
0 50 100 200
km

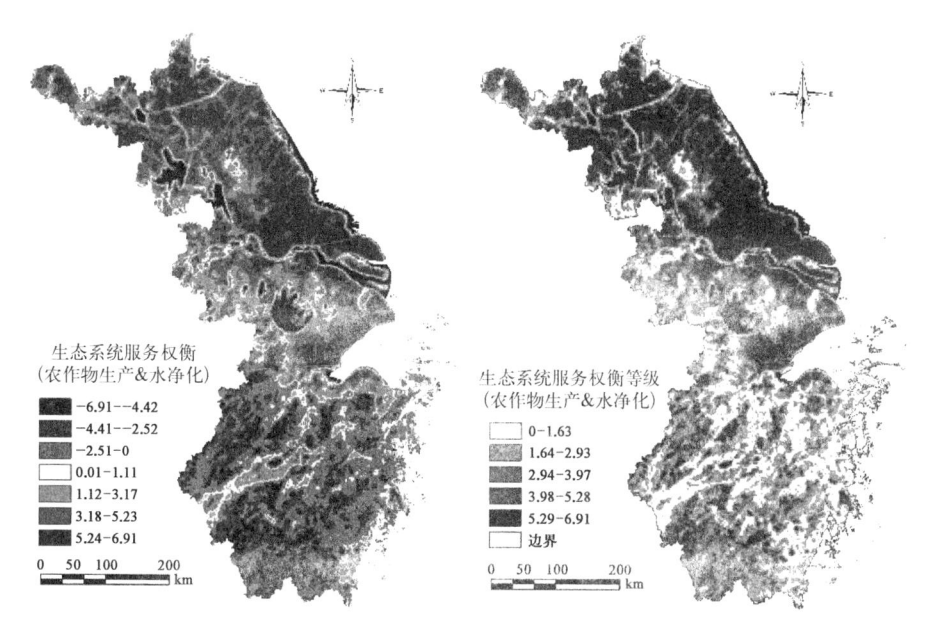

图 4-8　长三角生态系统服务空间权衡格局及权衡等级分布

长三角北部以农作物生产服务供给为主导，南部以洪水调节服务、水净化服务和侵蚀调节服务形成的生态系统调节服务簇为主导。北部权衡主要表现为，生态系统调节服务的增加将削弱原有的主导性的农作物生产服务，而南部生态系统服务的权衡主要表现为农作物生产服务的增加将削弱原有的主导性的洪水调节服务、水净化服务和侵蚀调节服务。分析生态系统服务权衡等级的空间分布可知，长三角地区农作物生产服务与洪水调节服务之间的权衡南部强于北部，表明对南部山地丘陵地区若加强农业开发利用活动提升农作物生产服务功能将严重削弱其主导性的洪水调节服务；农作物生产服务与水净化服务、侵蚀调节服务之间的权衡北部强于南部，表明北部若提升水净化服务或侵蚀调节服务将使主导性的农作物生产服务严重削弱。

长三角北部主要河湖以及沿江沿海岸带的权衡指数较高，且为负值，表明此类区域农业生产服务的增加将严重削弱其原有的主导型的生态系统调节服务。分析其原因可知,围湖开垦将提高区域农业生产能力,但水域面积减少会导致河湖的调蓄容量减小,削弱河湖的洪水调节功能;主要河湖沿岸的农业开垦导致河岸带植被退化,从而增加水土侵蚀的风险;北部江苏省沿海地区天然的草地植被景观具有水源涵养、水净化以及减缓海岸带侵蚀等重要的生态系统调节服务功能,此处的农业开发活动将使区域自然植被退化,同样会削弱其洪水调节服务功能;城市建成区的生态系统服务权衡较弱,而其周边的城郊结合区权衡强度相对较高。

长三角南部山地丘陵城市化区域周边权衡指数呈正值,其余地区农业开发利用受自然地理条件限制,农作物生产服务供给能力较弱,权衡指数均呈负值。这表明城镇化地区周边生态系统调节服务的增加将削弱区域主导性的供给服务;森林覆盖率较高的山地,农作物生产服务的增加将严重削弱生态系统调节服务簇。分析原因可知,山地丘陵地区农业生产用地主要集中在地势较为平坦的城镇建成区周边,发挥着重要的作物生产与粮食供给功能,此类区域退耕还林等提升生态系统调节服务的措施将对农业生产服务产生较大的影响。

综上可知,长三角地区生态系统服务权衡的类型与权衡强度具有较强的空间异质性;区域自然地理条件、自然资源分布导致生态系统服务的主导功能空间差异较大,城镇建成区各类型生态系统服务功能退化较为严重,权衡较弱。

三、生态系统服务空间权衡影响要素分析

根据前文对长三角地区生态系统服务权衡空间格局的定量分析,主要表现为生态系统供给服务与调节服务之间的权衡,由图4-9可知,北部是以供给服务为主导的权衡,而南部是以调节服务为主导的权衡。整体来看,两者的权衡强度南部高于北部。北部主要河湖以及沿江沿海岸带权衡强度高于其他陆域地区,城镇建成区主要生态系统服务功能退化较为严重,权衡

关系不明显。为进一步研究区域社会经济发展和城市扩张与生态系统服务权衡之间的关联性,选取了建设用地比重、经济密度和人口密度作为主要评价要素指标,以生态系统服务权衡指数的绝对值为衡量生态系统服务权衡强度的指标,对各指标进行标准化处理以后分析两者变化趋势的相关性,结果如图 4-10 所示。

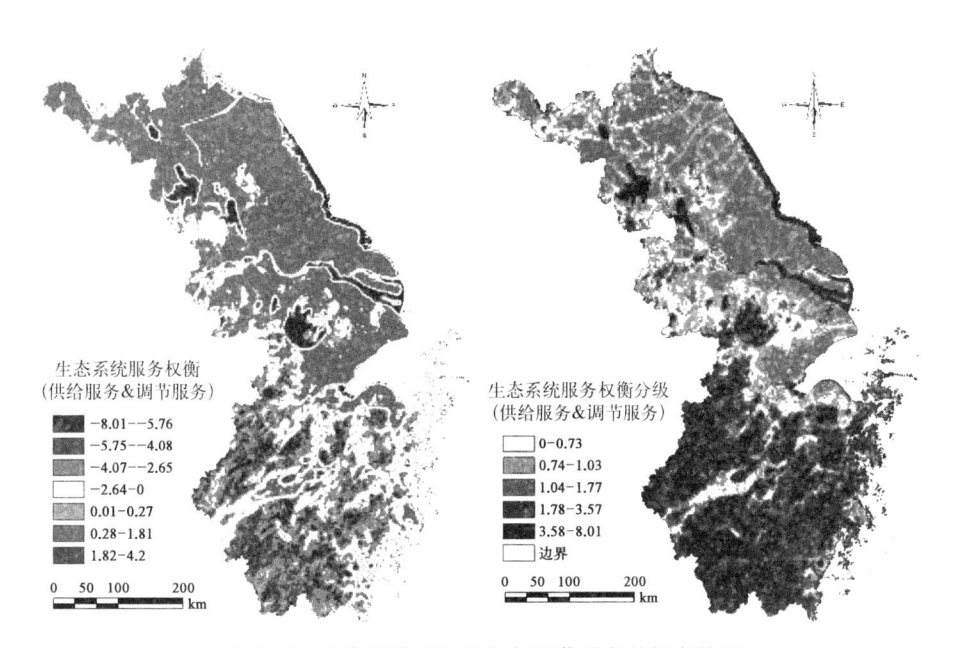

图 4-9 生态系统供给服务与调节服务的权衡格局

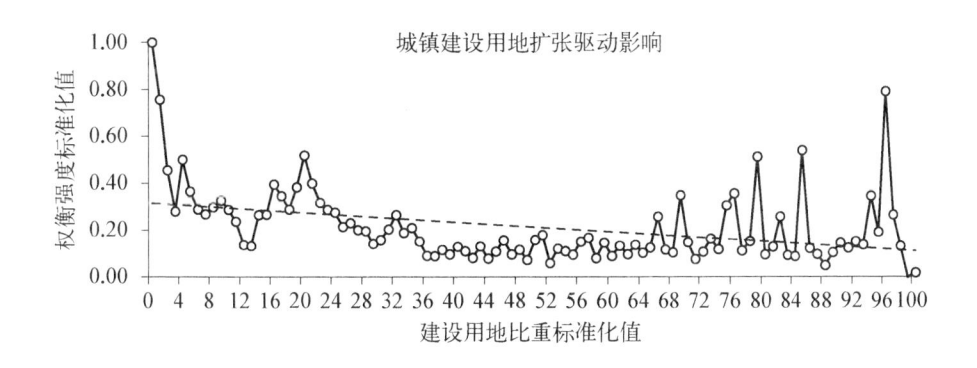

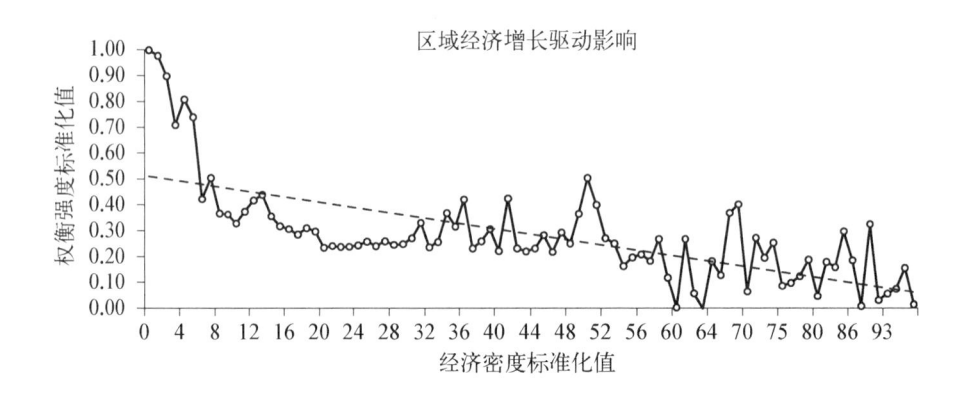

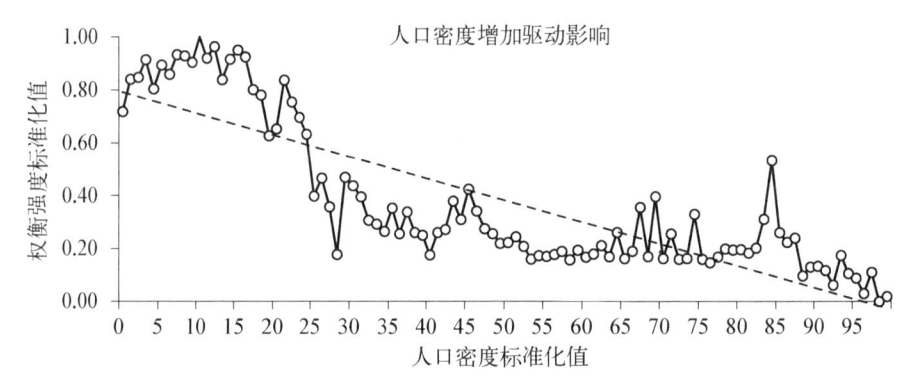

图 4-10　生态系统服务权衡与各影响因素的相关性分析

（一）城镇建设用地扩张影响分析

城镇建设用地扩张是区域土地利用变化的主要特征，由此导致区域土地利用格局发生变化，进而引起生态系统服务之间的权衡。分析权衡强度随着建设用地比重增加的变化趋势，两者的相关趋势较为复杂，随着建设用地比重的增加权衡强度整体呈现波动下降的趋势，而在城镇建设用地比重较高时生态系统服务权衡的强度波动性较大。分析其原因可知，城镇建设用地比重较高的区域由于生态系统服务功能退化，权衡强度较低。城镇建设用地与其他权衡强度较高的土地利用类型交错分布是形成曲线波动性较大的主要原因。以上分析间接反映了长三角土地利用管理过程中对生态系统服务权衡的考虑存在不足之处。

(二)区域经济发展影响分析

分析区域经济发展对生态系统服务权衡的影响,结果表明,经济密度较低的区域权衡强度较低,且随着区域经济密度的增加,权衡强度呈显著的下降趋势,而经济密度较大时生态系统服务权衡的强度波动性较大。单从土地利用变化角度分析其原因可知,经济密度较低的地区土地利用方式单一,强度较低,河湖水域、林地以及其他自然植被覆盖用地类型结构与功能相对稳定,并且土地利用类型生态系统服务权衡指数较高。而经济密度较高的城镇化地区,其经济发展对周边城郊具有辐射带动作用,土地开发利用强度与频度相对较大,土地利用结构相对复杂,故引起权衡强度波动性较强。以上分析表明,经济密度与生态系统服务权衡存在较强的关联性,社会经济发展水平高的地区生态系统服务权衡较弱。

(三)区域人口增长影响分析

城市化区域人口密度的增加直接导致区域生态系统服务消费需求增加,人类活动强度加剧,从而间接影响土地利用组成与结构。长三角南部山地丘陵地区人口密度较低,土地利用格局受人类活动的干扰较小,主要为自然植被覆盖率较高的山地与河湖水域,权衡强度较大。随着人口密度的增加,区域人类土地开发利用活动增强,土地利用组分与空间格局受影响较大,主要表现为城镇建设用地和居住用地规模化集聚,各类型生态系统服务供给能力显著降低,权衡强度整体减小。从曲线的变化趋势来看,人口密度较高的区域权衡强度相对较弱。

以上分析表明,影响生态系统服务权衡的因素复杂多样,社会经济发展与城镇建设用地扩张通过影响土地利用结构、组成、开发利用方式与强度,对生态系统服务权衡的空间分布产生显著影响。以上分析一定程度上揭示了生态系统服务权衡的空间分布规律与强度特征。

四、从生态系统服务权衡视角探讨规划管理对策措施

(一)突破行政区划分割,宏观考虑权衡强度与方式的空间异质性

建议未来生态系统服务管理需突破行政区划限制,从宏观尺度考虑权衡强度与权衡方式的空间异质性,规划发展低权衡强度的区域,限制高权衡强度地区的开发利用,通过实施长三角地区生态系统服务一体化管理,减少由于规划管理地域分割导致的生态系统服务权衡。对于平原河网地区主要河湖水域周边、江苏省沿海岸带应限制此类区域农业开发利用,保护其主导性的调节服务。长三角南部城市化区域周边表现为以供给服务为主导的权衡,应考虑保护其重要农作物生产服务功能,应严格限制城镇建设用地扩张对农业用地的占用。

(二)利益相关方参与决策,基于生态系统服务供需实施生态补偿

从生态系统服务权衡角度进行区域土地利用规划管理时应注重各个利益相关方的参与,完善实施生态补偿机制。长三角河网密布地区、沿江沿海岸带以及绿地覆盖率较高地区是生态系统服务权衡的热点,也是主要的生态系统服务供给区域。限制此类区域土地开发利用有利于维持长三角生态系统服务的稳定性与可持续性,而对局部地区社会经济发展形成制约,因此,需在利益相关方广泛参与决策的基础上,明确生态系统服务供需空间格局,完善相应的生态补偿措施。

(三)识别时间尺度权衡特征,避免短期规划形成长期不可逆影响

在编制区域整体发展规划时应权衡不同规划管理方案下社会经济发展与生态系统服务保护,通过分析不同规划管理时间尺度上二者的权衡关系,根据规划管理时间尺度选取合适的管理方案,避免短期协同规划管理方案对区域长远可持续发展造成不可逆的负面影响。

第四节 生态系统服务供需响应：生态系统服务供需时空动态演变

一、生态系统服务供需评价模型

（一）供给能力评价模型

基于 Burkhard 和 Kroll 等（2009；2010）的研究，构建了基于土地利用类型的生态系统服务供给能力定量评价模型，评价单元为 1 千米×1 千米大小的网格。

$$E_S = \sum_{\mu=1}^{n} \sum_{i=1}^{6} \frac{S_{i\mu}}{S} \cdot (k_{ia} + k_{ib} + k_{ic})(i=1,2,3,4,5,6; n \in \mathbf{N}^+)$$

式中：

E_S：评价区域的生态系统服务供给能力指数。

i：土地利用覆被类型，主要包括耕地、林地、草地、水域、城镇建设用地与未利用地。

a,b,c：生态系统服务类型，根据 MA(2005)的分类体系，主要包括供给服务(Ecosystem supplying services)，设置代码为 a；调节服务(Ecosystem regulating services)，设置代码为 b；文化服务(Ecosystem cultural services)，设置代码为 c，此处参考 Burkhard 和 Kroll 等的研究，为避免重复不考虑维持生态系统完整性的支持服务供给能力。

$S_{i\mu}$：μ 栅格单元内 i 土地利用覆被类型的面积，S 为评价栅格单元的面积，μ 为评价区域所包含的栅格单元的编号。

k_{ia}，k_{ib}，k_{ic}：k_{ia} 表征土地利用变化与生态系统供给服务供给能力的相关强度；k_{ib} 表征土地利用变化与生态系统调节服务供给能力的相关强度；k_{ic} 表征土地利用变化与生态系统文化服务供给能力的相关强度。

k_{ia},k_{ib},k_{ic}的赋值参考 Burkhard 和 Kroll(2009;2010)等的研究。首先识别出研究区域内主要土地利用类型,与 Burkhard 和 Kroll 等研究中所罗列的土地利用类型相对应;再根据研究区域土地利用格局特征,对各土地利用类型与生态系统服务供给能力的相关性进行 k 值赋值。具体赋值方法如表 4-5 所示:

表 4-5 各土地利用类型生态系统服务供给能力相关强度赋值

土地利用分类	土地覆被类型	供给服务 相关强度	k_{ia}	调节服务 相关强度	k_{ib}	文化服务 相关强度	k_{ic}
耕地	非灌溉用地	21	19	5	5	1	1
	永久灌溉耕地	18		5		1	
林地	阔叶林	21	21	39	39	10	10
	针叶林	21		39		10	
	混交林	21		39		10	
草地	牧场	10	10	8	8	3	3
水域	水道	12	12	10	9	10	10
	水体	12		7		9	
城镇建设用地	连续城镇结构	0	3	0	0	0	0
	不连续城镇结构	3		0		0	
未利用地	盐土地	0	0	2	2	0	0

(1) 耕地的 k 值赋值:长三角地区耕地以水稻田为主,兼有少量旱地,其中,基本农田为永久灌溉耕地。根据二省一市统计年鉴数据,上海市耕地组成水田平均约占 77%,旱地约占 23%;江苏省耕地组成水田平均约占 60%,旱地约占 40%;浙江省耕地组成水田平均约占 78%,旱地约占 22%。据此估算长三角地区耕地中永久灌溉耕地约占 72%,非灌溉耕地约占 28%。据此采用面积加权的方法确定长三角地区耕地的 k 值。

(2) 林地的 k 值赋值:根据长三角地区土地利用遥感解疑数据,区域林地资源主要分布在浙江省,林业资源主要包括针叶林、针阔混交林、常绿阔叶林。根据 2005 年浙江省森林资源年度公报,浙江省乔木林针叶林、阔叶林、针阔混交林的面积比为 61∶29∶10。根据各乔木林的面积比重采用面积加权的方法确定长三角林地的 k 值。

（3）草地的 k 值赋值:草地是生长草本和灌木植物为主并适宜发展畜牧业生产的土地。长三角地区的草地面积较小,区域草地主要为分布在浙江省山地丘陵地区与江苏省沿海区域,主要土地利用覆被类型为牧草地。

（4）水域的 k 值赋值:江苏省与上海市区域范围内河流与湖泊众多,且河流与湖泊连通,因此,笔者建议研究区域内水域的生态系统服务供给相关系数取水道与水体赋值的均值。

（5）城镇建设用地的 k 值赋值:笔者在进行长三角区域城镇建设用地的生态系统服务供给能力评价时,将区域城镇建设用地主要分为连续城镇结构与不连续城镇结构,参考 Burkhard 和 Kroll(2010)等的研究进行赋值。评价单元内连续的城镇建设用地面积大于 200 平方公里的城镇建设用地定义为连续城镇结构,其余城镇建设用地定义为不连续城镇结构。

（6）未利用地的 k 值赋值:长三角地区城市化发展迅速,未利用地逐年减少,土地资源紧张。区域未利用地所占比重较小,主要分布在浙江省范围内,2010 年长三角区域未利用地不足 0.1%。根据长三角区域土地利用遥感解疑数据与两省一市的土地利用统计数据,未利用地主要为盐土地类型,故本书未利用地的 k 值赋值参考 Burkhard 和 Kroll(2010)等研究中对盐土地与生态系统服务供给能力的相关强度赋值。

（二）消费需求评价模型

基于土地利用覆被类型的生态系统服务消费需求评价模型:

$$E_u = \sum_{\mu=1}^{n} \sum_{i=1}^{6} \frac{s_{i\mu}}{s} \cdot (D_{ia} + D_{ib} + D_{ic})(i=1,2,3,4,5,6; n \in \mathbf{N}^+)$$

式中:

E_u 表示评价区域的生态系统服务消费需求指数。

i：土地利用覆被类型，主要包括耕地、林地、草地、水域、城镇建设用地与未利用地。

a,b,c：生态系统服务类型，根据 MA(2005)对生态系统服务的分类体系，主要包括供给服务(Ecosystem supplying services)，设置代码为 a；调节服务 (Ecosystem regulating services)，设置代码为 b；文化服务(Ecosystem cultural services)，设置代码为 c。

$S_{i\mu}$：μ 栅格单元内 i 土地利用覆被类型的面积，S 为评价栅格单元的面积，μ 表示评价区域所包含的栅格单元编号。

D_{ia}，D_{ib}，D_{ic}：D_{ia} 表征土地利用变化与生态系统供给服务消费需求的相关强度；D_{ib} 表征土地利用变化与生态系统调节服务消费需求的相关强度；D_{ic} 表征土地利用变化与生态系统文化服务消费需求的相关强度。

D_{ia}，D_{ib}，D_{ic} 的赋值参考 Burkhard(2012)等的研究。首先识别出研究区域内主要土地利用类型，与 Burkhard 等研究中列出的土地利用类型相对应，再根据研究区域土地利用整体结构与组成特征，对本书的各土地利用类型与生态系统服务消费需求的相关强度进行赋值（见表 4-6）。具体赋值方法同前文的各土地利用类型与生态系统服务供给能力的相关强度赋值。

表 4-6　各土地利用类型的生态系统服务消费需求相关强度 k 值赋值

土地利用分类	基于 Burkhard 和 Kroll(2012)等研究成果的 k 值赋值					
^	土地覆被类型	供给服务 相关强度	k	调节服务 相关强度	k	文化服务 相关强度	k
耕地	非灌溉用地	3	7	15	22	0	0
^	永久灌溉耕地	9	^	25	^	0	^
林地	阔叶林	3	3	0	0	0	0
^	针叶林	3	^	0	^	0	^
^	混交林	3	^	0	^	0	^

续 表

土地利用分类	土地覆被类型	基于 Burkhard 和 Kroll(2012)等研究成果的 k 值赋值					
^	^	供给服务		调节服务		文化服务	
^	^	相关强度	k	相关强度	k	相关强度	k
草地	牧场	9	9	8	8	8	8
水域	水道	1	1	0	0	0	0
^	水体	1	^	0	^	0	^
城镇建设用地	连续城镇结构	46	46	28	28	6	6
^	不连续城镇结构	42	42	32	32	7	7
未利用地	盐土地	0	0	0	0	0	0

二、生态系统服务供需变化趋势

（一）生态系统服务供需评价结果

根据长三角地区 1990—2010 年五个时期的土地利用遥感解译数据，对土地利用进行重分类，再结合本研究构建的生态系统服务供需评价模型，评价 1990—2010 年长三角地区生态系统服务供给能力与消费需求的变化，以识别土地利用变化对各类型生态系统服务供需的影响。各主要年份区域生态系统服务供需指数计算结果如表 4-7 所示，生态系统服务供需的变化趋势如图 4-11 所示。

表 4-7 长三角地区各类型生态系统服务供需变化(1990—2010 年)

分类	年份	1990	1995	2000	2005	2010
供给服务	供给能力	445 167.37	440 753.37	438 495.96	431 094.18	421 250.12
^	消费需求	198 639.19	208 022.14	212 518.93	227 650.95	249 623.59
^	供需差	246 528.18	232 731.23	225 977.03	203 443.23	171 626.53
调节服务	供给能力	411 441.13	412 910.23	411 097.02	408 111.29	404 484.65
^	消费需求	331 755.81	332 077.12	333 411.45	336 473.91	341 786.82
^	供需差	79 685.32	80 833.11	77 685.57	71 637.38	62 697.83

续　表

分类	年份	1990	1995	2000	2005	2010
文化服务	供给能力	120 766.20	121 261.21	121 158.11	120 772.12	119 867.93
	消费需求	17 940.81	19 759.33	20 315.72	22 775.72	25 720.31
	供需差	102 825.39	101 501.88	100 842.39	97 996.40	94 147.62
汇总	供给能力	977 374.70	974 924.81	970 751.08	959 977.58	945 602.69
	消费需求	548 335.81	559 858.59	566 246.11	586 900.59	617 130.72
	供需差	429 038.89	415 066.22	404 504.97	373 076.99	328 471.97

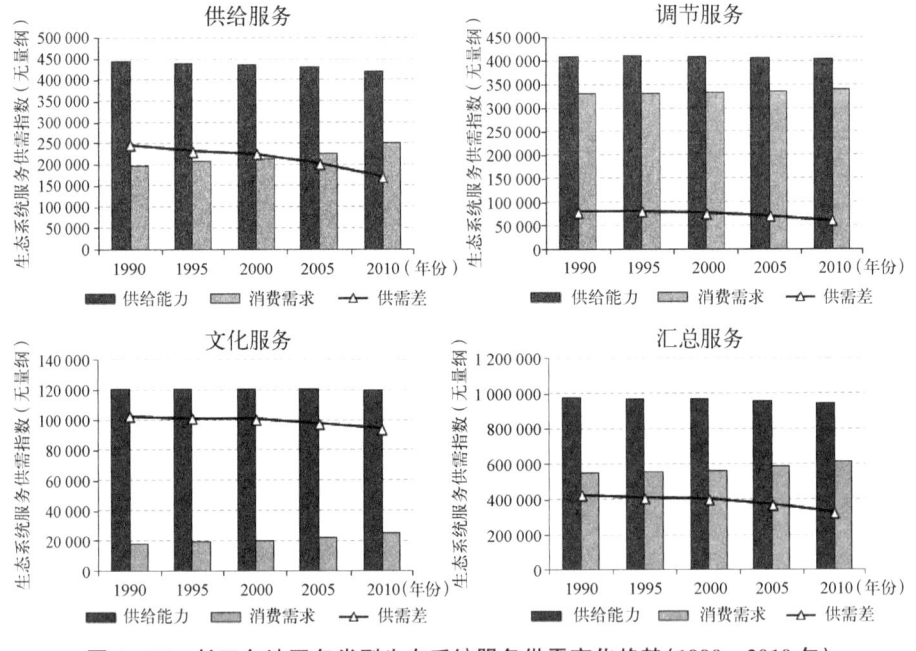

图 4-11　长三角地区各类型生态系统服务供需变化趋势(1990—2010 年)

分析各类型生态系统服务供需变化趋势，总体来看，研究时期内各类型生态系统服务的供给能力整体呈下降趋势，而消费需求呈快速上升趋势，1990—2010 年，供给能力下降约 3.25%，消费需求上升约 12.55%，供需差缩减了 23.44%，未来长三角地区生态系统服务的供需失衡将进一步加重。

不同类型生态系统服务的供给能力和消费需求变化幅度存在差异，遵循供给服务＞调节服务＞文化服务，三种类型生态系统服务的供给能力变化分别占总供给能力变化的75.28%、21.90%和2.83%，消费需求变化分别占总消费需求变化的74.11%、14.58%和11.31%，表明长三角土地利用变化对供给服务供需的影响最为显著。从土地利用变化角度分析其原因可知，区域城镇建设用地扩张对农业用地和草地的大量占用是主要驱动因素，而随着城市化的发展，城镇建成区人口高度集聚，对农产品供给以及其他生产资料需求的增加是导致供给服务消费需求增长的主要原因。

（二）生态系统服务供需变化的敏感性差异

从三种类型生态系统服务供需的变化幅度来看，供给能力降低最为显著的是供给服务，其次为调节服务，文化服务变化幅度最小，2010年与1990年相比分别降低了5.37%、1.69%和0.74%；消费需求增加最为显著的是文化服务，其次是供给服务，调节服务变化幅度较小，2010年与1990年相比分别增加了43.36%、25.66%和3.02%。这一定程度上表明，长三角地区土地利用变化在使生态系统服务供给能力衰退的过程中，供给服务和调节服务对其较为敏感；而在增加生态系统服务消费需求的过程中，文化服务和供给服务对其较为敏感。总体来看，生态系统服务供需变化与土地利用变化的类型与强度紧密相关。长三角地区土地利用变化主要表现为城镇建设用地扩张对其周边农业用地、草地及水域等用地类型的占用，以农业用地的减少为主导，水域面积和林地面积在1990—2010年整体略有增加。农业用地和草地主要提供农作物生产、畜禽养殖等供给服务，其次为气候调节、洪水防护、侵蚀调节等调节服务，文化服务供给能力较弱，因此三种服务类型的供给能力变化敏感程度存在差异。城镇建设用地的快速扩张是导致生态系统服务消费需求增加的主要原因，耕地面积的大量减少使得对调节服务和供给服务的消费需求降低，因此，生态系统服务消费需求的变化中，文化服务和供给服务最为敏感。

（三）生态系统服务供需差值的变化特征

区域生态系统服务供给能力和消费需求的差值一定程度上反映了生态系统服务的可持续性状态,当供给能力远大于消费需求时,表明区域生态系统服务可持续性状态较好;反之,则表示较差。从长三角地区各类型生态系统服务的供需差值变化趋势来看,生态系统服务可持续性状态整体呈衰退趋势,其中:供给服务的供需差值最大,同时供需差值缩减得最快;文化服务次之,但供需差值缩减较为缓慢;调节服务的供需差值最小,且缩减得较快。据此分析,随着区域城市化进程的推进,生态系统调节服务将首先出现严重的供需失衡状态,而生态系统调节服务往往具有不可替代性和恢复周期长的特点,未来在规划管理过程中应提高认识并作为生态系统服务保护的重点之一。

（四）时间维度供需变化趋势与特征总结

综上所述,时间维度上,长三角地区土地利用变化对生态系统服务供需的影响整体表现为,各类型生态系统服务供给能力持续降低,消费需求不断上升。其中,供给服务受影响最大,生态系统服务的可持续性状态持续衰退。生态系统服务供需变化与土地利用变化的类型与强度紧密相关,随着城镇建设用地扩张对其周边农业用地、草地及水域的占用,供给服务和调节服务供给能力的衰退最为显著,文化服务和供给服务消费需求的增加最为显著。各生态系统服务类型中调节服务的供需失衡最为严重,应成为未来生态系统服务保护的重点。

三、生态系统服务供需空间格局

结合长三角地区五个时期的土地利用遥感解译数据,利用 GIS 工具按照 1 千米×1 千米网格大小计算包括供给服务、调节服务和文化服务在内的总的生态系统服务供给能力和消费需求指数,将供需指数进行标准化处理到[0～100]区间后进行 GIS 空间制图,并通过叠加分析获得生态系统服务供需差的空间格局,如图 4-12 所示。通过分析不同年份生态系统服务供需的空间异质性，识别出长三角地区生态系统服务供给与消费需求的热点地区及其空间变化趋势特征，以期为土地利用变化的区域生态系统服务保护提供科学的规划依据，也为实施区域生态补偿提供重要参考。

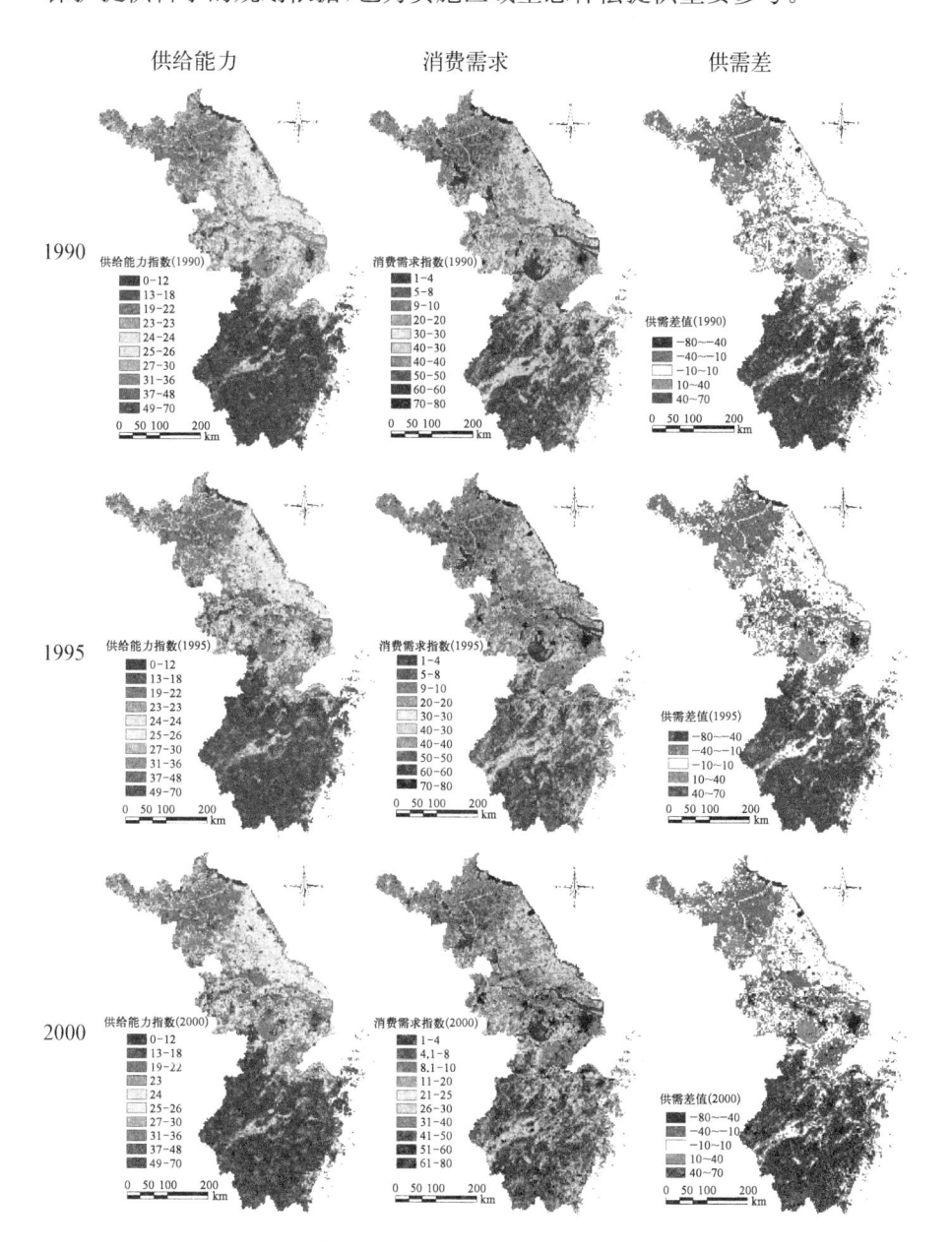

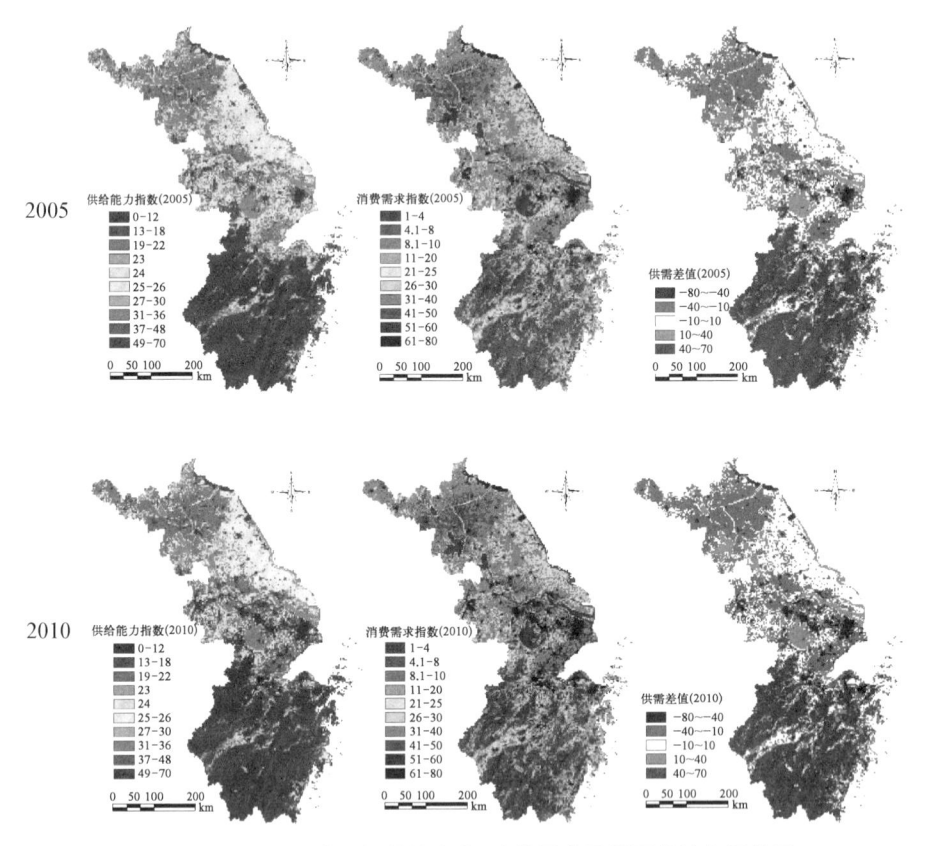

图 4-12 生态系统服务供给能力、消费需求及供需差的空间格局

(一) 生态系统服务供需热点识别

由图 4-12 可知,长三角地区生态系统服务供给能力、消费需求和供需差均呈现显著的空间异质性。生态系统服务供给能力空间格局表现为南高北低,南部山地丘陵地区、北部主要河湖和江苏沿海岸带供给能力较强,是生态系统服务供给的热点地区,而环太湖、杭州湾、江苏省北部以及长江沿岸城镇化地区供给能力较弱;生态系统服务消费需求空间格局整体表现为北高南低,南部浙闽丘陵地区生态系统服务消费需求最低,而环太湖、杭州湾以及长江沿岸的城镇化地区消费需求最高,是生态系统服务消费需求的

热点地区。

长三角地区生态系统服务供需差的空间格局整体表现为,南部山地丘陵地区供给能力远大于消费需求,生态系统服务可持续性较强;北部除主要河湖和江苏沿海岸带以外,其他地区消费需求普遍大于供给能力,可持续性较弱。其中,长江沿岸城市发展带和杭州湾的主要城市地区生态系统服务供需失衡最为严重。本书对生态系统服务供需空间格局以及热点地区的识别可以为实施区域间生态补偿提供参考依据。

(二) 不同供需类型区空间格局演变

1990—2010年,长三角地区城市化发展迅速,主要城市化地区城市空间范围不断扩大,土地利用的剧烈变化引起生态系统服务供需格局发生相应变化。根据生态系统服务供需差的空间格局,在 GIS 中采用 natural break 分级方法将生态系统服务供需划分为五类(表4-8),即:强消费需求(供需差为-80~-40)、弱消费需求(供需差为-40~-10)、供需平衡(供需差为-10~10)、弱供给能力(供需差为10~40)、强供给能力(供需差为40~70)。如图4-12所示,不同供需类型空间分布差异较大,强消费需求类型为当前已有的城市建成区,主要有上海、苏州、南京、镇江、常州、杭州、宁波等城市,占区域总面积比重由1990年的1.31%上升为2010年的5.19%;弱消费需求类型主要分布在江苏省北部、长江沿岸以及杭州湾地区,占区域总面积比重由1990年的22.89%上升为2010年的28.72%;供需平衡类型主要分布在江苏省东部以及环太湖周边地区,占区域总面积比重由1990年的29.67%下降为2010年的21.65%;弱供给能力类型分布在主要的河湖水域以及江苏省沿海岸带,强供给能力类型主要分布在南部的山地丘陵地区,两者占区域面积比重的变化较小。生态系统服务供给能力衰退和消费需求增加主要发生在已有城镇建成区周边,受区域城市化发展格局和发展速度的影响,生态系统服务不同供需类型的空间格局演变也具有显著的空间异质性。

表 4-8　生态系统服务供需覆盖面积比重变化(1990—2010 年)

年份	强消费需求供需差(−80～−40) 栅格数	面积比	弱消费需求供需差(−40～−10) 栅格数	面积比	供需平衡供需差(−10～10) 栅格数	面积比	弱供给能力供需差(10～40) 栅格数	面积比	强供给能力供需差(40～70) 栅格数	面积比
1990	312	1.31	5 399	22.89	6 998	29.67	3 756	15.93	7 389	31.33
1995	409	1.71	6 035	25.59	6 242	26.47	3 713	15.74	7 455	31.61
2000	476	2.00	6 184	26.22	6 088	25.81	3 674	15.58	7 432	31.51
2005	754	3.16	6 415	27.20	5 754	24.40	3 597	15.25	7 334	31.10
2010	1 238	5.19	6 774	28.72	5 105	21.65	3 461	14.68	7 276	30.85

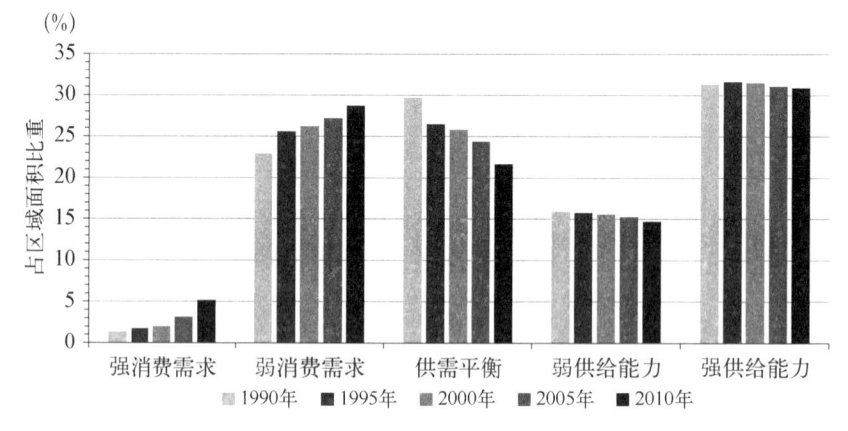

图 4-13　生态系统服务供需覆盖面积比重变化趋势(1990—2010 年)

由图 4-13 可知,供需失衡主要包括强消费需求和弱消费需求类型。其中,弱消费需求类型占区域总面积比重较大,强消费需求类型占区域总面积比重较小。然而,近年来两者占区域总面积比重均呈不断上升趋势,由 1990 年的 24.20% 上升至 2010 年的 33.91%。供需平衡类型是处于供需的临界状况,容易受人类活动的干扰而转化为弱消费需求状态。长三角地区生态系统服务弱供给能力类型与强供给能力类型占区域总面积的比重较高但均呈下降趋势,由 1990 年的 47.26% 下降至 2010 年的 45.53%。研究表明，在空间上长三角地区生态系统服务供需失衡处于不断蔓延的状态，空间覆盖范围逐渐扩大，处于供需平衡状态与生态系统服务供给能力较强的区域面积不断缩小。由于强供给能力和弱供给能力类型主要分布在山地丘陵与河湖水域地区，导致生态系统服务供需的空间分布出现严重的不均衡与异质性，与此同时，供需失衡的强消费需求和弱消费需求地区由于生态系统服务供给能力的不足，将导致生态环境将持续恶化，社会经济发展受到制约。

（三）生态系统服务供需变化驱动因素探讨

社会经济发展和城市扩张是城市化过程的主要特征，也是影响区域土地利用格局变化重要的非自然驱动因素。为识别影响生态系统服务供需平衡变化的主要驱动因子，选取表征区域社会经济发展水平的主要指标人口密度和经济密度、表征城市扩张的指标建设用地比重，作为探讨的三个主要驱动因子，分析生态系统服务供给能力与消费需求随着以上各项指标的变化而呈现的变化趋势。利用 GIS 工具对人口密度与经济密度指标进行栅格重采样到栅格大小为 3 千米×3 千米，对导出的数据进行标准化处理得到相对人口密度和相对经济密度。按照前文土地利用分类体系计算 3 千米×3 千米网格单元内建设用地占网格单元面积的比重获得建设用地比重数据。分类汇总不同相对人口密度、相对经济密度以及建设用地比重对应的生态系统服务供给能力指数与消费需求指数的平均值，得到生态系统服务供需与所探讨的驱动因子之间的曲线变化趋势，如图 4-14 所示。

分析生态系统服务供需变化与经济增长、人口密度增加以及建设用地扩张之间的关系，结果显示，随着区域相对人口密度的增加生态系统服务消费需求呈显著的波动上升趋势，而供给能力呈显著的下降趋势；相对经济密度的增加同样引起消费需求的增长和供给能力的下降，且当经济密度较大时与生态系统服务供需之间的相关性波动较大。分析其原因可知，不同区域相同土地利用类型的经济产出的空间异质性是主要原因之一。此外，经济密度较大的各城市化区域对其周边城郊地区的经济发展具有一定的辐射

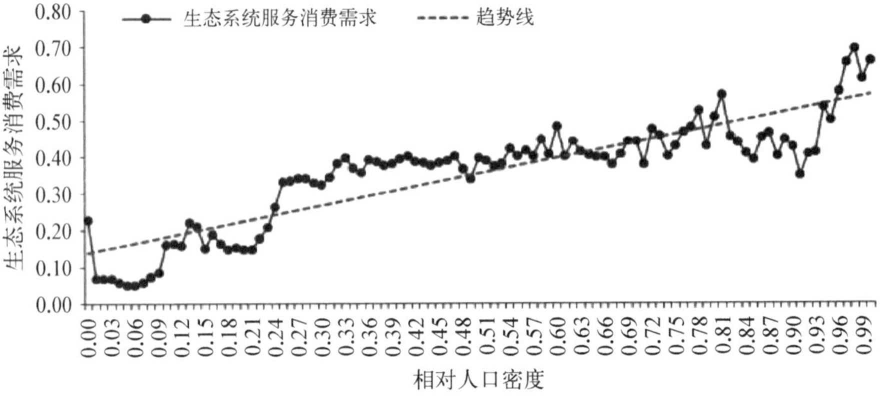
生态系统服务消费需求
趋势线
生态系统服务消费需求
相对人口密度

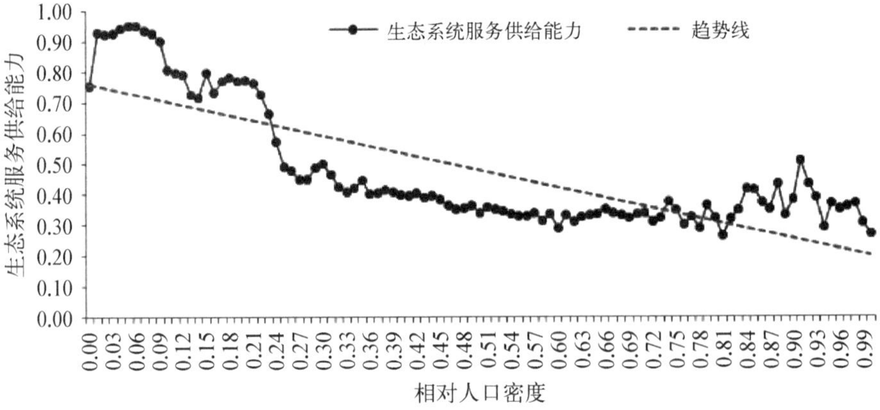
生态系统服务供给能力
趋势线
生态系统服务供给能力
相对人口密度

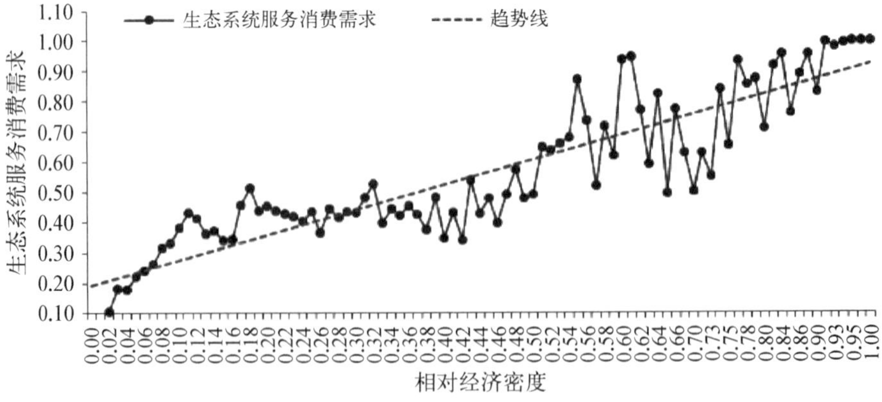
生态系统服务消费需求
趋势线
生态系统服务消费需求
相对经济密度

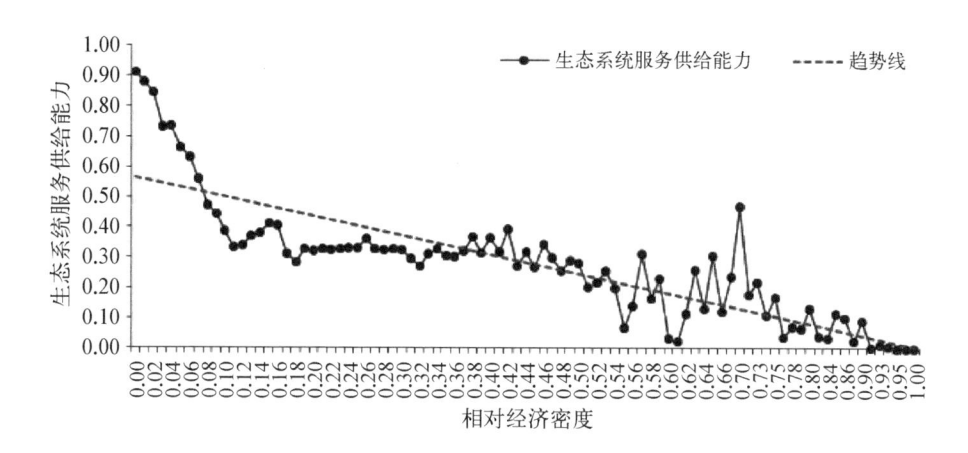

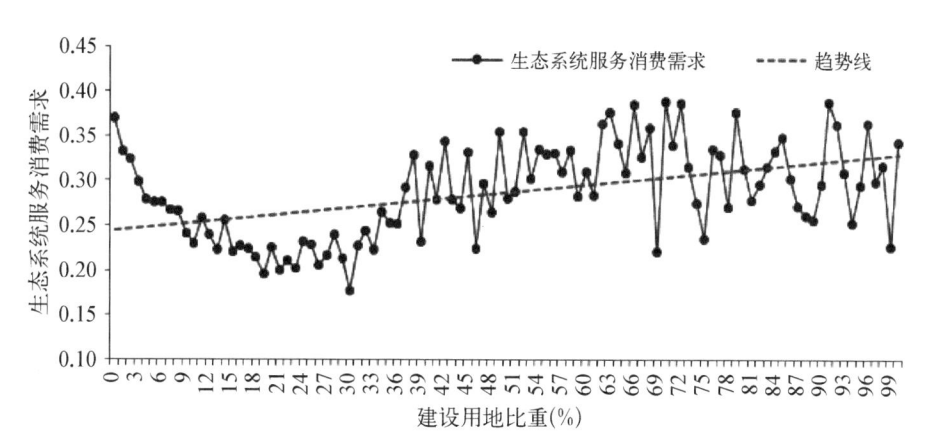

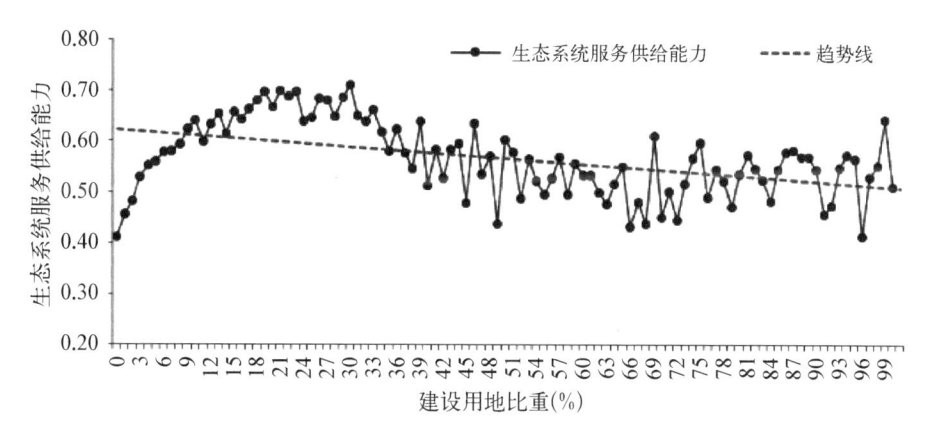

图 4-14 生态系统服务供需的驱动因素分析

带动作用,使得具有同等消费需求与供给能力的城郊地区经济密度显著高于其他地区;建设用地比重增加对消费需求增长亦产生正向驱动作用,而对供给能力变化起反向驱动作用,但由于不同城市化区域土地利用类型、格局具有较强的空间异质性,建设用地比重相同的区域生态系统服务供需往往差异较大,由此曲线呈现较强的波动性,但整体变化趋势明显。

以上分析表明,三个驱动因子对生态系统服务供需均产生显著影响,表现为各驱动因子与供给能力呈负相关,而与消费需求呈正相关。通过分析社会经济发展、城市扩张对生态系统服务供需的影响,一方面有助于加深对生态系统服务供需空间异质性形成的原因和过程的认识;另一方面可以为区域国民经济发展规划中的生态系统服务保护决策提供科学依据。

四、从生态系统服务供需视角探讨规划管理对策措施

(一)识别供需空间格局,制定具有地域针对性的协同保护发展方案

长三角土地利用变化过程生态系统服务消费需求增加与供给能力衰退在空间上呈集聚发展趋势,加剧了生态系统服务供需的空间异质性和供需失衡的蔓延。未来需在宏观尺度上进行生态系统服务供需空间格局分析,依托长三角土地利用总体规划与区域生态保护红线划定来制定区域生态系统服务协同保护发展方案,严格限制强消费需求类型区的城市化扩张,合理发展弱消费需求类型区和供需平衡类型区,重点恢复弱供给能力区,补偿和保护强供给能力类型区。

(二)优化景观结构组成,发挥景观多重生态服务功能,提升供给能力

从提升生态系统服务供给能力角度来看,目前城市已有景观的生态系统服务供给较为单一,通过景观结构与组成的改造发挥其多重服务功能,将有利于改善城市生态系统服务供需失衡的状态。例如,城市下凹式绿地改造可在提供景观娱乐服务的同时发挥暴雨径流调蓄功能;农田河网景观的

郊野公园改造发挥景观生态系统供给服务、调节服务和文化服务等多重服务功能;城市河岸带植被连通性改造与护岸生态化改造将有利于提升生物多样性维持、水文调节等生态系统服务功能。

(三) 转变城市发展模式,提升城市发展质量,降低土地资源消费需求

从降低生态系统服务消费需求角度来看,当前城市化过程社会经济快速发展对生态系统服务的消费需求集中表现为对土地资源的开发利用,如城镇建设用地和产业用地的扩张、农业用地开发等,对各类用地面积扩张的依赖性较强。建议未来城市化发展需转变现有的规模扩张模式,注重城市发展质量与管理水平提升,如完善城市市政基础设施建设、实施旧城改造与城中村改造等措施,提升城市人居生活质量。

第五节 生态系统服务可持续性综合评价

一、评价模型方法

生态系统服务对土地利用变化的变化响应评价是建立生态系统服务与土地利用管理耦合关联的基础。根据前文土地利用变化与生态系统服务变化过程关联分析,为定量评价生态系统服务对土地利用变化的响应,笔者构建了生态系统服务可持续性指数,将其定义为供需平衡性、脆弱性和权衡强度的函数,生态系统服务可持续性与供需差成相关,与脆弱性和权衡强度呈负相关,且假设以上三个要素对生态系统服务可持续性的影响是等权重的。具体公式为:

$$S(es,n,s,t) = f\{B(es,n,s,t), V(es,n,s,t), TO(es,n,s,t)\}$$

式中,S 表示生态系统服务可持续性;B 表示供需平衡;V 表示脆弱性;

TO 表示权衡强度;es(ecosystem services)表示生态系统服务;n 为网格单元;s 表示情景设置;t 表征目标评价年份。

根据前文生态系统服务脆弱性空间分异,生态系统服务供需空间动态变化特征,生态系统服务空间权衡格局特征分析,利用 GIS 空间叠加分析功能计算生态系统服务可持续性指数及其空间格局。为进行 GIS 叠加计算,首先对前文计算获得的生态系统服务脆弱性、生态系统服务供需差(2010年)、生态系统服务权衡(供给服务与调节服务)的栅格数据进行预处理,将各要素标准化处理后位于[0,1]区间,等权重叠加计算生态系统服务可持续性指数,具体计算公式为:

$$S(es,n,2010) = B(es,n,2010) - V(es,n,2010) - TO(es,n,2010)$$

式中,S 表示生态系统服务可持续性;B 表示供需平衡;V 表示脆弱性;TO 表示权衡强度;es(ecosystem services)表示生态系统服务;n 为栅格单元;由于数据资料限制,这里以 2010 年为目标评价年份。

二、评价结果与分析

计算得到生态系统服务可持续性空间格局如图 4-15 所示。分析生态系统服务可持续性的空间格局可知,南部浙江省山地丘陵地区和主要河湖水域覆盖地区生态系统系统服务的可持续性最强,区域生态系统服务可持续性指数>0.66;淮河洪泽湖地区和长江沿岸河网水系与农田交错的湿地区域可持续性指数位于[0.59,0.65],以上两类区域是宏观尺度上实施生态系统服务保护的热点,生态系统服务供给能力远大于消费需求,脆弱性较低,而权衡强度最大,适于划分为重点生态保护区,而不适于进行开发利用。杭州湾地区、长江沿岸和环太湖平原河网高度城市化区域、江苏省北部地区生态系统服务可持续性最弱,可持续性指数多数位于[0,0.52],生态系统服务消费需求远大于供给能力,脆弱性较高,而权衡强度较小,适于在已有城市建成区范围内实施精细化发展,控制生态系统服务消费需求的过快增长。同时需采取生态系统服务供给能力恢复与重建措施,通过完善城市市政基础设施建设,加强生态环境规划管理,提升区域生态系统服务的可持续性。而可持续性指数位于[0.53,0.58]范围内的地区,一般处于中度脆弱程度,生态系统服务供需趋于平衡,权衡强度相对较低,适于作为区域城市化扩张的储备用地,未来应进行选择性开发利用并加以保护。

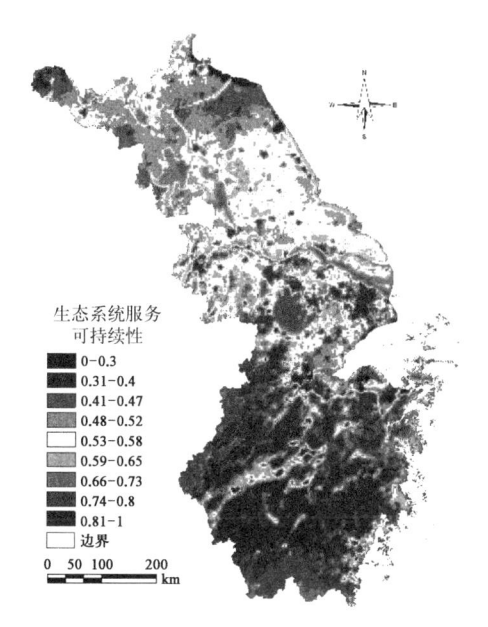

图 4-15 生态系统服务可持续性空间格局

总体来看,生态系统服务可持续性的空间格局受城市化区域的空间分布影响较显著,长三角南部山地丘陵地区对维持区域生态系统服务的可持续性具有重要作用,需严格限制区域人类社会经济活动对自然植被覆盖生态系统的干扰与破坏。而权衡平原河网地区城市化发展和农田河网交错覆盖地区的生态系统服务保护是长三角地区未来土地利用一体化管理面临的主要挑战。以上对长三角区域生态系统服务可持续性空间格局的分析,为后续章节开展基于生态系统服务的土地利用可持续性情景模拟提供空间情景规划的依据,同时可以为当前长三角地区生态红线划分、生态功能区划调整提供规划管理依据。

第六节 小 结

本章以长三角为案例研究区域,从生态系统服务供需平衡、脆弱性和空间权衡的视角分析土地利用变化的生态系统服务响应,并进行区域生态系统服务可持续性评价。主要结论如下:

第一,脆弱性评价方面。长三角生态系统服务脆弱性的空间格局表现为平原河网高度城市化地区和东南沿海地区等级较高,南部山地丘陵地区和北部江苏省沿海地区脆弱性等级相对较低。不同脆弱性等级空间分布由城市中心区域向城郊递减,梯度变化特征明显。影响生态系统服务脆弱性的影响要素不仅是土地利用变化,还包括生态系统所处的自然地理区位条件、社会经济发展水平等要素。为此建议,通过调整土地开发利用方式与强度,以降低长江沿岸城市群和杭州湾地区生态系统服务的暴露程度,通过完善城市市政基础设施建设提升其适应能力,加强城市生态基础设施建设降低其敏感性,依托长三角区域总体规划和长江经济带发展规划协同推进以上规划管理措施,降低长三角地区生态系统服务的脆弱性。

第二,供需平衡方面。1990—2010年长三角地区生态系统服务供给能力下降约3.25%,消费需求上升约12.55%,供需差缩减了23.44%,各类型生态系统服务供给能力持续下降而消费需求不断上升,整体向供需失衡方向发展。空间上长三角地区生态系统服务供需失衡不断蔓延,高度城市化区域生态系统服务消费需求增加与供给能力衰退在空间上呈集聚状态,供需失衡区域面积比重由1990年的24.20%上升至2010年的33.91%。为此建议,未来土地利用规划管理过程中应综合考虑区域生态系统服务供需特征,严格限制环太湖和杭州湾等强消费需求类型区的城市建设用地扩张,合理发展江苏省中部和长江沿岸弱消费需求类型区和供需平衡类型区,重点恢复弱供给能力区,补偿和保护长三角南部山地丘陵强供给能力类型区。针对长三角生态系统服务供需失衡的发展趋势,一方面建议通过优化景观结构组成,发挥景观的多重生态服务功能提升生态系统服务供给能力,另一方面转变城市发展模式,提升城市发展质量降低土地资源消费需求。

第三,空间权衡方面。长三角地区生态系统服务空间权衡主要发生在供给服务(食物生产)与调节服务簇(水质调节服务、侵蚀调节服务和洪水调节服务)之间,北部是以供给服务为主导的权衡,而南部是以调节服务为主导的权衡,权衡强度南部高于北部,北部主要河湖以及沿江沿海岸带权衡强度高于其他陆域地区。区域土地利用结构、组成与开发利用方式,对生态系统服务权衡的空间格局产生影响。针对长三角生态系统服务空间权衡格局特征,建议未来土地利用规划管理过程中需突破行政区划分割,宏观考虑权衡强度与方式的空间异质性,对权衡强度较低的环太湖、杭州湾等城市化区域实施精细化发展,限制长三角南部山地丘陵地区和主要河湖水域等高权衡强度地区的开发利用,通过实施长三角地区生态系统服务一体化管理,减少由于规划管理地域分割导致的生态系统服务权衡。在规划管理过程中,一方面考虑利益相关方参与决策,对生态系统服务供需实施生态补偿;另一方面需识别时间尺度上生态系统服务的权衡特征,避免短期规划形成长期不可逆影响。

第四,可持续性评价。长三角地区生态系统服务可持续性具有显著的空间异质性,南部浙江省山地丘陵地区可持续性最强,对维持整个长三角生态系统服务的可持续性具有重要作用,其次为长江沿岸和淮河洪泽湖地区,以上两类区域应作为长三角宏观尺度上实施生态系统服务保护的热点,适于划分为重点生态保护区;杭州湾地区、长江沿岸和环太湖平原河网高度城市化区域生态系统服务可持续性最弱,适于在已有城市建成区范围内实施精细化发展,同时需采取生态系统服务供给能力恢复与重建措施,控制生态系统服务消费需求的过快增长。未来权衡平原河网地区城市化发展和农田河网交错覆盖地区的生态系统服务保护是长三角实施土地利用一体化管理面临的重要挑战,而生态系统服务可持续性空间格局分析可为长三角地区生态红线划分以及生态功能区划调整提供规划参考依据。

第五章
基于生态系统服务响应的土地利用可持续性模拟

本章在前文土地利用变化的生态系统服务响应研究基础上,以长三角地区为案例,通过 SD 和 CLUE‐S 模型耦合,将生态系统服务与土地利用管理进行关联,开展基于生态系统服务的土地利用可持续性情景模拟研究。通过对土地利用变化管理过程中生态系统服务保护问题进行分析,构建土地利用可持续性情景方案,并对各情景方案的模拟结果进行综合效益评价,识别出适宜的优化管理方案。

第一节 评价目标原则和方法体系

一、评价目标和原则

(一) 土地利用可持续性评价目标

评价目标的确定是土地利用可持续性情景模拟的重要基础。本章的侧重点在于将土地利用管理与生态系统服务研究进行耦合,强调在土地利用管理过程中兼顾生态系统服务的可持续性。土地利用系统是一个"社会—经济—自然"复合生态系统,因此在进行不同情景下土地利用的可持续性评价时,将耕地保护目标、建设用地目标、节约用地目标和生态保护等区域土地利用基本目标作为评价的基本目标;将生态系统服务的可持续性和社会经济发展的可持续性作为土地利用复合生态系统可持续性评价的两个主要目标。土地利用管理的基本目标直接对主要目标的实现产生影响,而主要目标对基本目标的制定具有反馈指导作用。

生态系统服务的可持续性具体分解为脆弱性最小化、时空权衡最小化和供需失衡最小化三个具体目标,而在制定生态系统服务权衡和供需平衡方案时需要引入利益相关方的参与,考虑土地利用规划管理者、环保组织机构和公众的选择与偏好,以提高管理的社会效益;社会经济发展的可持续性包括区域经济发展、居民生活水平提高和城市化水平提升三个具体目标。在土地利用管理过程中通常需要考虑土地利用的经济效益、分配公平、社会发展、保障供给和生态环境质量等方面,包含的基本目标有耕地保护目标、建设用地目标、节约用地目标和生态保护目标四个方面(见图5-1)。

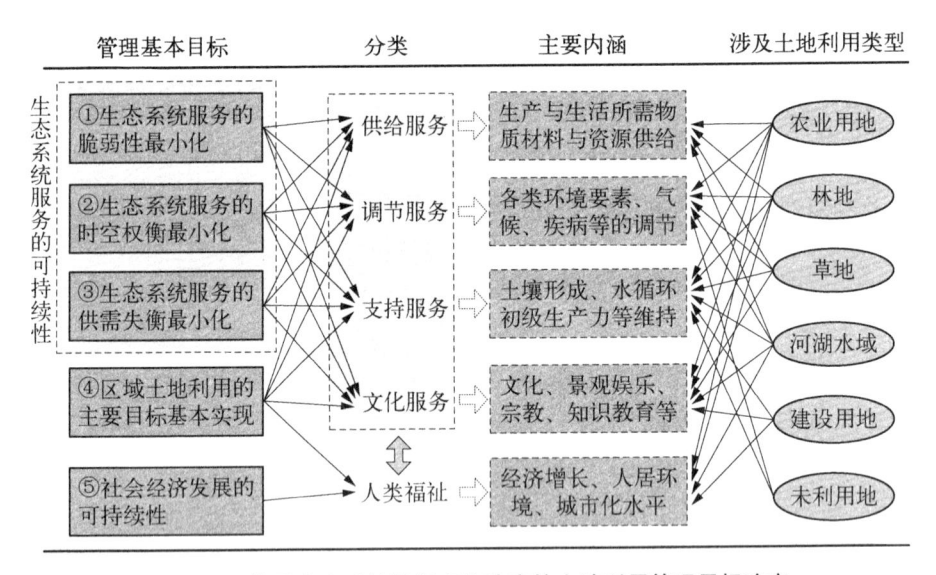

图5-1 基于生态系统服务变化响应的土地利用管理目标确定

(二) 指标选取的原则

在前文主要评价目标和基本评价目标确定的基础上,需进一步将评价目标分解为具体的与之对应的各项指标。在指标的选取方面需要遵循以下原则：

1. 科学性与前瞻性

生态系统服务的土地利用可持续性评价应充分反映"社会—经济—自然"复合生态系统的可持续性理念，所选指标能够较科学合理地反映土地利用管理的综合效益，从结构、状态、过程和系统弹性等不同角度进行生态系统服务变化响应特征评价，指标数据准确，模拟评价方法科学，以便从系统角度为区域土地利用规划管理提供具有前瞻性的决策依据。

2. 系统性与层次性

土地利用管理系统具有复合生态系统属性，因此，在规划管理过程中需综合运用生态系统方法，指标选取需遵循系统性原则，在落实土地利用管理基本目标的基础上，综合考虑社会经济发展的可持续性和生态系统服务的可持续性，以保证管理的全面性。由于复合生态系统可持续性的内涵包括多个方面，在内容上和管理上均具有明显的层次结构，因此，在指标选取时应考虑与管理尺度相匹配、内容上层次分明、能从不同角度评价管理的效益。

3. 实用性与指导性

在评价土地利用可持续性时，应充分考虑评价指标数据的可获取性及各类土地利用遥感解译数据处理的难易情况，所选指标应具有典型性和代表性，便于模拟计算与结果分析。管理目标的设定不仅是从理论方面进行区域土地利用管理过程中生态系统服务保护的探讨，还应与区域城市化发展与生态环境保护实际相对接，引导区域实现土地资源利用与生态环境保护的一体化发展。

二、SD 和 CLUE‑S 模型耦合的评价方法体系

为模拟与评价不同土地利用管理情景下系统的可持续性，需要建立一套综合模型模拟方法，包括四个主要模型模块（见图 5‑2）：(1) 社会经济发展与土地利用变化系统动力学模块，模拟分析社会经济发展与土地利用管

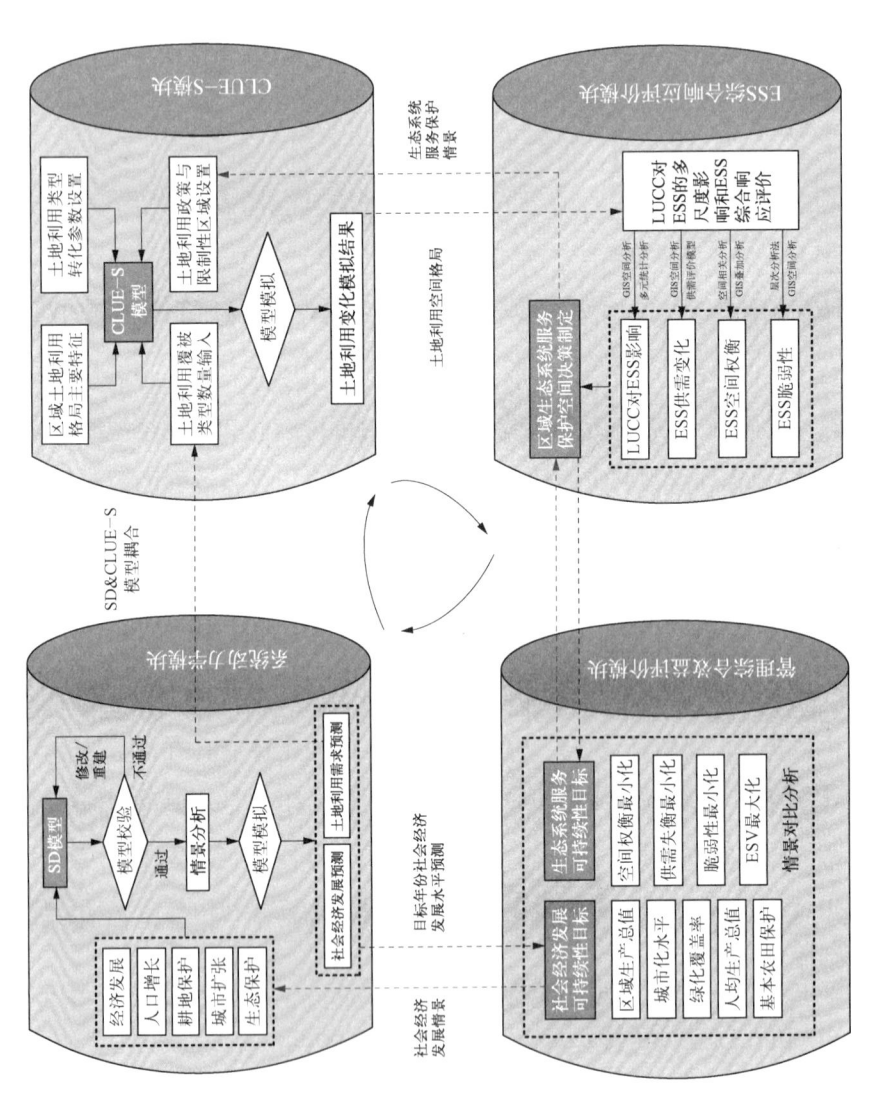

图 5-2 基于土地利用规划的生态系统管理综合模型组成

理政策对土地利用组成与结构的影响,并揭示社会经济系统所处的动态平衡状态与特征;(2) 区域土地利用变化空间格局模拟 CLUE-S 模块,模拟土地利用空间格局的变化,揭示生态系统组成、结构与功能的空间异质性;(3) 土地利用变化的生态系统服务响应评价模块,识别区域土地利用变化过程中生态系统服务的变化特征及存在的问题,并进行生态系统服务可持续性评价,为情景模拟提供空间决策依据;(4) 土地利用可持续性评价模块,通过土地利用综合效益评价为管理策略与优化调整提供依据。以上内容包涵了基于生态系统服务的土地利用可持续性情景模拟的主要思路。

第二节 长三角土地利用可持续性情景模拟方案设计

一、存在问题分析

综合前文长三角土地利用变化过程生态系统服务尺度变化特征分析,以及区域生态系统服务脆弱性、供需平衡、空间权衡和可持续性评价,1990—2010 年长三角土地利用管理过程中生态系统服务呈现的主要有以下几方面:

第一,长三角各省市由于区域自然地理条件与自然资源分布空间差异较大,各省市社会经济发展、土地开发利用方式与强度各异,高度城市化区域具有重要生态系统服务功能的土地利用类型面积大量减小,导致区域景观生态系统结构与生态服务功能呈现不同程度的衰退趋势,区域生态系统服务稀缺,高度城市化区域生态系统服务显著衰退。

第二,社会经济发展对区域生态系统服务脆弱性具有双重影响,在促进城市生态系统适应能力建设的同时也增强了暴露程度。当前长三角主要城市化区域在社会经济快速发展导致生态系统服务脆弱性普遍较高,城市建设用地扩张较为粗放,而城市市政基础设施建设与生态环境协同管理不足导致生态系统适应能力较弱,需转变过度依赖城镇建设用地扩张的发展模式,寻求社会经济发展与生态系统服务协同保护的规划管理模式。

第三,长三角地区1990—2010年土地利用变化引起生态系统服务供给能力持续下降而消费需求不断上升,供需失衡趋势较为明显。地域上的行政区划分割、各省市社会经济快速发展与生态系统服务保护缺乏协调性与不同时空尺度上的权衡考虑,引起在空间上生态系统服务供需失衡不断蔓延,消费需求增加与供给能力衰退在空间上呈集聚状态,区域生态系统服务可持续性降低。

第四,当前长三角地区土地利用总体规划主要由各级人民政府负责完成不同层次的规划,在规划目标、管理实施以及规划之间协调性方面仍存在不足。在缺乏宏观层面社会经济发展与生态系统服务保护协同管理的态势下,难以提高管理效能。

二、情景方案设计

如前文所述,影响区域土地利用复合生态系统可持续性的影响因素众多,这里主要包括区域经济发展、社会发展、城市扩张、区域土地利用政策、市政基础设施建设、环境规划管理等。将以上影响要素按照不确定性和重要性进行排序,并将第Ⅰ、Ⅱ象限的影响要素作为核心情景驱动因子,进行规划管理情景设置。各要素中市政基础设施建设重要性高且相对比较确定,故不作为核心情景要素。将经济发展、城市扩张与社会发展合并为社会经济发展,而将环境规划管理与土地利用政策合并为生态系统服务规划管理。据此,生态系统服务规划管理(G1)和社会经济发展(G2)组成情景矩阵如下式和图5-3和图5-4所示。

$$S = f(G_1, G_2) = f(\{S_{S1}, S_{S2}\}, \{S_{E1}, S_{E2}\}) = \{S_A, S_B, S_C, S_D\}$$

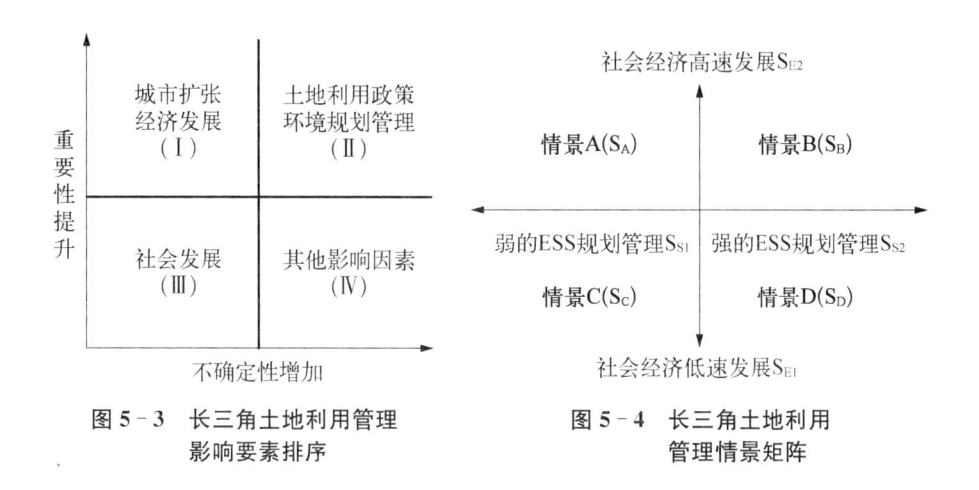

图 5-3　长三角土地利用管理影响要素排序

图 5-4　长三角土地利用管理情景矩阵

参考《长江三角洲城市群发展规划》(2016—2030)和各省市《国民经济和社会发展十三五规划纲要》,设置长三角社会经济快速发展的 S_{E2} 情景类型[①],以现状相对缓慢的社会经济发展作为 S_{E1} 情景。将区域实施生态系统服务可持续性规划保护措施作为生态系统服务规划管理决策项,将生态系统服务可持续性指数>0.66 的区域实施农业用地、建设用地和林地空间保护作为 S_{S1} 情景类型;而将生态系统服务可持续性指数>0.59 的区域实施空间保护作为 S_{S2} 情景类型,构成四种情景 S_A、S_B、S_C 和 S_D。

三、情景指标细化

根据前文土地利用可持续性评价目标的探讨和四种情景方案的设计,设置不同情景方案对应的具体指标,如表 5-1 所示。社会经济发展 S_{E2} 情景的 2020 年、2025 年和 2030 年各指标数值根据《长江三角洲城市群发展规划》(2016—2030)以及各省市《国民经济和社会发展十三五规划纲要》进行趋势模拟获得。而社会经济发展 S_{E1} 情景的指标值在 S_{E2} 的基础上按等比例

---

① 主要参考《长江三角洲城市群发展规划》(2016—2030)中人口增长预测数据,按照规划中的人口增长率进行人口发展情景目标设置,参考江苏省、浙江省和上海市《国民经济和社会发展十三五规划纲要》进行土地利用变化和社会经济发展情景目标设置。

下调获得。其中,社会经济发展可持续性相关指标直接作为后续章节 SD 模型模拟的系统外生控制变量。两种生态系统服务可持续性空间规划情景作为 CLUE-S 模型模拟土地利用格局变化的决策限制条件(图 5-5),设定在 S_{S1} 和 S_{S2} 情景对应的空间限制发展条件下。对生态系统服务可持续性较高的区域实施空间发展限制,而区域农业用地保有量、建设用地面积和绿地覆盖率变化按照现状变化趋势设定未来需求指标,并根据长三角土地利用历史数据进行趋势模拟以设定具体的情景目标值。具体按照几何平均法计算 1990—2010 年长三角农业用地、城镇建设用地、林地和草地面积变化率并假设其按照此变化趋势递减,确定各目标年份农田保有量、建设用地面积和绿地覆盖率。通过以上情景方案设置,模拟社会经济发展和生态系统服务规划管理策略的组合效果。

表 5-1 长三角基于生态系统服务变化响应的土地利用管理情景指标

目标分类		指标分类	情景	2020	2025	2030
空间	生态系统服务	弱可持续性 强可持续性	S_{S1} S_{S2}	可持续性指数>0.66 可持续性指数>0.59		
非空间	可持续性	农田保有量(平方公里)	S_{S1} S_{S2}	89 500	89 000	88 500
		建设用地面积(平方公里)	S_{S1} S_{S2}	32 000	33 000	34 000
		绿地覆盖率(%)	S_{S1} S_{S2}	32.50	32.75	33.00
	社会经济发展可持续性	GDP(亿元)	S_{E1} S_{E2}	13 000 13 500	14 000 14 500	15 000 15 500
		人均 GDP(万元)	S_{E1} S_{E2}	0.80 0.85	0.85 0.90	0.90 0.95
		城市化水平(%)	S_{E1} S_{E2}	70.00 70.50	71.00 71.50	72.00 72.50

(生态系统服务可持续性指数>0.66)　　　(生态系统服务可持续性指数>0.59)

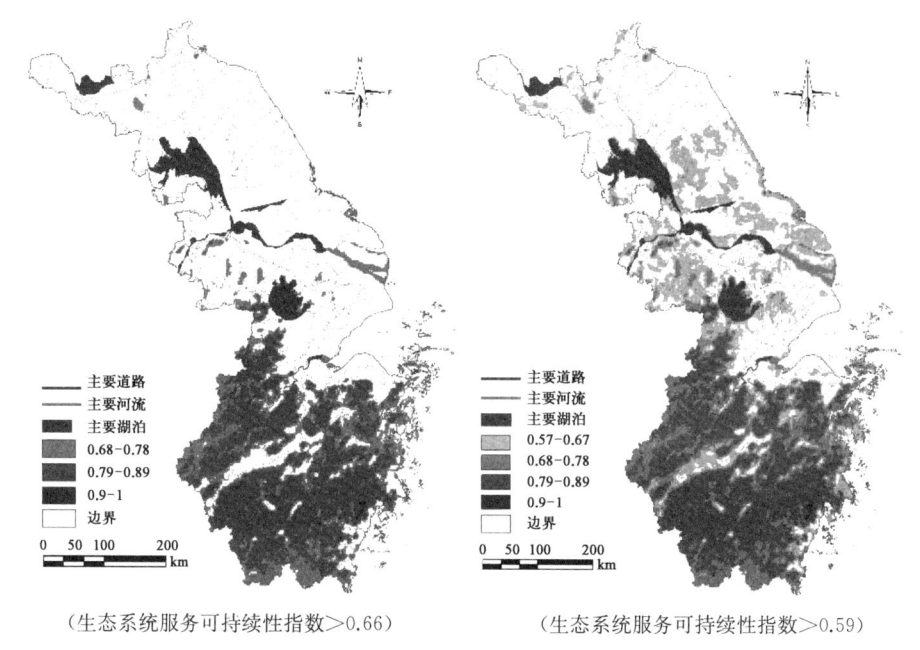

图 5-5　长三角土地利用管理生态系统服务规划管理决策情景

第三节　长三角土地利用变化系统动力学模拟

一、模型系统边界设定

根据前文情景方案设定,考虑模型模拟所需数据资料的可获取性和连续性,设定模型模拟的空间边界为长三角江苏省、浙江省和上海市行政区划范围,时间边界为2000—2030年,模型以2006—2014年为模拟历史期,并根据长三角各省市统计年鉴数据选取模型主要输入变量进行模型验证与检验。在此基础上,以2020—2030年为模型预测期,模拟的步长(Time Step)设置为1年。

二、模型主要结构分析与系统流图绘制

系统动力学建模目的在于模拟不同社会经济发展方式与土地利用管理

情景下长三角土地利用变化趋势。根据前文对长三角近年来土地利用变化主要特征分析，区域经济发展、人口增长导致城镇建设用地不断扩张，农业用地被大量占用，而为满足农业生产需求，农用地开垦导致林地、草地、水域等生态用地呈减少趋势。随着土地利用变化对区域生态环境质量和生态系统的可持续性影响日益显著，从规划管理角度需对区域社会经济发展与人口规模进行限制，进行土地利用政策调整，如基本农田保护政策、土地利用占补平衡等。以上规划管理行为共同构成区域土地利用组成与结构不断演变的重要驱动与反馈机制。根据以上分析，构建了长三角土地利用变化系统因果反馈回路图，如图5-6所示。

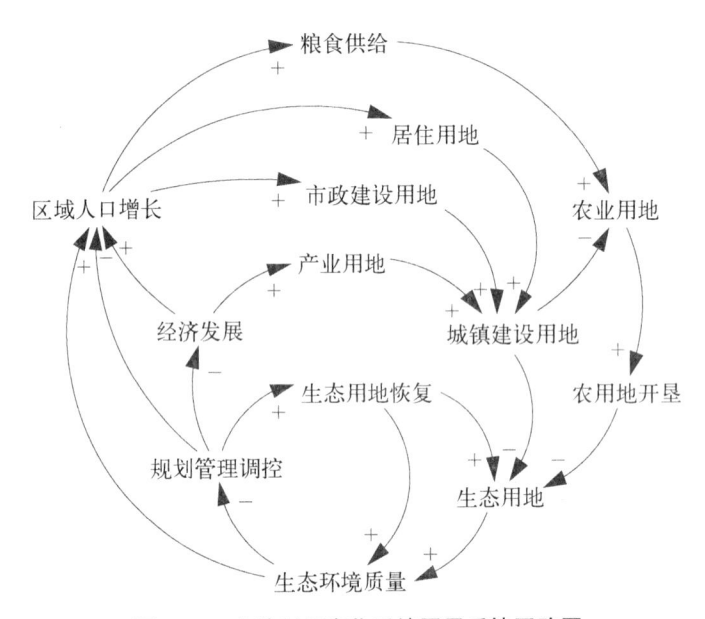

图5-6 土地利用变化系统因果反馈回路图

以前文构建的土地利用变化系统因果反馈回路为模型主要结构，建模过程中对实际复杂的土地利用转化类型与过程进行简化，根据模拟区域土地利用变化特征，假定农业用地、水域、草地在土地利用变化过程中为生态用地，主要表现为土地利用转出，当农业用地和林地的面积减小到设置的情景目标值

第五章 基于生态系统服务响应的土地利用可持续性模拟 | 159

时系统进行反馈调节,限制农业用地的转出。城镇建设用地和林地主要表现为转入。林地的转入主要来源于退耕还林,城镇建设用地的转入来源于农业用地。假设当城镇建设用地面积转入超过设置的情景目标值时系统进行反馈调节,限制城镇建设用地面积增加。根据以上系统行为与反馈关系假设,利用正版授权的VensimDSS软件进行系统流图绘制,如图5-7所示。

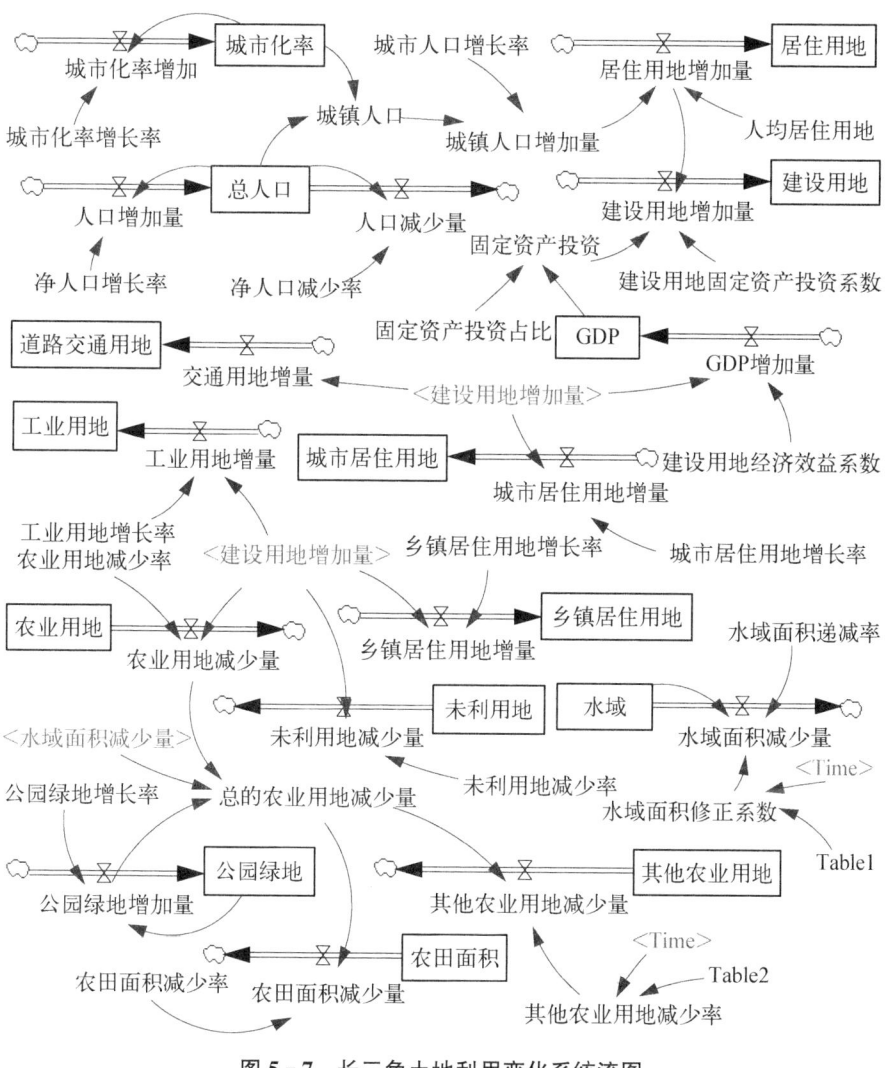

图5-7 长三角土地利用变化系统流图

三、DYNAMO 建模参变量设置与函数定义

在模型系统结构确定与流图绘制的基础上,需要对模型涉及的各类变量与参数进行数理统计计算与经验分析(王其藩,2009)。系统动力学模型涉及的变量类型主要有:常量(constant),主要通过数理统计方法计算获得;辅助变量(auxiliary variable),主要用于建立各参变量之间的逻辑关系;速率变量(rate variable),用于定义水平变量增加或减少的速率;水平变量或状态变量(level variable),一般使用 INTEG 函数表示,该类型变量在系统模拟过程中处于动态变化过程,对模型结构的稳定性具有重要影响,一般作为输出变量来表征系统在某一时刻所处的状态特征。外生变量(exogenous variable),作为系统的输入变量,对系统行为具有限制与调控的作用,在建模过程中常被设置为情景控制变量。图 5-7 中共包括 15 个水平变量,14 个速率变量以及 52 个辅助变量。各土地利用类型面积、GDP、人口等水平变量初始值来源于长三角各省市统计年鉴,速率变量根据各主要年份情景指标值计算几何平均数获得,模型包含的具体方程和参变量赋值参照附录。

DYNAMO 建模过程中各参变量的赋值和函数关系的建立在 VensimDSS 软件中实现,建模过程所使用的主要函数类型有 INTEG 函数、IF THEN ELSE 函数、Table 函数、Delay 函数等。其中,主要的水平变量用差分方程的形式表达(王其藩,2009),公式如下:

$$LEVEL.K = LEVEL.J + (INFLOW.JK - OUTFLOW.JK) \times DT$$

式中,LEVEL 表示水平变量,INFLOW 表示变量输入速率,OUTFLOW 表示变量输出速率,DT 为计算步长(表示从 J 时刻到时刻 K 的时间间隔)。

因数据资料缺失,部分变量间的关系难以通过回归分析获取,主要通过经验判断和趋势分析采用表函数来表达。各参变量的赋值以及相互之间的函数关系仍需在模型验证与检验过程中不断地进行模型结构与行为的调整

与修正,在模型真实性与灵敏性检验通过情形下,最终确定各参变量数值,并进行后续模拟预测。

四、模型验证与检验

模型的验证与检验是建模过程中的重要环节。首先,对模型结构与行为进行检验,保证模型结构与模拟行为与真实系统基本保持一致。在此基础上,选取城市化率、GDP、总人口作为代表性变量进行模型真实性验证,通过与2006—2014年各待验证指标的真实值进行对比发现,模拟值与真实值变化趋势较为吻合,选取的各变量模拟值与真实值的平均误差均在7%以内,表明模型较能准确预测系统整体变化趋势与特征(图5-8)。其次,利用Vensim软件自带的Monte Carlo simulation(MVSS)功能对模型主要参数与变量进行灵敏度检验。该方法可以同时对多个参数进行灵敏度检验,在

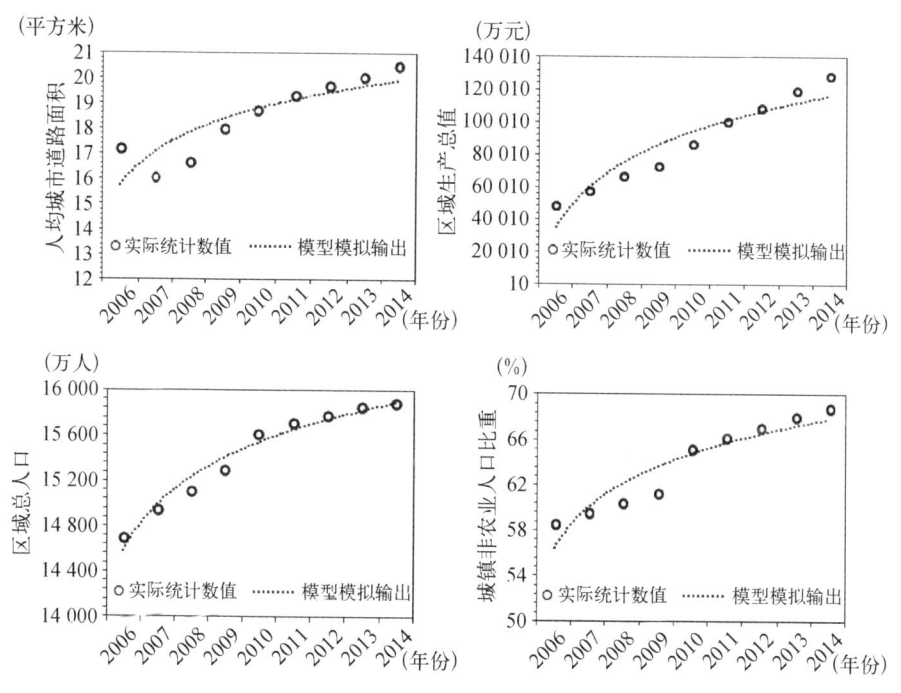

图5-8 SD模型真实性验证各主要变量模拟值与真实值对比情况

表 5-2 主要年份长三角土地利用变化系统动力学模型模拟预测结果

情景	年份	人口（万）	GDP（亿元）	城市化率（%）	农业用地（平方千米）	林地（平方千米）	草地（平方千米）	水域（平方千米）	建设用地（平方千米）	未利用地（平方千米）
S_A	2020	16 174	13 550.86	70.59	89 679.97	68 631.16	2 726.97	14 506.59	32 587.61	40.32
	2025	16 371	14 623.19	71.89	88 762.59	68 655.16	2 697.97	14 415.59	33 604.3	37.01
	2030	16 504	15 454.96	72.82	88 082.75	68 685.16	2 672.86	14 334.59	34 363.11	34.15
S_B	2020	16 190	13 548.76	70.32	90 172.77	68 713.51	2 758.79	14 529.61	31 975.78	22.16
	2025	16 340	14 610.95	71.83	89 390.59	68 730.68	2 800.79	14 441.42	32 789.63	19.51
	2030	16 437	15 457.05	73.11	88 136.53	68 753.84	2 851.79	14 356.26	34 057.32	16.88
S_C	2020	16 043	13 306.14	69.86	90 529.89	68 658.61	2 772.15	14 537.83	31 642.39	31.75
	2025	16 301	14 294.55	71.52	89 652.52	68 723.81	2 836.65	14 449.62	32 480.48	29.54
	2030	16 452	15 102.33	72.11	88 965.69	68 736.37	2 883.15	14 362.23	33 198.86	26.32
S_D	2020	16 010	13 240.02	69.43	90 887.01	68 768.42	2 781.51	14 550.11	31 169.34	16.23
	2025	16 272	14 208.66	71.48	90 108.45	68 737.54	2 864.51	14 453.84	31 994.48	13.8
	2030	16 368	15 010.28	72.37	89 860.86	68 781.31	2 936.51	14 372.6	32 209.68	11.66

模型参变量较多时可以有效减少运算过程负担,通过分析输出的概率分布直方图可以初步判断系统对参数设置变化的敏感性,对本书构建的模型中涉及的主要参数进行灵敏性检验,结果显示在参数变动的情况下,不同变化幅度对应的主要状态变量模拟结果基本保持趋势一致,初步认为灵敏度检验合格,而对于部分趋势一致而状态变量模拟结果差异较大的参数,均进行多次调整。通过模型验证与检验,认为该模型可以用于后续模拟预测。

五、土地利用变化模拟结果

模型以 2020—2030 年为模拟预测期,根据前文设定的四种情景方案的目标值,利用几何平均法计算各状态变量的平均变化率,模拟预测四种情景方案下主要社会经济变量和各土地利用类型面积变化,输出 2020 年、2025 年和 2030 年三个年份各主要变量的模拟结果如表 5-2 所示。

第四节 长三角土地利用变化空间格局模拟

引入 CLUE-S 模型主要目的是模拟预测前文设计的四种管理方案对应的区域土地利用空间格局演变,为基于生态系统服务变化响应的土地利用规划管理提供空间规划依据。首先,模型以长三角 2000 年土地利用数据为初期研究数据,利用 CLUE-S 模型模拟区域 2010 年土地利用空间格局,并与 2010 年实际土地利用数据进行空间叠加分析,检验模型模拟的精度;在此基础上,模拟输出四种管理方案下 2030 年区域土地利用空间格局。

一、模型模拟所需输入文件

CLUE-S 模型模拟运行所需文件主要包括:驱动因子(sclgr*.fil)、土地利用需求(demand.in*)、转移矩阵(allow.txt)、区域限制(regional_park*.fil)和模型运行主文件(main.1)。具体输入文件清单及内涵如表5-3所示。初始土地利用需求数据(2000年)和模型精度检验所需土地利用数据(2010年)主要来源于长三角土地利用遥感解译数据,目标模拟预测年份土地利用需求数据来源于前文系统动力学模型模拟预测结果。区域限制文件主要由前文生态系统服务规划管理决策情景构成,将两种空间决策情景的栅格数据进行重新编码,分别将生态系统服务可持续性指数>0.66和生态系统服务可持续性指数>0.59的目标限制区域编码为-9 998,而其他区域编码为0,分别保存设定为regional_park1.fil和regional_park2.fil。本研究仅对主要步骤过程进行分析,其他模型参数不赘述。

表5-3 CLUE-S模型模拟所需主要输入文件及内涵

文 件 名 称	文 件 说 明
cov_all.0	模拟初期土地利用类型,从0开始依次编码
regional_park*.fil	区域限制图层,限制区域编码为-9 998,其他编码为0
sclgr*.fil	驱动力文件,驱动力序号与alloc.reg文件需保持一致
demand.in*	土地利用需求文件,面积一律以ha为单位
alloc.reg	土地利用分配概率回归文件
allow.txt	土地利用转移文件,该文件为n*n的矩阵文件
main.1	模型主要参数设置文件

二、土地利用数据预处理

CLUE-S模型模拟在Dyna-CLUE 3.0软件中实现。首先,按照模型输入数据格式要求对初期土地利用数据(2003年)各用地类型进行编码与格式转换,参照前文长三角土地利用分类体系,将农业用地、水域、林地、草地、城市建设用地、未利用地分别编制代码为0、1、2、3、4、5。需注意,土地利用类型编码需从0开始。其次,利用ArcGIS中Spatial Analyst Tool下的 Reclassify 功能分别提取各土地利用类型的栅格数据,生成单独的栅格数据文件,栅格大小为 1 千米×1 千米,并利用 Raster to ASCII 功能转化为 ASCII 文件,并与土地利用类型编码对应分别命名为 cov_*.asc 生成符合 CLUE-S 模型格式要求的模型输入文件。需注意,所有栅格数据的栅格大小必须统一,剔除空值区域。

三、土地利用变化驱动因子选取

驱动因子的选取目前尚无统一的筛选标准和数量限制,需根据区域土地利用空间格局特征,分析各土地利用类型空间分布上的整体规律,反复尝试直至所选取驱动因子对各用地类型的分配均具有较高解释能力为止(Verburg,2012)。目前多数研究中均选取包括区域高程、坡度、土壤类型、距离城市或居民点中心距离、距主干河流或道路的距离等静态驱动因子,此外,动态驱动因子如经济密度、人口密度等也对区域土地利用空间格局具有一定的解释能力。根据长三角土地利用空间格局特征可知,城镇建设用地沿主干道路与河流发展的趋势较为明显,城镇建设用地扩张遵循沿已有城镇建设用地向外辐射扩张的变化特征,考虑空间数据的精度与可获取性,本研究选取了距城镇中心距离(Sclgr0.fil)、距主干道路距离(Sclgr1.fil)、距主要河流距离(Sclgr2.fil)、距海岸线距离(Sclgr3.fil)、人口密度(Sclgr4.fil)、经济密度(Sclgr5.fil)6 个要素作为空间驱动因子,各驱动因子的栅格数据见图 5-1,将各驱动因子的栅格数据转换成 ASCII 文件,并命名成 Sclgr*.fil 格式,生成模型驱动因子输入文件。

四、空间适宜分布概率回归分析

土地利用空间适宜分布概率的计算主要采用 Logistic 逐步回归的方法分析各驱动因子与土地利用变化之间的相关性。获取各土地利用类型在空间栅格单元内分布的概率,并生成概率分布图命名为 alloc.reg 文件,作为

CLUE-S 模型的输入文件之一。概率计算公式如下：

$$\text{Log}\left[\frac{Pi}{1-Pi}\right]=\beta_0+\beta_1X_{1,i}+\beta_2X_{2,i}+\cdots+\beta_nX_{n,i}$$

式中，β 表示某一土地利用类型在各栅格单元出现的概率，X 为驱动因素类型。逐步回归分析方法可以筛选出对 i 土地利用类型的空间分布起显著影响的驱动因素，同时剔除不显著因素。分析结果中，当 $\text{Exp}(\beta)<1$，发生比减少；$\text{Exp}(\beta)>1$，发生比增加；$\text{Exp}(\beta)=1$，发生比不变。选取的各驱动因子对土地利用变化的解释能力采用 ROC(Relative Operating Characteristics)方法进行检验。

首先，将前面步骤获得的各土地利用类型 cov_*.asc 文件和驱动因子 ASCII 文件在 Dyna-CLUE 3.0 软件自带的 File Convert v2 中转换成 txt 格式，数据转换过程中一般根据数据量大小选取合适的抽样比例。其次，将生成的土地利用类型和驱动因子的 txt 格式数据导入 SPSS18.0 中进行逐步回归分析，回归分析结果以及 ROC 检验值如表 5-4 所示。结果显示，回归分析的 ROC 检验值均大于 0.5，表明所选取的驱动因子对各土地利用类型的空间分布具有较好的解释能力。其中，对城镇建设用地和水域的解释能力相对偏低，主要是受区域土地利用格局的复杂程度以及土地利用数据精度影响。回归分析结果需按照 alloc*.reg 文件编写格式编写并保存为注册表格式，作为模型输入文件之一。

五、土地利用空间格局模拟输出

将模型模拟所需文件输入 Dyna-CLUE 3.0 软件中运行模拟，以 2000 年为初始年，模拟输出 2010 年土地利用格局，将模型输出结果转换成栅格数据后与 2010 年实际土地利用栅格数据进行 GIS 叠加分析，具体利用 Kappa 检验计算模型模拟精度，检验计算公式为：

$$\text{kappa}=(p_o-p_c)/(p_p-p_c)$$

表 5-4　利用 Logistic Regression 分析法回归分析结果及 ROC 值

土地利用类型		Sclgr0	Sclgr1	Sclgr2	Sclgr3	Sclgr4	Sclgr5	Constant	ROC
建设用地	β	−0.000 2	−0.000 1	−0.005 2	—	−2.673 3	−0.209 6	2.095 3	0.749
	Exp(β)	0.995 2	0.999 9	0.999 8	—	0.075 4	0.862 2	8.204 4	
农业用地	β	—	—	−0.017 6	—	3.492 2	−0.185 5	−3.331 6	0.872
	Exp(β)	—	—	0.982 5	—	37.264 3	0.820 5	0.035 6	
林地	β	0.000 1	—	0.004 2	−0.000 5	−1.522 1	−0.331 7	−0.474 5	0.784
	Exp(β)	1.000 1	—	1.004 2	0.999 7	0.256 1	0.717 4	0.629 9	
草地	β	—	−0.000 1	0.005 2	−0.001 3	−2.954 1	—	2.021 6	0.834
	Exp(β)	—	0.999 9	1.004 3	0.998 7	0.052 2	—	7.550 8	
水域	β	—	—	−0.006 3	—	−1.995 5	−1.055 2	−2.508 4	0.768
	Exp(β)	—	—	0.999 4	—	0.203 3	0.378 2	0.074 2	
其他用地	β	0.000 1	0.000 2	−0.014 1	—	−2.159 4	—	−1.455 9	0.826
	Exp(β)	1.000 1	1.000 2	0.985 2	—	0.116	—	0.117 4	

其中，p_o为正确模拟的栅格数占总栅格数的比重；p_c为某一栅格随机情况下模拟正确的概率，系栅格总数的倒数；p_p为理想情况下某一栅格模拟正确的比率。

Kappa检验过程是在ArcGIS中利用3D Analyst Tools中的Raster Math功能，将模拟栅格数据与实际栅格数据做Minus运算获得，提取栅格值为零的模拟正确的栅格的数量，计算其占总栅格数的比率约为79.60%，进一步计算模型模拟的Kappa系数为0.7633，初步判断模型适用于长三角不同土地利用管理情景方案下土地利用空间格局模拟预测。

将SD模型模拟输出的四种管理方案下2030年各土地利用需求数据输入CLUE-S模型，模拟输出2030年四种管理方案对应的土地利用空间格局(见图5-9)。模拟结果显示不同管理方案下区域土地利用空间格局具有较明显的差异，S_A和S_B情景下城镇建设用地扩张与S_C和S_D相比较为显著。受社会经济发展和土地利用管理空间限制影响，S_C和S_D情景下城市化发展受到一定的限制。S_A和S_B情景下城市建设空间范围显著扩张，已有城镇建

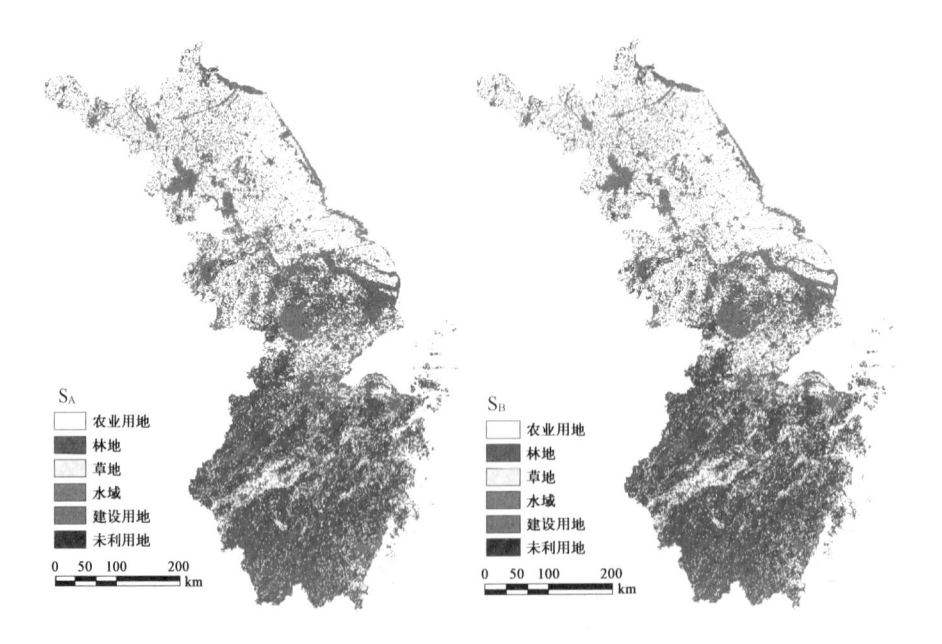

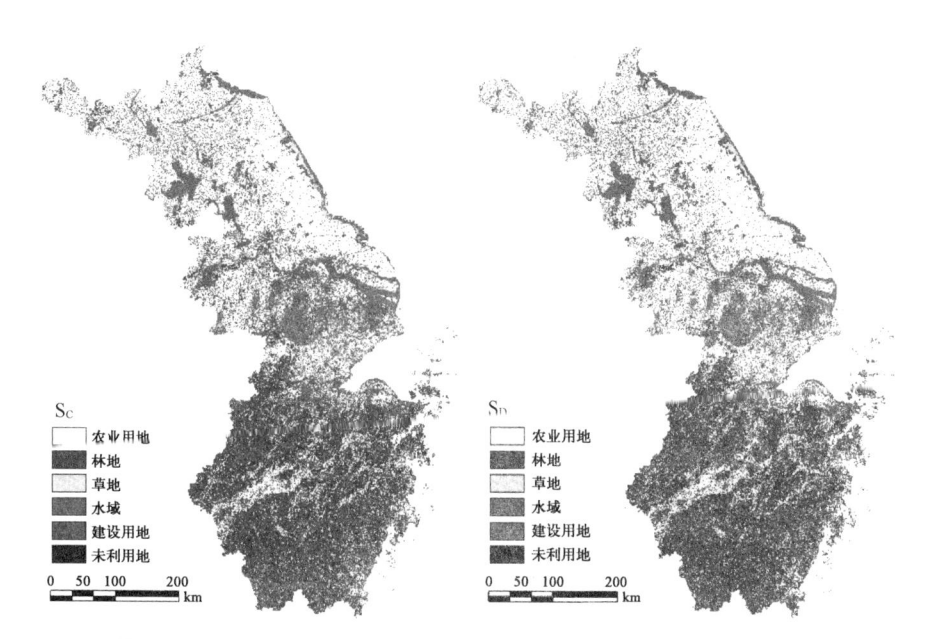

图 5-9 CLUE-S 模型模拟输出四种情景方案对应土地利用空间格局

成区周边建设用地扩张呈集聚发展,受保护区域城镇建设用地扩张受到限制。S_B情景和S_D情景下江苏省中部和长江沿岸生态系统服务可持续性较高的地区城市化扩张受到限制,为进一步分析各情景方案下土地利用综合效益差异,识别不同强度生态系统服务规划管理方案对土地利用管理综合效益的影响提供参考依据。

第五节 不同管理情景方案的综合效益评价

一、土地利用管理综合效益评价方法

本书将影响土地利用管理效益的指标分为三类:影响社会经济效益的代表性标选,如 GDP、人均 GDP、城市化率;表征对生态系统服务价值影响的指标,如供给服务价值、调节服务价值、支持服务价值和文化服务价值;影响土地实际使用效益的指标,具有代表性的有农业用地保有量、城镇建设用地面积和绿地覆盖率。为初步评价不同土地利用管理方案的综合效益,笔者尝试构建土地利用综合效益指数(comprehensive benefit index),计算公式如下:

$$I_{CB} = \sum_{i=1}^{n} I_i \cdot W_i$$

式中,I_{CB}表示土地利用管理综合效益;I_i表示第i类指标的归一化值,数值位于$[0,1]$;W_i表示第i类指标的权重系数,n表示指标类型数。

对各指标归一化方法是取各方案模拟值的最大值设为1,其余数值取其与最大值的比值。各指标权重通过AHP法分析获取。生态系统服务价值评价方法及价值系数选取参照前文。由于数据资料限制,这里所选取的评价指标存在一定的局限性,实际规划管理过程中需考虑建立较为系统与全面的指标体系,并综合各领域专家和利益相关方的意见进行指标权重的确定。在此,只侧重于对管理评价方法与过程的探讨。

二、综合效益评价结果分析与讨论

(一) 评价结果

各目标年份土地利用综合效益指数计算结果见表5-5。由图5-10和图5-11可知,随着区域城市化进程的推进和社会经济的发展,四种土地利用管理情景方案下的综合效益指数均呈上升趋势。其中,现状社会经济快速发展策略对应的情景A和情景B的综合效益指数,显著高于社会经济低速发展的情景C和情景D,表明在当前长三角社会经济发展情形下,实施生态系统服务保护空间约束将限制区域土地利用综合效益的提升,虽然区域生态系统服务得到了有效保护,但社会经济发展和土地实际使用受到生态系统服务空间保护的严格约束。分析情景A和情景B的综合效益指数变化

第五章 基于生态系统服务响应的土地利用可持续性模拟 | 171

表 5-5 各目标评价年份土地利用管理综合效益指标及计算结果

指标	权重 (W_i)	年份	指标值 S_A	S_B	S_C	S_D	归一化值(W_i) S_A	S_B	S_C	S_D	$I_i \cdot W_i$ S_A	S_B	S_C	S_D
GDP (亿元)	0.213 8	2020	13 550.86	13 548.76	13 306.14	13 240.02	0.876 7	0.876 5	0.860 8	0.856 6	0.187 4	0.187 4	0.184 0	0.183 1
		2025	14 623.19	14 610.95	14 294.55	14 208.66	0.946 1	0.945 3	0.924 8	0.919 2	0.202 3	0.202 1	0.197 7	0.196 5
		2030	15 454.96	15 457.05	15 102.33	15 010.28	0.999 9	1.000 0	0.977 1	0.971 1	0.213 8	0.213 8	0.208 9	0.207 6
人均 GDP (万元)	0.103 4	2020	0.837 8	0.836 9	0.829 4	0.827	0.890 9	0.889 9	0.882 0	0.879 4	0.092 1	0.092 0	0.091 2	0.090 9
		2025	0.893 2	0.894 2	0.876 9	0.873 2	0.949 8	0.950 9	0.932 5	0.928 5	0.098 2	0.098 3	0.096 4	0.096 0
		2030	0.936 4	0.940 4	0.918	0.917 1	0.995 7	1.000 0	0.976 2	0.975 2	0.103 0	0.103 4	0.100 9	0.100 8
城市化率 (%)	0.091 2	2020	70.59	70.32	69.86	69.43	0.965 5	0.961 8	0.955 5	0.949 7	0.088 1	0.087 7	0.087 1	0.086 6
		2025	71.89	71.83	71.52	71.48	0.983 3	0.982 5	0.978 3	0.977 7	0.089 7	0.089 6	0.089 2	0.089 2
		2030	72.82	73.11	72.11	72.37	0.996 0	1.000 0	0.986 3	0.989 9	0.090 8	0.091 2	0.090 0	0.090 3
EPS (亿元)	0.103 4	2020	4.840 5	4.861 2	4.872 9	4.887 8	0.990 3	0.994 6	0.997 0	1.000 0	0.102 4	0.102 8	0.103 1	0.103 4
		2025	4.807	4.837 6	4.849	4.866 4	0.983 5	0.989 7	0.992 1	0.995 6	0.101 7	0.102 3	0.102 6	0.102 9
		2030	4.781 9	4.799 4	4.828 7	4.863 3	0.978 3	0.981 9	0.987 9	0.995 0	0.101 2	0.101 5	0.102 1	0.102 9
ERS (亿元)	0.074 5	2020	69.651 5	69.778 1	69.768 4	69.897 5	0.996 5	0.997 3	0.998 0	1.000 0	0.074 2	0.074 4	0.074 4	0.074 5
		2025	69.569 5	69.726	69.756 2	69.817 5	0.995 3	0.997 5	0.998 0	0.998 9	0.074 1	0.074 3	0.074 3	0.074 4
		2030	69.516	69.641 1	69.710 2	69.845 8	0.994 5	0.996 3	0.997 3	0.999 3	0.074 1	0.074 2	0.074 3	0.074 4

续 表

指标	权重 (W_i)	年份	指标值 S_A	S_B	S_C	S_D	归一化值 (W_i) S_A	S_B	S_C	S_D	$I_i \cdot W_i$ S_A	S_B	S_C	S_D
ESS (亿元)	0.046 3	2020	13 724.7	13 763.6	13 780.7	13 809.3	0.993 9	0.996 7	0.997 9	1.000 0	0.046 0	0.046 1	0.046 2	0.046 3
		2025	13 667.9	13 726.8	13 746.8	13 776	0.989 8	0.994 0	0.995 5	0.997 6	0.045 8	0.046 0	0.046 1	0.046 2
		2030	13 625	13 669.3	13 715.3	13 774	0.986 7	0.989 9	0.993 2	0.997 4	0.045 7	0.045 8	0.046 0	0.046 2
ECS (亿元)	0.063 4	2020	8 150.5	8 159.5	8 154.2	8 165	0.997 4	0.998 5	0.997 8	0.999 1	0.063 2	0.063 3	0.063 3	0.063 3
		2025	8 151.7	8 163	8 163.6	8 165.4	0.997 5	0.998 9	0.999 0	0.999 2	0.063 2	0.063 3	0.063 3	0.063 3
		2030	8 153.5	8 168.3	8 166.7	8 172.1	0.997 7	0.999 5	0.999 3	1.000 0	0.063 3	0.063 4	0.063 3	0.063 4
农田保有量 (km²)	0.120 4	2020	89 679.97	90 172.77	90 529.89	90 887.01	0.986 7	0.992 1	0.996 1	1.000 0	0.118 8	0.119 5	0.119 9	0.120 4
		2025	88 762.59	89 390.59	89 652.52	90 108.45	0.976 6	0.983 5	0.986 4	0.991 4	0.117 6	0.118 4	0.118 8	0.119 4
		2030	88 082.75	88 136.53	88 965.69	89 860.86	0.969 1	0.969 7	0.978 9	0.988 7	0.116 7	0.116 8	0.117 9	0.119 0
建设用地量 (km²)	0.109 5	2020	32 587.61	31 975.78	31 642.39	31 169.34	0.948 3	0.930 3	0.920 8	0.907 1	0.103 8	0.101 9	0.100 8	0.099 3
		2025	33 604.3	32 789.63	32 480.48	31 994.48	0.977 9	0.954 2	0.945 2	0.931 1	0.107 1	0.104 5	0.103 5	0.102 0
		2030	34 363.11	34 057.32	33 198.86	32 209.68	1.000 0	0.991 1	0.966 7	0.937 3	0.109 5	0.108 5	0.105 8	0.102 6
绿地覆盖率 (%)	0.074 1	2020	0.342 8	0.343 3	0.343 1	0.343 7	0.995 1	0.996 5	0.995 9	0.997 7	0.073 7	0.073 8	0.073 8	0.073 9
		2025	0.342 4	0.343 6	0.343 7	0.344	0.993 9	0.997 7	0.997 7	0.998 5	0.073 6	0.073 9	0.073 9	0.074 0
		2030	0.342 1	0.342	0.343 9	0.344 5	0.993 0	0.992 7	0.998 3	1.000 0	0.073 6	0.073 6	0.074 0	0.741

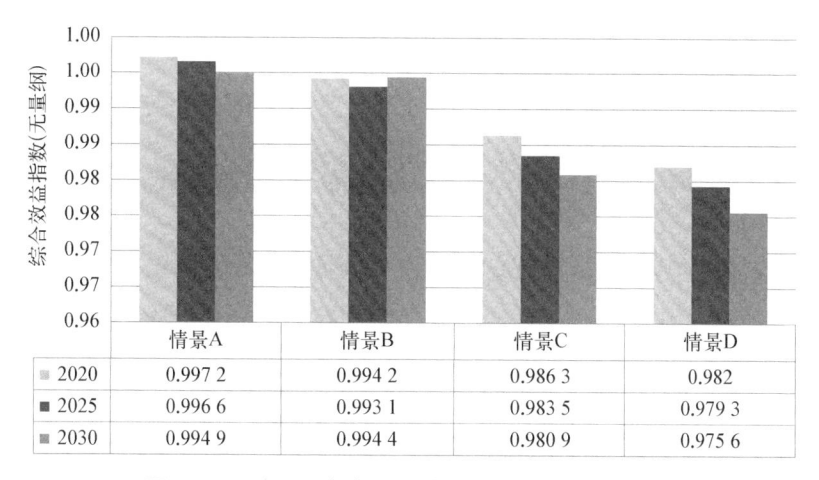

	情景A	情景B	情景C	情景D
2020	0.997 2	0.994 2	0.986 3	0.982
2025	0.996 6	0.993 1	0.983 5	0.979 3
2030	0.994 9	0.994 4	0.980 9	0.975 6

图 5‑10 主要目标年份土地利用管理综合效益指数

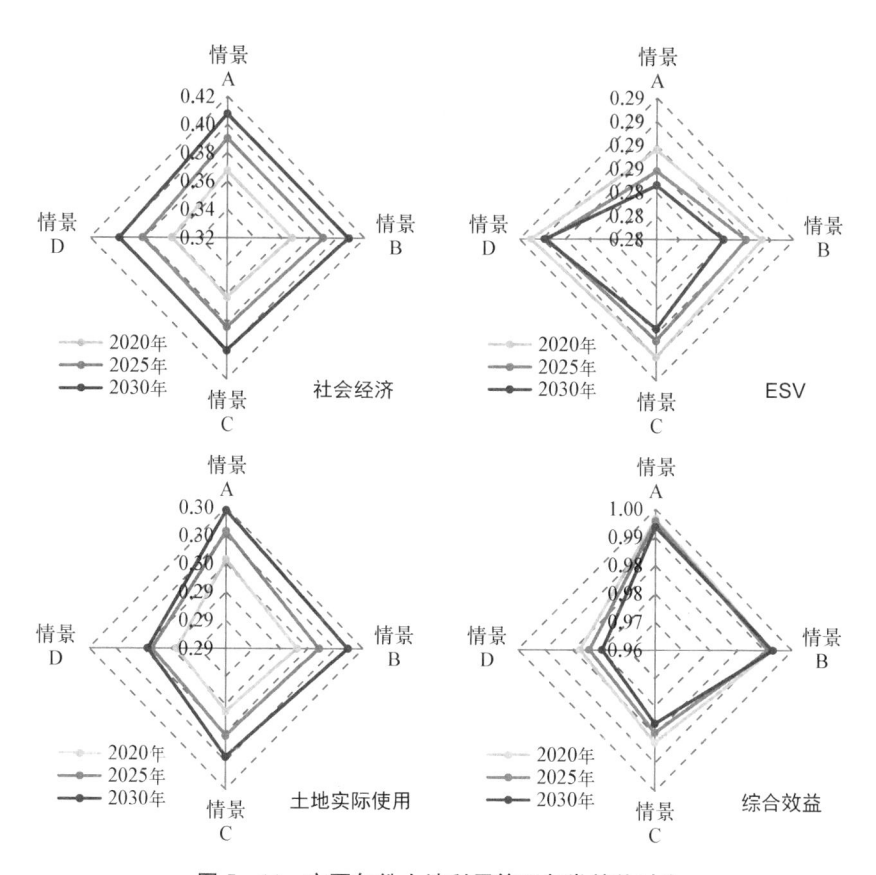

图 5‑11 主要年份土地利用管理各类效益对比

可知,对于短期规划,情景 A 的综合效益优于情景 B,而对于长期规划,情景 B 的综合效益优于情景 A,表明强生态系统服务规划管理策略在短期内对长三角土地利用综合效益具有一定的抑制作用,而从长远来看,有助于区域土地利用综合效益的提升。

综上所述,单从本章构建的土地利用管理综合效益评价来看,在当前长三角城市群发展规划和各省市"十三五"国民经济发展规划情景下,情景 B 对应的土地利用规划管理策略,即限制长三角南部山地丘陵地区的城市化扩张,实施长江沿岸、环太湖和淮河洪泽湖地区等生态系统服务可持续性较高地区的生态用地空间保护,有利于在较长规划时期内获得较高的土地利用的综合效益。而情景 A 对应的土地利用规划管理策略,适当允许长江沿岸、环太湖区域和淮河洪泽湖地区土地开发利用,有利于在较短规划时期内获取较高的土地利用综合效益,从维持长三角长期土地利用可持续性角度来看,应采取强生态系统服务规划管理策略。

(二) 分析与讨论

综合分析各情景方案的社会经济效益、生态系统服务价值和土地实际使用效益在不同规划时间尺度上的变化特征可知,区域社会经济发展与生态系统服务保护在规划时间尺度上存在权衡关系,即社会经济的快速发展导致生态系统服务供给减少,且权衡关系具有时间尺度效应(见图 5-12)。情景 A 和情景 C 在短期规划时间尺度上权衡强度较弱,而长期规划时间尺度上权衡较强,表明从长远来看,情景 A 和情景 C 更加有利于长期规划管理过程的生态系统服务保护;情景 B 和情景 D 在短期规划时间尺度上权衡较强,长期规划时间尺度上权衡较弱,表明情景 B 和情景 D 更加有利于短期规划管理过程的生态系统服务保护。

分析表明,在进行社会经济发展与生态系统服务保护协同管理的过程中,规划管理时间尺度的选取对两者的权衡具有重要影响,短期规划尺度上的生态系统服务协同保护方案可能在较长时期内具有较强的权衡作用。未

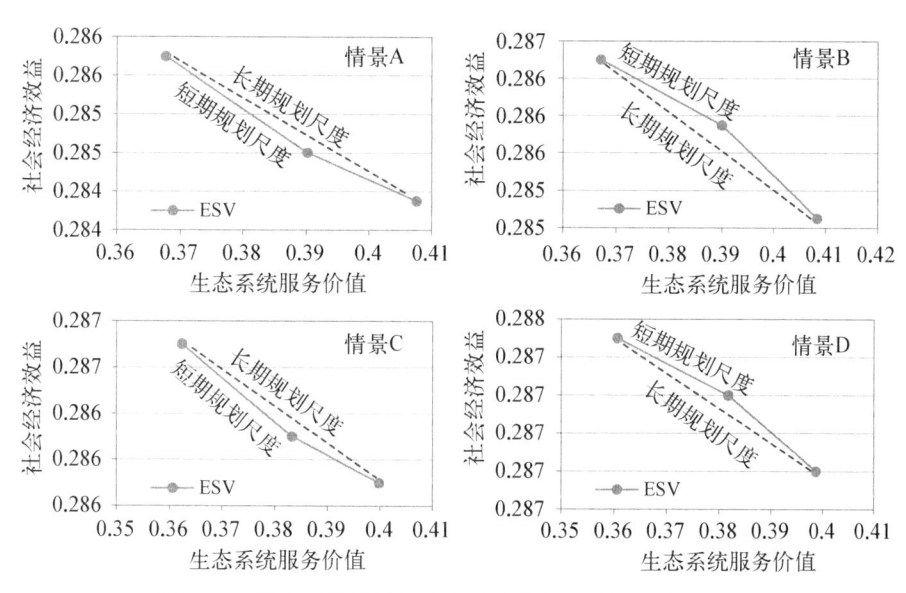

图 5-12 社会经济发展与生态系统服务多时间尺度权衡特征

来土地利用规划管理过程中应针对不同规划管理方案进行社会经济发展与生态系统服务供给权衡关系的探讨，以识别规划管理时间尺度选取对土地利用综合效益的影响特征与规律，从而为不同时间尺度的土地利用规划管理提供最优的规划管理方案。

综上可知，情景 A 和情景 B 在不同规划时间尺度上土地利用管理综合效益变化主要受社会经济发展和生态系统服务保护在规划时间尺度上的权衡影响，情景 B 的土地利用综合效益最高，但在获得较高社会经济效益和土地实际使用效益的同时，生态系统服务价值显著降低。由图 5-11 和表 5-5 可知，实施强生态系统服务规划管理空间约束的区域生态系统服务得到有效保护，但已有城镇建成区周边建设用地集聚发展仍会占用部分生态系统服务价值较高的用地类型，导致生态系统服务价值呈现降低趋势。据此，针对社会经济发展与生态系统服务保护在时间尺度上的权衡，一方面需要在规划管理过程中需要考虑利益相关方的决策参与，保障管理实施的有效性；另一方面需要从生态系统服务的供需平衡、权衡特征以及脆弱性角度深入探讨相关工程与管理对策措施。

第六节　土地利用可持续管理对策措施探讨

本章分别从景观层面、区域层面和地区层面探讨了在土地利用变化过程中如何从城市景观规划、区域生态系统保护相关管理制度完善以及地区尺度上的绿色发展转型等方面来促进土地利用可持续管理。

一、景观层面

1. 合并斑块面积较小的农业用地,保留斑块面积较大、形状规则的农业用地

在区域土地利用规划管理过程中结合基本农田保护与农田占补平衡政策,合理调整区域农业用地的景观结构,对斑块面积较小的农业用地进行合并,保留斑块面积较大、形状规则的农业用地,可以有效减缓景观破碎化与边缘化影响,提高农业生产效率。在城市化区域土地资源紧缺的情况下,一方面可以为城市发展腾出土地资源,另一方面可以最大程度地发挥生态系统的供给服务功能。

2. 保护河岸缓冲区范围内农业景观,维持植被覆盖景观在结构上呈集聚状态

河岸带缓冲区范围内的农业景观不仅具有较高的农业生产效率,而且与其他自然植被覆盖景观类似,对地下蓄水层以及河流湖泊的水质具有重要的调节作用,暴雨季节河岸带农田具有提供洪水存储空间、缓解洪水灾害风险的功能。在以往的土地利用规划管理过程中农业景观与自然植被景观被严格区分，农田景观未被视为城市绿色基础设施，忽略了农田景观提供的重要的生态系统调节与维持服务功能。为此，建议在未来城市土地利用规划管理过程中将河岸带缓冲区范围内的农业用地视为城市绿色基础设施的一种，纳入河岸带规划保护范围并禁止建设用地开发占用，保护其周边的林地、草地、园地等植被覆盖景观，形成空间集聚状态，通过景观结构与组成的调整充分发挥城市绿色基础设施的多重生态系统服务功能。

3. 保留农田与河网交错集聚形成的湿地景观，改造为郊野湿地公园加以保护

长三角平原农田与河网交错形成了具有区域特色的水乡风貌与自然景观，一方面发挥着重要的供给服务与调节服务功能，另一方面具有水乡风貌维持、娱乐、景观美学欣赏等文化服务功能。而在上海城市化发展过程中大量细小的村镇级河流被填埋或转化为其他用地类型，河网水系结构趋于主干化和简单化，原有的湿地景观结构遭到严重破坏。未来城市化过程中应保留农田与河网交错集聚形成的湿地景观并改造为郊野湿地公园，通过转变土地开发利用方式对较为脆弱的且生态系统服务功能较强的景观进行保护性开发利用。

二、区域层面

从区域层面来看，当前长三角地区各省市业已划定生态保护红线，从推进管理制度落地的视角，结合当前区域生态保护红线划定现状和管控目标要求，尝试从监测监察常态化管控、行政许可精细化管控、法律法规强制化管控和社会公众多元化管控四个维度构建区域生态保护红线管理制度体系，为严守生态保护红线、保障土地利用可持续性提供支撑。以上海市为例，推进以区域生态保护红线管理制度建设为支撑的土地利用可持续性管理，可以从以下几个方面来着手。

1. 监测监察常态化管控

严守生态保护红线,一是需要完善生态环境监测网络体系建设,实施常态化与全天候监控,强化生态保护红线监管队伍、监管设施、监管能力和监管水平建设。将遥感与地理信息系统等3R技术应用于生态保护红线实时定位监测,及时而全面地掌握生态保护红线范围内各类型生态系统的、结构、功能与状态,用于反馈生态保护红线管理过程中存在的主要生态问题以及所受到的人类活动干扰强度,尤其需要加强黄浦江上游、长江口多个重要的饮用水水源地的生态安全监测以及崇明东滩鸟类和江豚生物栖息地的监测与保护,强化对重点生态保护红线区域的常态化监测。二是要完善生态评估及预警体系和技术方法的标准化建设,定期开展生态保护红线的生态系统服务功能的监测评估,并做出预测与预警。三是完善生态保护红线监测数据平台建设,建立上海生态保护红线监测信息系统并与国家层面的监测系统相对接,并充分利用大数据分析和群众举报信息,为上海生态保护红线管理提供决策信息支持。

除了构建完善的生态保护红线监测系统外,还需要完善监察执法管控体系,强化生态保护红线范围内的各项人类活动的各项执法监督。为此,建议由上海市负责生态保护红线管理的副市长担任组长,统筹协调各行政区的区长、环保、水务、林业、农业等各部门领导,专门成立"生态保护红线监督执法小组",开展常态化的监督巡查与执法工作;同时,结合上海市的河长制,开展重要饮用水水源地周边和沿海入河湖排污水口的监察执法,共同构成全方位、全天候的监管工作制度,保障生态保护红线免受各类不合理的人类开发利用活动的影响。对生态保护红线监察执法过程中发现的问题及时反馈,对各类违规问题规范执法,并对各行政区和行业主管部门进行通报批评和责任记录,作为绩效考核和责任追究的重要依据。

2. 行政许可精细化管控

生态保护红线区别于其他类型自然保护区最重要的一个特征是严格的

行政许可制度,生态保护红线区域实施更加严格的空间管控,主要通过一系列的行政许可制度来加以保障。上海生态保护红线的管理必须综合考虑生态系统的主导服务功能、生态保护等级与长江入海口保护需求,制定具有适应性的保护标准和管控制度,进行差异化的管控。

(1) 生态空间用途管制制度。划定生态保护红线并不意味着将其设为无人区,而是既要合理利用生态保护红线区域内各类型的自然资源,又要确保其基本生态系统服务功能与生态安全格局的保护。因此,要实施生态空间用途管制,上海需在摸清自然生态空间家底的基础上,严格区分生态保护红线和一般自然生态空间,对生态红线区域实施最严格的保护,对于一般生态空间采取准入制度,分类管理湿地、滩涂、海洋、河流等自然空间。

(2) 分级分类管理制度。针对上海不同类型生态系统的服务功能差异,根据生态环境敏感性、生态干扰敏感性、资源占用敏感性不同,以及产业发展的资源环境影响强度和类型,施行分级分类管控。例如,对上海长江河口及黄浦江上游重要的集中式饮用水水源地周边应实施一级管控,严禁一切开发建设活动,确保河口生态系统、长江珍稀和濒危水生动物以及国际候鸟保护生态红线不受破坏。对一般生态空间应实施二级管控,实行较为严格的准入管理,制定产业布局与准入指导目录,明确不同类型的产业和人类活动的准入"门槛"和强度"控制阀",严格禁止有损生物多样性保护、水源涵养功能的开发建设活动,不符合准入规范的一律不予审批。

(3) 环评许可制度。规划环评及各类项目的环评是环保部门实施生态环境管理的有力工具。为此,需强化环评许可制度对生态保护红线的评价与预警作用,通过明确各类项目的规划落地与生态保护红线的空间位置关系,分析各类项目落地可能对生态保护红线的影响作用机理、影响强度,进而做出科学判断和预测,强化生态保护红线在生态可行性分析中的底线地位,真正发挥对生态保护红线的预防性保护作用。

3. 法律法规强制化管控

生态保护红线的真正落地依赖于法律背后的国家强制力提供强制保障手段。当前上海各类型生态保护红线的管理主要是依据已有的自然环境要素和生态空间保护方面的国家和地方的法律法规，如《野生动物保护法》《森林法》《水法》《自然保护区条例》《湿地保护管理规定》《上海市崇明东滩鸟类自然保护区管理办法》《上海市实施〈中华人民共和国野生动物保护法〉办法》《上海市饮用水水源保护条例》等，须从严执行。现有的法律法规体系在生态保护红线区域的系统管理方面仍显得不够完备、立法内容过于原则、法律责任不够明确或过轻。因此，需考虑选择基本法与专门法并举的立法模式，在当前已有生态环境保护法律法规明确了保护原则的基础上，上海应根据本地实际，制定地方性生态保护红线专项行政法规，强化生态保护红线的制度化和法律化，明确适用范围、违反的法律责任。一方面，制定并严格的生态保护红线调整的法定程序，强制保障生态保护红线的稳定性和严肃性，对地方政府、企业和公众随意调整、侵占和取缔的行为一律追究法律责任，并鼓励公众和环保组织实施依法监督。例如，对海洋行业管理部门违规围海的行为，企业和公众可发起行政公益诉讼。另一方面，制定强制制止破坏、责令恢复生态保护红线的法律手段，强化法律强制力保障。

4. 社会公众多元化管控

严守生态保护红线离不开政府、企业、环保社会组织和公众等多元相关方的共同努力。其中，公众既是权利主体，又是责任主体，因此，需建立健全社会公众多元化的参与机制。生态保护红线既是对企业和社会公众的强制约束，也是对政府和行业主管部门的行政权力的有效约束，通过引导广泛的社会公众、政府以及行业管理部门的相互监督，既强化生态保护红线的系统管控力度，又丰富了国家治理能力现代化建设的实践经验。为此，一方面需要在生态保护红线的行政许可制度中设置多元化的公众参与渠道，另一方面需鼓励和引导公众和环保组织积极参与日常监督，对监督举报破坏或侵占生态保护红线的行为予以奖励,鼓励在发生生态保护红线损害行为后依法提起公益诉讼。

三、地区层面

从地区层面来看,中国城市群地区绿色发展虽然取得了显著成效,但由于不同城市群地区所处自然地理条件、资源环境禀赋、社会经济发展基础、城市组合规模、发展功能定位与发展潜力等方面的差异,各城市群的可持续发展现状存在较大的空间差异。长江三角城市群是我国各城市群中发展起步较早、区位优势突出、自然禀赋优良、综合社会经济实力最强、城镇体系发育最为完备的城市群,目前长三角地区已被公认为世界六大世界级城市群之一,城市群的规模及其创造的经济总量,对提升了国家的综合实力和国际竞争力贡献巨大。但是,对照新时代高质量绿色发展的要求,要推进长三角地区绿色可持续发展,依然需要从理念提升、动能再造、格局优化、创新驱动、制度优化等进行优化提升。

1. 发展理念上,从"增长速度"转向"发展质量"

长三角地区在过去40年间实现数量与规模的飞速提升,经济高速增长,城镇化发展快速推进,但传统的发展模式过度依赖于廉价劳动力的供给、资源能源的粗放消耗以及非均等化的城乡基本公共服务,从而压低了整体成本。这种城镇化发展与土地扩张模式虽然带来了较为显著的发展绩效,但随之而来的生态环境破坏与污染,土地资源、水资源、能源的低效利用,土地空间管控无序等问题严重制约了城市群发展质量与竞争力的提升。当前,我国经济发展正朝高质量发展转型,长三角地区作为国家经济发展战略重心与推进新型城镇化的主体,必然顺应国家发展战略转型的总体要求,从发展理念上注重发展质量的提升,通过强化区域协调发展,提高经济发展效率;通过区域一体化发展、城乡一体化发展以及宜居型城市建设提高社会发展效率;通过区域范围内生态环境保护与污染防治方面的协作机制创新与联防联控,提高生态环境治理效率;通过城镇化发展质量的提升,与国际上发达地区的世界级城市群发展接轨。

2. **增长动能上,从"集群多元"转向"绿色创新"**

长三角地区在长期发育与发展过程中,通过长期的竞争与合作关系,城市化区域特别是城市群内部形成了较为鲜明的产业集群特征和多元化发展格局,主导产业主要聚集在城市内部,而在市场机制的作用下,城市之间往往形成较为完整的产业链。从经济全球化的视角来看,长三角地区作为参与国际贸易的主战场之一,在全球贸易合作与竞争中扮演着极为重要的角色。因此,长三角地区产业发展的转型与升级肩负国家经济发展战略与参与国际竞争的双重责任与使命。党的十九大以来,经济高质量转型发展要求进一步围绕转型升级、绿色发展,构建现代化产业体系,打造多个创新区域与创新平台,提高自主创新能力,绿色创新成为城市群绿色发展的新动能,包括绿色生态型城市群、智慧型城市群、绿色创新型城市群,以及创新科技园区、科技城等创新载体的建设;资源能源利用的绿色化、生产方式的绿色化、绿色标准与绿色品牌的创新;绿色旅游、绿色农业等环保产业的绿色产业转型升级;通过碳交易市场构建等措施发展绿色金融、绿色信贷等绿色新业态的创新,通过以上措施促使绿色经济成为新时期经济发展的新引擎,助力提升长三角地区可持续发展的国际竞争力。

3. **战略格局上,从"协调布局"转向"协同发展"**

目前,我国多数城市群的发展已经形成了大城市为中心、中等城市为骨干、小城市为纽带的空间格局,然而由于城镇化发展的连绵延伸与拓展,城市与乡镇的边界往往比较模糊,逐渐形成都市一体化的城镇化发展新格局。例如,长三角城市群范围内,随着核心城市上海与周边昆山、苏州、无锡、湖州、嘉兴、杭州等中小城市在城际交通高度发达的情况下,轨道沿线城镇化发展迅速,整体上形成了典型的大都市连绵带。连绵大都市区在空间发展上比较注重共同发展,空间布局上注重从协调向协同转变,以形成包含社会、经济、生态环境保护等各方面共荣共生的共同体。城市群发展战略格局向协同发展转变是大势所趋，也是提升城市群自身发育水平与发展效率的必然选择。在城市群协同发展方面，一是要完善城市群协同发展的体制机制，设计顶层领导与多层次协调的管理机制，政府是协同发展的主导，各级政府应当把协同发展理念纳入地方发展规划的制定和实施中，把区域协同作为自身发展的前提；二是科学制定城市群绿色发展规划，明确城市群发展整体格局与功能分工，以系统科学的发展路径引导城市群协同发展；三是增强政策法律体系方面的保障，为城市群范围内的协同发展营造浓厚的法治氛围，有利于为城市群协同发展规划的实施廓清障碍。

4. 制度供给上，从"各自为政"转向"跨界融合"

长三角地区长期发展历程表明，之所以难以形成社会经济生态协调发展的整体格局，原因主要是缺乏能够制定和执行协调、统一、有效竞争规则的权威机构和相应的制度保障。为此，城市群绿色可持续发展战略目标的实现，需要在传统行政管理体制与管理制度框架下加强制度供给保障，通过跨界融合建立组织协调、公共财政、法律法规以及资源环境等方面的制度保障。一是明确国家级、区域性和地区级城市群的国家归口管理机关，建立各类城市群协调发展管理委员会，形成完善的组织协调机制；二是建立健全城市群公共财政机制和公共财政储备制度，主要通过建立城市群公共财政专业委员会，并建立城市群公共财政储备制度即监督管理体系，保障城市群城乡建设与维护的资金来源与妥善管理；三是城市群政府合作的法治化建设，通过法治化途径保障政府间合作以及城市群一体化规划执行的高效性和有效性，以规避类似于行政壁垒等一体化发展的障碍。例如，制定城市群合作公约，在国家出台的城乡规划法和区域规划法等法律规范中增加城市群规划的相关内容，以弥补城市群一体化建设与规划的法律空缺；四是建立包含城市群规划制定、实施、颁布、审批、周期等各个环节的相关制度，保障各类城市群规划的科学性和有效性。

第七节　土地利用可持续管理相关机制探讨

改革开放以来,我国城镇化发展、土地利用扩张与生态环境破坏之间的矛盾日益凸显。虽然当前我国自然保护区、森林公园等各类自然保护地建设数量众多,约占陆域国土面积的18%,但生态环境仍不断受损,生态系统功能退化、环境污染严重、自然灾害多发等已经对国家生态安全与人居环境安全造成严重威胁。与此同时,我国自然保护地体系存在空间界线不清晰、交叉重叠现象严重等问题。在此背景下,生态保护红线制度作为国家生态文明建设的一项战略性举措应运而生,并且被提升至国家战略层面,成为确保国家生态安全的"生命线"。以生态保护红线管理制度建设的土地利用可持续性管理的有效运行离不开具体的配套管理对策机制。生态保护红线制度作为国土生态空间管控的一项重要的强制性制度安排,在具体实施过程中需要充分运用当前已有的包括法律层面、市场经济层面、规划管理层面、政府管理层面、社会管理层面等多元化管理机制。笔者认为,需从完善生态保护红线制度立法、构建"多规合一"的保障机制、健全自然资源资产产权制度、建立环境绩效考核评价体系、推动干部离任审计与追责制度、建立健全生态补偿激励机制、创新地方环保机构独立履职和加强信息公开以及宣传教育等方面完善相关管理机制,加强制度供给。

一、完善生态保护红线制度立法

生态保护红线是具有强制性的生态空间管理制度,需依赖完善的法律制度建设。虽然现行的《环境保护法》明确了生态保护红线的法律地位,但仅作出了原则性规定与约束,国家和地方都迫切需要建立起专项的管理制度,筑牢其法治化地位。建议上海在整合已有的国家和地方相关法律法规基础上,由上海人大常委会率先制定严格、细化的生态保护红线管理法规,明确具体的监督责任、管理程序以及破坏和侵占生态保护红线的民事、行政及刑事法律责任,确定其法治化管控路径。针对上海海洋生态保护红线管理面临的巨大压力与挑战,需结合国家海洋督查、地方人大常委会海洋环境保护法执法检查所发现的围填海管理、海洋环境保护、渔业等问题,贯彻落实国务院《关于加强滨海湿地保护严格管控围填海的通知》,从强化规划引导、完善海洋生态环境保护法律法规、加强海洋环境保护监督执法能力建设等方面,进一步推进上海海洋生态环境保护与海洋资源的高水平开发利用。

二、对接"多规合一"的规划机制

实施严格的生态保护红线空间管控,需依赖国土空间规划管理体系的完善,以土地利用总体规划、国民经济和社会发展规划、生态环境保护规划、主体功能区规划、城市总体规划等"多规合一"机制来保障生态保护红线的实施。2017年1月,国家推进省级空间规划试点,要求通过建立健全统一的空间规划体系,实现国家治理能力和治理效率的提升。上海市自2008年以来,先后完成了"两规合一"和"三规合一",探索创新空间治理方式,取得了一定的实践经验,为生态保护红线的严格空间管制提供了制度保障。未来需强化生态保护红线在"多规合一"规划体系中的基础性、强制性、约束性地位。首先,在规划编制方面,要明确生态保护红线规划应先于土地利用规划、国民经济与社会发展规划等各类规划,其他规划应以满足生态保护红线规划为前提。其次,在对生态环境保护规划、环保三年行动规划等的审批过程中,应以市人大常委会通过的生态保护红线制度为依据来进行审批,将是否满足生态保护红线作为各类规划合法性审查的指引与依据。

三、健全自然资源资产产权制度

作为自然资源资产,生态保护红线区域具有重要的生态系统服务功能和非常高的生态系统服务价值,建立健全"归属清晰、权责分明、监管有效"的自然资源资产产权制度,可以为生态保护红线区域的管理提供更加有力的保障,有利于自然资源部统一行使所有国土空间用途管制和生态保护修复职责。制定清晰的产权、使用权界限,可以实现对生态保护红线侵权行为的有效预防,同时有利于对红线区域内自然资源资产的合理与高效利用。当前上海自然资源资产产权制度建设尚处于探索建立阶段,应根据国家2016年出台的《自然资源统一确权登记办法(试行)》,在崇明区已经开展自然资源资产负债表编制的基础上,加快推进自然资源资产统一确权登记工作,建立分级行使所有权的管理机制,建成"边界清晰、利益平衡、权责对等"的所有权系统,并构建涵盖产权登记、档案管理、产权交易等管理制度体系。

四、建立环境绩效考核评价体系

生态保护红线的落地与实施必须依靠体现生态文明与可持续发展理念的环境绩效考核制度来引导和保障。环境绩效考核是当前国家生态文明建设背景下有利于生态环境保护的导向性约束机制,有利于对生态保护红线的保护。为此,建议上海要积极探索调整政府绩效考核体系,支持各行政区对生态保护红线区的保护,将生态保护红线的监测评价结果纳入上海市各级政府部门的绩效考评中,并作为重要评价依据。一是在具体的政府绩效考核指标体系中综合考虑生态环境保护与资源消耗等方面的指标,尤其是在崇明、青浦、浦东、金山等重要的生物多样性保护红线区域与水源涵养红线区域,应侧重长江入河口水生态环境质量的改善、珍稀或濒危物种、国际候鸟等生物多样性的保护、水源地水源涵养生态功能提升等的环境绩效考核。二是针对生态保护红线,要以《意见》明确的"生态功能不降低、保护面积不减少、用地性质不改变"的目标要求为导向,完善考核评估制度,制定科学的考核评价指标体系,开展生态保护红线状况的动态监测评估,在监测评估的基础上进行考核。

五、推动干部离任审计追责制度

当前我国实施生态保护红线,地方政府在划定与严守方面发挥主导作用。为保障生态保护红线的"成色"和权威性,还需要实施领导干部离任审计与责任追究制度来发挥一定的约束作用。《中共中央关于全面深化改革若干重大问题的决定》要求"探索编制自然资源资产负债表,对领导干部实行自然资源资产离任审计",目的是强化各级政府和社会组织的生态环保责任与意识,并对各级政府的生态环保工作绩效进行量化评价。在此背景下,上海积极在崇明区开展了自然资源资产负债表编制试点研究。建议在此基础上,陆续推进全市各行政区的自然资源资产负债表编制工作,通过资产负债表的编制为生态保护红线的责任落实提供量化管理支持;建立领导干部离任审计和责任追究制度,将领导干部任期内生态保护红线区域自然资源资产负债情况作为离任审计的重要考评依据。与此同时,强化各级政府领导对生态保护红线区域内自然资源资产保护的政治责任意识,制定好问责与追究的程序,对因玩忽职守、徇私舞弊,造成严重负面后果的责任人,建立责任终身追究机制,加大对生态保护红线保护违法与渎职的处罚力度。

六、建立健全生态补偿激励机制

生态保护红线区域一旦划定将会对所在地区的发展规划与项目建设落地产生直接的影响,因此,需依靠生态补偿机制来进行经济支持。生态保护红线区域内生态系统所发挥的重要生态服务功能会因为生态系统服务的流动性,为红线区域外的地区提供不同类型的生态系统服务,而红线区域外的地区资源利用与环境容量相对受到的约束性较小,会获得更多的发展空间,因此,建立生态补偿机制有利于生态保护红线区域内的保护与红线区域外发展的共赢。为此,建议上海一是结合已有的黄浦江上游青西地区饮用水水源地生态补偿实践,建立健全本市范围内生态保护红线区域的生态补偿制度。综合考虑各个行政区乡镇生态保护红线区面积、生态系统服务功能类型及人口等重要因素,设置差异化的补偿标准、补偿途径等。二是建立直接奖励激励机制。根据生态保护红线监测评估结果,对生态保护红线保护绩效较高、生态系统服务功能显著提升改善的地区直接给予奖励。三是发挥上海在绿色金融发展方面的独特优势,积极在生态保护红线管理方面创新引入绿色投融资机制,利用市场化、社会化手段,多渠道开辟生态补偿资金来源渠道,用于生态保护红线区域的生态修复、保护,构建"政府—市场—社会"多元参与的生态补偿投融资机制。

七、创新地方环保机构独立履职

当前,全国各地区生态保护红线主要是在地方政府主导下完成划定工作,而地方环境保护行政主管部门通常是环保政策的主要制定者和实施者,严守生态保护红线也需要以地方环境行政管理为基本依托。在我国"政府监管中心主义"的生态环境治理保护模式下,地方环境保护行政主管部门在严守生态保护红线的过程中容易受政府发展需求的影响。一方面,国家明确了生态保护红线一旦划定,须保证"生态功能不降低、保护面积不减少、用地性质不改变",即提供了政府各类规划与项目开发活动的合法与违法标准;另一方面,生态保护红线的划定又在一定程度上限制了政府各类资源、环境容量的行政审批权限。因此,协调地方环保行政主管部门与政府、其他各行业主管部门之间的关系成为严守生态保护红线的一个重要环节。为了保障上海严守生态保护红线的"成色",建议上海创新赋予环保部门在生态保护红线监管方面独立履职的特殊权限,日常监管与履职直接对接国家生态保护红线监管平台,并将上海严守生态保护红线纳入中央环保督察范畴。

八、加强信息公开以及宣传教育

加强环境保护信息公开,并通过对公众和领导干部进行宣传教育,是提升生态保护红线底线意识的重要手段,也是培养严禁破坏、侵占生态保护红线法律责任意识的有效方式。建议上海市在划定生态保护红线的基础上,一是完善生态保护红线的勘界定标工作,让社会公众切实感受到生态保护红线的存在,激发公众参与生态保护红线管理监督与保护的意识;二是搭建生态保护红线监管平台,定期发布生态保护红线的相关监测信息,并积极采纳公众意见,及时反馈,促进公众参与监督,实现常态化监管;三是通过上海"政务双微""上海环境"政务微博、政务微信、社区讲座等公众参与途径,大力宣传生态保护红线相关制度和法律法规;四是借助崇明东滩鸟类科普教育基地、湿地公园环保教育基地等上海 20 多家环保教育基地广泛进行生态保护红线的宣传教育;五是加强对各行政区政府、林业、环保、海洋、水务等行业主管部门领导进行生态保护红线管控培训,强化领导干部的生态保护红线底线思维,保障严守生态保护红线的科学性和"成色"。

第八节 小 结

本章在前文土地利用变化的生态系统服务响应研究基础上,以长三角为案例研究区域,开展生态系统服务的土地利用可持续性情景模拟研究。通过对长三角土地利用变化管理过程中生态系统服务保护存在的问题进行分析,构建土地利用可持续性情景方案,并对各情景方案的模拟结果进行综合效益评价,识别出适宜的优化管理方案。主要结论如下:

第一,在当前长三角城市群发展规划和各省市"十三五"国民经济发展规划情景下,限制长三角南部山地丘陵地区的城市化扩张,实施长江沿岸、环太湖和淮河洪泽湖地区等生态系统服务可持续性较高地区的生态用地空间保护,有利于在较长规划时期内获得较高的土地利用综合效益;而适当允许长江沿岸、环太湖地区和淮河洪泽湖地区土地开发利用,将有利于在较短规划时期内获取较高的土地利用综合效益。

第二,长三角社会经济发展与生态系统服务保护在规划时间维度上存在权衡关系,且权衡关系具有时间尺度效应,规划管理时间尺度的选取对两者的权衡具有重要影响。针对社会经济发展与生态系统服务保护在时间尺度上的权衡,一方面需要建立长三角生态保护协同管理与生态补偿机制,在规划管理过程中综合考虑各利益相关方的决策参与,对长三角南部发挥森林生态屏障的山地丘陵地区、长江沿岸和淮河洪泽湖生态廊道地区进行生态补偿;另一方面需要从生态系统服务的供需平衡、权衡特征以及脆弱性角度深入探讨相关工程与管理对策措施。

第三,从土地利用规划管理角度宜采取合并斑块面积较小的农业用地,保留斑块面积较大、形状规则的农业用地;保护河岸缓冲区范围内的农业景观,维持植被覆盖景观结构上呈集聚状态;保留平原河网地区农田与河网交错集聚形成的湿地景观,改造为郊野湿地公园加以保护等措施,将有效提升并保护区域生态系统服务功能。在区域层面的生态系统保护管理制度完善方面,应注重从监测监察常态化管控、行政许可精细化管控、法律法规强制化管控和社会公众多元化管控四个维度构建区域生态保护红线管理制度体系,为严守生态保护红线,保障土地利用可持续性提供支撑。在地区层面上,对照新时代高质量绿色发展的要求,要推进长三角地区绿色可持续发展,依然需要从理念提升、动能再造、格局优化、创新驱动、制度优化等方面加以提升。

第六章
结论与讨论

第一节 研究结论

城市化过程土地利用变化对生态系统服务的影响直接制约了人类获取赖以生存与发展的资源与环境基础。从生态系统服务对土地利用变化的响应角度审视土地利用管理过程中存在的问题，构建生态系统服务与土地利用管理之间的关联，对于提升区域土地利用管理的综合效能和生态系统服务功能保护具有重要的理论与现实意义。

长三角地区社会经济发展迅速，土地利用变化剧烈且具有较强的典型性与代表性，高强度的土地开发利用对区域生态系统结构与功能产生显著影响。笔者依据土地利用变化与生态系统服务变化相互作用的基本规律，尝试从景观生态学、生态系统服务地理学、环境管理学等多学科视角，以长三角为案例区域，分析土地利用变化与生态系统服务变化的关联性，继而着手从生态系统服务脆弱性、供需平衡、空间权衡三个方面分析评价土地利用变化对生态系统服务可持续性的影响，对土地利用变化的生态系统服务响应进行了较为系统的探析。通过建立 SD 和 CLUE-S 模型耦合的研究方法体系，将生态系统服务与土地利用管理进行关联，开展基于生态系统服务的土地利用可持续性情景模拟研究。主要研究结论概括为以下几个方面。

一、以长三角为案例研究区域,分析 1990—2010 年宏观尺度上土地利用数量变化特征与趋势,利用价值评估方法分析土地利用变化引起的生态系统服务的稀缺性与空间分布的不均衡性,并以上海城郊结合区为土地利用剧烈变化的典型景观,分析了土地利用格局变化对生态系统服务功能的影响

第一,1990—2010 年长三角土地利用变化整体表现为农业用地大量转出和城市建设用地大量转入的典型城市化特征,江苏省和上海市等平原河网地区城市建设用地快速增加导致农业用地、水域和草地面积呈急剧减小趋势,土地利用数量变化导致生态系统服务价值整体呈快速降低趋势,其中供给服务价值衰减了 7.4%、调节服务价值降低 1.4%、支持服务价值降低 4.1%,总的生态系统服务价值降低 2.0%,土地利用变化导致区域生态系统服务稀缺。

第二,长三角生态系统服务价值的空间分布和结构组成受土地利用变化影响,表现出城镇建成区生态系统服务价值显著偏低而城郊地区生态系统服务价值偏高的梯度变化特征。其中,调节服务价值的梯度变化特征最为显著,其次为支持服务价值,生态系统服务价值空间分布严重失衡,城市建成区生态系统服务价值普遍偏低。未来土地利用规划管理过程中应重视调节服务价值和支持服务价值,并深入探讨相应的规划管理与保护措施。

第三,以上海城郊结合区为典型,长三角土地利用格局变化以农田和自然植被覆盖景观斑块面积减少和破碎化为主,城镇建设用地平均斑块面积增大且呈聚合发展趋势,斑块面积较小的河流景观大量消失,引致生态系统供给服务、调节与维持服务和文化服务功能均呈下降趋势。

二、以长三角为案例研究区域,从生态系统服务供需平衡、脆弱性和空间权衡的视角分析土地利用变化的生态系统服务响应以及相应的生态系统服务保护对策措施,在此基础上进行区域生态系统服务可持续性评价

第一,脆弱性评价方面。长三角生态系统服务脆弱性的空间格局表现

为平原河网高度城市化地区和东南沿海地区等级较高,南部山地丘陵地区和北部江苏省沿海地区脆弱性等级相对较低。不同脆弱性等级空间分布由城市中心区域向城郊递减,梯度变化特征明显。影响生态系统服务脆弱性的影响要素不仅是土地利用变化,还包括生态系统所处的自然地理区位条件、社会经济发展水平等影响要素。建议通过调整土地开发利用方式与强度降低长江沿岸城市群和杭州湾地区生态系统服务的暴露程度,通过完善城市市政基础设施建设提升其适应能力,加强城市生态基础设施建设降低其敏感性,依托长三角区域总体规划和长江经济带发展规划协同推进以上规划管理措施,降低长三角地区生态系统服务的脆弱性。

第二,供需平衡方面。1990—2010年长三角地区生态系统服务供给能力下降约3.25%,消费需求上升约12.55%,供需差缩减了23.44%,各类型生态系统服务供给能力持续下降而消费需求不断上升,整体向供需失衡方向发展。空间上,长三角地区生态系统服务供需失衡不断蔓延,高度城市化区域生态系统服务消费需求增加与供给能力衰退在空间上呈集聚状态,供需失衡区域面积比重由1990年的24.20%上升至2010年的33.91%。建议未来土地利用规划管理过程中应综合考虑区域生态系统服务供需特征,严格限制环太湖和杭州湾等强消费需求类型区的城市建设用地扩张,合理发展江苏省中部和长江沿岸弱消费需求类型区和供需平衡类型区,重点恢复弱供给能力区,补偿和保护长三角南部山地丘陵强供给能力类型区。针对长三角生态系统服务供需失衡的发展趋势,一方面,通过优化景观结构组成,发挥景观的多重生态服务功能提升生态系统服务供给能力;另一方面,转变城市发展模式,提升城市发展质量以降低土地资源消费需求。

第三,空间权衡方面。长三角地区生态系统服务空间权衡主要发生在供给服务(食物生产)与调节服务簇(水质调节服务、侵蚀调节服务和洪水调节服务)之间,北部是以供给服务为主导的权衡,而南部是以调节服务为主导的权衡,权衡强度南部高于北部,北部主要河湖以及沿江沿海岸带权衡强度高于其他陆域地区。区域土地利用结构、组成与开发利用方式，对生态系统服务权衡的空间格局产生影响。针对长三角生态系统服务空间权衡格局特征，建议未来土地利用规划管理过程中需突破行政区划分割，宏观考虑权衡强度与方式的空间异质性，对权衡强度较低的环太湖、杭州湾等城市化区域实施精细化发展，限制南部山地丘陵地区和主要河湖水域等高权衡强度地区的开发利用，通过实施长三角地区生态系统服务一体化管理，减少由于规划管理地域分割导致的生态系统服务权衡。在规划管理过程中，一方面考虑利益相关方参与决策，基于生态系统服务供需实施生态补偿；另一方面需识别时间尺度上生态系统服务的权衡特征，避免短期规划形成长期不可逆影响。

第四，可持续性评价。长三角地区生态系统服务可持续性具有显著的空间异质性，南部浙江省山地丘陵地区可持续性最强，对维持整个长三角生态系统服务的可持续性具有重要作用，其次为长江沿岸和淮河洪泽湖地区，以上两类区域应作为长三角宏观尺度上实施生态系统服务保护的热点，适于划分为重点生态保护区；杭州湾地区、长江沿岸和环太湖平原河网高度城市化区域生态系统服务可持续性最弱，适于在已有城市建成区范围内实施精细化发展，同时需采取生态系统服务供给能力恢复与重建措施，控制生态系统服务消费需求的过快增长。未来权衡平原河网地区城市化发展和农田河网交错覆盖地区的生态系统服务保护是长三角实施土地利用一体化管理面临的重要挑战，而生态系统服务可持续性的空间格局分析可以为长三角地区生态红线划分、生态功能区划调整提供规划参考依据。

三、分析土地利用变化的生态系统服务响应基础上，通过建立 SD 和 CLUE-S 模型耦合的研究方法体系，将生态系统服务与土地利用管理进行关联，开展基于生态系统服务的土地利用可持续性情景模拟研究，并从景观尺度、区域尺度和地区尺度分别提出土地利用可持续管理的对策建议

第一，在当前长三角城市群发展规划和各省市"十三五"国民经济发展规划情景下，适度限制南部山地丘陵地区的城市化扩张，实施长江沿岸、环

太湖和淮河洪泽湖地区等生态系统服务可持续性较高地区的生态用地空间保护,有利于在较长规划时期内获得较高的土地利用综合效益;适当允许长江沿岸、环太湖地区和淮河洪泽湖地区土地开发利用,将有利于在较短规划时期内获取较高的土地利用综合效益。

第二,长三角社会经济发展与生态系统服务保护在规划时间维度上存在权衡关系,且权衡关系具有时间尺度效应,规划管理时间尺度的选取对两者的权衡具有重要影响。针对社会经济发展与生态系统服务保护在时间尺度上的权衡,一方面需要建立长三角生态保护协同管理与生态补偿机制,在规划管理过程中综合考虑各利益相关方的决策参与,对长三角南部发挥森林生态屏障的山地丘陵地区、长江沿岸和淮河洪泽湖生态廊道地区进行生态补偿;另一方面需要从生态系统服务的供需平衡、权衡特征以及脆弱性角度深入探讨相关工程与管理对策措施。

第三,从土地利用规划管理角度采取合并斑块面积较小的农业用地,保留斑块面积较大、形状规则的农业用地;保护河岸缓冲区范围内的农业景观,维持植被覆盖景观结构上呈集聚状态;保留平原河网地区农田与河网交错集聚形成的湿地景观,改造为郊野湿地公园加以保护等措施,将有效提升并保护区域生态系统服务功能。在区域层面上,从监测监察常态化管控、行政许可精细化管控、法律法规强制化管控和社会公众多元化管控四个维度构建区域生态保护红线管理制度体系,为保障土地利用可持续性提供支撑。在地区层面上,需要推进绿色可持续发展,从理念提升、动能再造、格局优化、创新驱动、制度优化等方面加以提升。

第二节 不足与讨论

土地利用变化对生态系统服务的影响过程与机理的探讨一直是该领域

研究的核心问题与难点之一,但由于两者相互作用的过程存在复杂的非线性关联,加之目前对于生态系统服务的尺度效应和空间异质性认识仍缺乏有力参考,研究面临诸多挑战。限于数据资料、时间以及作者研究水平,笔者的研究尚处于粗浅探讨阶段,存在以下问题有待于未来深入探讨。

第一,本书参考已有相关研究,分析评价了土地利用变化背景下生态系统服务的响应特征,缺乏从生态学角度对土地利用变化的生态系统服务响应机理进行探讨,相关结论尚显粗浅。未来有待于通过加强实验观测,对土地利用变化影响生态系统服务的过程与机理进行系统探究,就本书相关研究结论进行实地调查监测,与长三角现实情况进行对比验证。

第二,当前已有大量研究指出生态系统服务具有时空异质性和尺度效应,且生态系统服务的供给与消费需求均存在流动性特征。因此,本书从静态角度评价局域范围内生态系统服务的空间权衡、供需变化以及脆弱性,所得结论具有一定的片面性。未来应加强对区域社会经济发展背景差异、时空尺度效应等方面的考虑,提高研究结论的系统性和科学性。

第三,本书构建的系统动力学模型和CLUE-S模型耦合的研究方法,仅从理论上探讨了如何将生态系统服务保护与土地利用规划管理相结合,未来仍需通过与规划管理实践相结合,对相关规划管理情景设置的科学性与实际可操作性进行讨论与完善。此外,需加强对利益相关方决策偏好等方面的考虑。

附　录

系统动力学建模主要方程式和参变量赋值

(1) Adjust Factor = Main Factor

(2) Agr ESV Coe=2 986.83

(3) Agri to W Rate=Table3 (Time) * Adjust Factor 3

(4) Agriculture Conserve=600

(5) Agriculture Land= INTEG (−AgrLand Dec, 11 067.8)

(6) Agriculture Reuse=Agriculture Land * Dec A * Adjust Factor 1

(7) AgrLand Dec = ConLand Replace + XQ Land Inc + SC Land Inc + WL Inc + Agriculture Reuse

(8) AL Rate=0.27

(9) Balance Coe=Total Area−Water Area−Green Land−Agriculture Land−ConLand−Wood−XQ Land−SC Land−Free Land−Land Prepa

(10) Building Land=Balance Coe+Free Land

(11) City POP InCR="Urba−Pop" * "Urba−Pop IncRate" * Main Factor

(12) Con Inc=ConLand InC B + ReSI Inc

(13) Con Inc Rate=0.6 * Main Factor

(14) "Con−Land ESV Coe"=370.52

(15) ConInput Rate=0.2

(16) ConLand− INTEG (+ Con Inc− ConLand Dec, 17 725.4)

(17) ConLand Dec=ConLand * ConLand Reuse

(18) ConLand Green=Con Inc * GreenLand Rate

(19) ConLand InC B= Traffic Land Inc+ InD Land Inc+ Pub ConLand Inc+ Muni

Land Inc

(20) ConLand Replace＝Con Inc * AL Rate

(21) ConLand Reuse＝Table2（Time）* Main Factor

(22) Construct Input＝GDP * ConInput Rate

(23) Dec A＝Table13（Time）

(24) Dec I＝0.5 * Adjust Factor 2

(25) Dec R＝0.2 * Main Factor

(26) Dec T＝0.3 * Main Factor

(27) DF＝Table8（Construct Input）

(28) ESV＝Agr ESV Coe * Agriculture Land＋ "Con－Land ESV Coe" * ConLand＋ Free Land * FreeLand ESV Coe＋ GreenLand * GreenLand ESV Coe＋ SC Land * Water Area＋ Water ESV Coe * Water Area＋ Wood * Wood ESV Coe＋ XQ Land * Agr ESV Coe＋ Free Land * "Con－ Land ESV Coe"

(29) FINAL TIME＝ 2 030

(30) FL Rate＝0.05 * Main Factor

(31) Free Land＝ INTEG（−FrLand Dec，888.735）

(32) FreeLand ESV Coe＝ 525.53

(33) FrLand Dec＝Con Inc * FL Rate＋FrLand Reuse

(34) FrLand Reuse＝ Free Land * FrLand Reuse Rate

(35) FrLand Reuse Rate＝0.05 * Main Factor

(36) GDP＝ INTEG（GDP Inc，1.142 65e＋006）

(37) GDP Inc＝ GDP * GDP IncRate * Main Factor

(38) GDP IncRate＝0.205

(39) GDP PP＝GDP/Total POP

(40) GL Rate＝0.035 * Adjust Factor 3

(41) GreenLand＝ INTEG（GreenLand Inc−GreenLand Dec，529.89）

(42) GreenLand Dec＝ Con Inc * GL Rate

(43) GreenLand ESV Coe＝ 7 527.57

(44) GreenLand Inc＝ ConLand Green * Adjust Factor 3

(45) GreenLand PP＝ GreenLand/Total POP

(46) GreenLand Rate＝ Table 9（Time）

(47) InD Land＝ INTEG（InD Land Inc−InD Land Dec，6 962.32）

(48) InD Land Dec=ConLand Dec * Dec I
(49) InD Land Inc= InD Land * InD Land IncRate
(50) InD Land IncRate= Table10 (DF) * Adjust Factor 2
(51) INITIAL TIME = 2000
(52) Integrated LUCC Value= ESV/10 000+GDP
(53) Lake Develop= (IF THEN ELSE (Water Rate$\leq$=0.04, Total Area * (0.04−Water Rate), 0)) * Main Factor
(54) Land Prepa= INTEG (+ReUse Inc−ReUse Dec, 0)
(55) Land Redevelop= Agriculture Reuse+ConLand Dec+FrLand Reuse
(56) Local Supply Rate= 0.3
(57) Main Factor=IF THEN ELSE (Agriculture Land$\leq$=Agriculture Conserve, 0, 1)
(58) Muni Land Inc= Muni Land IncRate * Municiple Land
(59) Muni Land IncRate= Table11 DF) * Adjust Factor 5
(60) Municiple Land= INTEG (Muni Land Inc, 103.425)
(61) Pop Net Inc= Total POP * Pop Net IncRate
(62) Pop Net IncRate=0.017 2
(63) Pub ConLand= INTEG (Pub ConLand Inc, 1 131.81)
(64) Pub ConLand Inc= Pub ConLand * Pub ConLand IncRate
(65) Pub ConLand IncRate=Table7(DF) * Adjust Factor 5
(66) ReSI= INTEG (ReSI Inc−ReSI Dec, 4 615.35)
(67) ReSI Dec=ConLand Dec * Dec R
(68) ReSI Inc=City POP InCR * ReSI PP * Adjust Factor 4
(69) ReSI PP=0.002 2
(70) ReUse Dec=GreenLand Inc+WaLand Inc+Con Inc * Con Inc Rate
(71) ReUse Inc=Land Redevelop
(72) Road PP=Traffic Land * 10 000/Total POP
(73) SAVEPER = TIME STEP, The frequency with which output is stored.
(74) SC Demand=City POP InCR * SC Demand PP
(75) SC Demand PP=Table2 (GDP PP)
(76) SC Land= INTEG (SC Land Inc, 289.169)
(77) SC Land Inc = Adjust Factor 4 * SC Demand * Local Supply Rate/SC Product Coefficient

(78) SC Product Coefficient＝Table5（DF）

(79) Table9([(2005,0)－(2030,0.1)],(2005,0.075),(2010,0.073),(2015,0.068),(2020,0.062),(2025,0.059),(2030,0.056))

(80) Table1([(0,0)－(8,0.06)],(1,0.008),(2,0.011),(3,0.012),(4,0.01),(5,0.006),(6,0.002),(7,0.001),(8,0.000 2))

(81) Table10([(0,0)－(8,0.06)],(1,0.015),(2,0.018),(3,0.02),(4,0.01),(5,0.006),(6,0.004),(7,0.003),(8,0.001))

(82) Table11([(0,－0.06)－(8,0.06)],(1,－0.06),(2,－0.05),(3,－0.03),(4,－0.02),(5,－0.01),(6,－0.006),(7,－0.003),(8,－0.000 2))

(83) Table12([(2005,0)－(2030,0.03)],(2005,0.005),(2010,0.004 5),(2015,0.004),(2020,0.003 5),(2025,0.003 2),(2030,0.003))

(84) Table13([(0,0)－(4 000,10)],(2000,0.01),(2005,0.02),(2010,0.018),(2015,0.016),(2020,0.015),(2025,0.013),(2030,0.011))

(85) Table2([(5,0)－(12,0.2)],(5,0.08),(6,0.1),(7,0.12),(8,0.162),(9,0.17),(10,0.174),(11,0.182),(12,0.182))

(86) Table3([(2000,0)－(2030,0.2)],(2000,0.01),(2005,0.02),(2010,0.05),(2015,0.06),(2020,0.05),(2025,0.02),(2030,0.01))

(87) Table4([(0,20)－(8,60)],(1,33.6),(2,37.72),(3,42.631 6),(4,47.543 9),(5,52.807),(6,54.912 3),(7,55.087 7),(8,55.263 2))

(88) Table5([(0,0)－(9,30)],(1,13.157 9),(2,14.078 9),(3,15.789 5),(4,19.5),(5,22.47),(6,22.5),(7,22.51),(8,22.53))

(89) Table6([(5,0)－(12,0.6)],(5,0.1),(6,0.15),(7,0.2),(8,0.24),(9,0.267),(10,0.272),(11,0.274),(12,0.275))

(90) Table7([(0,0)－(8,0.06)],(1,0.006),(2,0.008),(3,0.01),(4,0.012),(5,0.006),(6,0.003),(7,0.001),(8,0))

(91) Table8([(0,0)－(6e+006,10)],(1.7e+006,1),(1.9e+006,2),(2.1e+006,3),(2.3e+006,4),(2.5e+006,5),(2.7e+006,6),(2.9e+006,7),(3.1e+006,8),(3.3e+006,8),(3.5e+006,8),(4e+006,8))

(92) TIME STEP = 1 The time step for the simulation.

(93) Total Area＝29 926.3

(94) Total POP= INTEG (Pop Net Inc, 739 410)

(95) Traffic Land= INTEG (＋Traffic Land Inc－Traffic Land Dec, 2 278.12)

(96) Traffic Land Dec=ConLand Dec * Dec T

(97) Traffic Land Inc=Traffic Land * TraLand DecRate

(98) TraLand DecRate=Table1 (DF) * Adjust Factor 1

(99) Urba Level= INTEG (+"Urba—Develop", 0.5)

(100) "Urba—Develop"=Urbanization Rate * Main Factor

(101) "Urba—Pop IncRate"=0.002

(102) "Urba—Pop"=Total POP * Urba Level

(103) Urbanization Rate=0.03

(104) W Rate=0.005

(105) WaLand Dec=Con Inc * WaLand Reuse Rate

(106) WaLand Inc=Lake Develop

(107) WaLand Reuse Rate=0.04

(108) Water Area= INTEG (WaLand Inc—WaLand Dec, 1 745.64)

(109) Water ESV Coe=17 145.9

(110) Water Rate=Water Area/Total Area

(111) WL Dec=Con Inc * W Rate * Adjust Factor 3

(112) WL Inc=Wood * Agri to W Rate

(113) Wood= INTEG (WL Inc—WL Dec, 83.005 2)

(114) Wood ESV Coe=10 631.6

(115) XQ Demand=City POP InCR * XQ Demand PP

(116) XQ Demand PP=Table6 (GDP PP)

(117) XQ Land= INTEG (XQ Land Inc, 230.983)

(118) XQ Land Inc=Adjust Factor 1 * XQ Demand * Local Supply Rate/XQ Product Coefficient

(119) XQ Product Coefficient=Table4 (DF)

参考文献

[1] Ahern J, Cilliers S, Niemelä J. The concept of ecosystem services in adaptive urban planning and design: A framework for supporting innovation[J]. Landscape and Urban Planning, 2014, 125: 254-259.

[2] Albert C, Galler C, Hermes J, et al. Applying ecosystem services indicators in landscape planning and management: The ES-in-Planning framework[J]. Ecological Indicators, 2016, 61: 100-113.

[3] Alberti M. The effects of urban patterns on ecosystem function[J]. International regional science review, 2005, 28(2): 168-192.

[4] Al-Khatib I A, Eleyan D, Garfield J. A system dynamics model to predict municipal waste generation and management costs in developing areas[J]. The Journal of Solid Waste Technology and Management, 2015, 41(2): 109-120.

[5] Allan E, Manning P, Alt F, et al. Land use intensification alters ecosystem multifunctionality via loss of biodiversity and changes to functional composition[J]. Ecology letters, 2015, 18(8): 834-843.

[6] Arkema K K, Verutes G M, Wood S A, et al. Embedding ecosystem services in coastal planning leads to better outcomes for people and nature[J]. Proceedings of the National Academy of Sciences, 2015, 112(24): 7390-7395.

[7] Asgarian A, Amiri B J, Sakieh Y. Assessing the effect of green cover spatial patterns on urban land surface temperature using landscape metrics approach[J]. Urban Ecosystems, 2015, 18(1): 209-222.

[8] Assessment M E. Assessment: Ecosystems and human well-being: A framework for assessment[J]. 2003.

[9] Assessment M E. Millennium ecosystem assessment[J]. Ecosystems and Human

Well-Being: Biodiversity Synthesis, Published by World Resources Institute, Washington, DC, 2005.

[10] Atkins J P, Burdon D, Elliott M, et al. Management of the marine environment: integrating ecosystem services and societal benefits with the DPSIR framework in a systems approach[J]. Marine pollution bulletin, 2011, 62(2): 215-226.

[11] Barbier E B. Ecosystem service trade-offs[J]. Ecosystem-based management for the oceans, 2009: 129-144.

[12] Baró F, Gómez-Baggethun E, Haase D. Ecosystem service bundles along the urban-rural gradient: Insights for landscape planning and management[J]. Ecosystem Services, 2017, 24: 147-159.

[13] Baró F, Haase D, Gómez-Baggethun E, et al. Mismatches between ecosystem services supply and demand in urban areas: A quantitative assessment in five European cities[J]. Ecological Indicators, 2015, 55: 146-158.

[14] Bateman I J, Harwood A R, Mace G M, et al. Bringing ecosystem services into economic decision-making: land use in the United Kingdom[J]. science, 2013, 341 (6141): 45-50.

[15] BenDor T K, Spurlock D, Woodruff S C, et al. A research agenda for ecosystem services in American environmental and land use planning[J]. Cities, 2017, 60: 260-271.

[16] Blanco V, Holzhauer S, Brown C, et al. The effect of forest owner decision-making, climatic change and societal demands on land-use change and ecosystem service provision in Sweden[J]. Ecosystem Services, 2017, 23: 174-208.

[17] Brunner S H, Huber R, Grêt-Regamey A. A backcasting approach for matching regional ecosystem services supply and demand[J]. Environmental Modelling & Software, 2016, 75: 439-458.

[18] Butler J R A, Wong G Y, Metcalfe D J, et al. An analysis of trade-offs between multiple ecosystem services and stakeholders linked to land use and water quality management in the Great Barrier Reef, Australia[J]. Agriculture, Ecosystems & Environment, 2013, 180: 176-191.

[19] Burkhard B, Kroll F, Nedkov S, et al. Mapping ecosystem service supply, demand and budgets[J]. Ecological Indicators, 2012, 21: 17-29.

[20] Burkhard B, Kroll F, Costanza R. Maps of ecosystem services, supply and demand

[J]. Encyclopedia of Earth, Environmental Information Coalition. National Council for Science and the Environment, Washington, DC, 2010.

[21] Burkhard B, Kroll F, Müller F, et al. Landscapes' capacities to provide ecosystem services — a concept for land-cover based assessments[J]. Landscape online, 2009, 15(1): 1-22.

[22] Cabral P, Feger C, Levrel H, et al. Assessing the impact of land-cover changes on ecosystem services: a first step toward integrative planning in Bordeaux, France [J]. Ecosystem Services, 2016, 22: 318-327.

[23] Cai W, Gibbs D, Zhang L, et al. Identifying hotspots and management of critical ecosystem services in rapidly urbanizing Yangtze River Delta Region, China[J]. Journal of Environmental Management, 2017, 191: 258-267.

[24] Cebrián-Piqueras M A, Trinogga J, Grande C, et al. Interactions between ecosystem properties and land use clarify spatial strategies to optimize trade-offs between agriculture and species conservation [J]. International Journal of Biodiversity Science, Ecosystem Services & Management, 2017, 13(2): 53-66.

[25] Costanza R, d'Arge R, De Groot R, et al. The Value of the World's Ecosystem Services and Natural Capital (1997)[J]. The Globalization and Environment Reader, 2016: 117.

[26] Cotter M, Häuser I, Harich F K, et al. Biodiversity and ecosystem services — A case study for the assessment of multiple species and functional diversity levels in a cultural landscape[J]. Ecological Indicators, 2017, 75: 111-117.

[27] Crossman N D, Burkhard B, Nedkov S, et al. A blueprint for mapping and modelling ecosystem services[J]. Ecosystem Services, 2013, 4: 4-14.

[28] Daily G C, Polasky S, Goldstein J, et al. Ecosystem services in decision making: time to deliver[J]. Frontiers in Ecology and the Environment, 2009, 7(1): 21-28.

[29] Darvill R, Lindo Z. The inclusion of stakeholders and cultural ecosystem services in land management trade-off decisions using an ecosystem services approach[J]. Landscape ecology, 2016, 31(3): 533-545.

[30] De Vreese R, Leys M, Fontaine C M, et al. Social mapping of perceived ecosystem services supply — The role of social landscape metrics and social hotspots for integrated ecosystem services assessment, landscape planning and management[J]. Ecological Indicators, 2016, 66: 517-533.

[31] Díaz S, Purvis A, Cornelissen J H C, et al. Functional traits, the phylogeny of function, and ecosystem service vulnerability[J]. Ecology and Evolution, 2013, 3(9): 2958-2975.

[32] Dick J, Verweij P, Carmen E, et al. Testing the ecosystem service cascade framework and QUICKScan software tool in the context of land use planning in Glenlivet Estate Scotland[J]. International Journal of Biodiversity Science, Ecosystem Services & Management, 2017, 13(2): 12-25.

[33] Duran-Encalada J A, Paucar-Caceres A, Bandala E R, et al. The impact of global climate change on water quantity and quality: A system dynamics approach to the US-Mexican transborder region[J]. European Journal of Operational Research, 2017, 256(2): 567-581.

[34] Egoh B, Rouget M, Reyers B, et al. Integrating ecosystem services into conservation assessments: a review[J]. Ecological Economics, 2007, 63(4): 714-721.

[35] El-Zein A, Tonmoy F N. Assessment of vulnerability to climate change using a multi-criteria outranking approach with application to heat stress in Sydney[J]. Ecological Indicators, 2015, 48: 207-217.

[36] Estoque R C, Murayama Y, Myint S W. Effects of landscape composition and pattern on land surface temperature: An urban heat island study in the megacities of Southeast Asia[J]. Science of The Total Environment, 2017, 577: 349-359.

[37] Frank S, Fürst C, Witt A, et al. Making use of the ecosystem services concept in regional planning—trade-offs from reducing water erosion[J]. Landscape ecology, 2014, 29(8): 1377-1391.

[38] Gohari A, Mirchi A, Madani K. System Dynamics Evaluation of Climate Change Adaptation Strategies for Water Resources Management in Central Iran[J]. Water Resources Management, 2017, 31(5): 1413-1434.

[39] Goldstein J H, Caldarone G, Duarte T K, et al. Integrating ecosystem-service tradeoffs into land-use decisions[J]. Proceedings of the National Academy of Sciences, 2012, 109(19): 7565-7570.

[40] Gregory J H, Dukes M D, Jones P H, et al. Effect of urban soil compaction on infiltration rate[J]. Journal of soil and water conservation, 2006, 61(3): 117-124.

[41] Guerry A D, Polasky S, Lubchenco J, et al. Natural capital and ecosystem services informing decisions: From promise to practice[J]. Proceedings of the National

Academy of Sciences, 2015, 112(24): 7348-7355.

[42] Haines-Young R, Potschin M. Common international classification of ecosystem services (CICES, Version 4.1)[J]. European Environment Agency, 2012, 33.

[43] Hegetschweiler K T, de Vries S, Arnberger A, et al. Linking demand and supply factors in identifying cultural ecosystem services of urban green infrastructures: A review of European studies[J]. Urban Forestry and Urban Greening, 2017.

[44] Helming K, Diehl K, Geneletti D, et al. Mainstreaming ecosystem services in European policy impact assessment[J]. Environmental Impact Assessment Review, 2013, 40: 82-87.

[45] Hong W, Jiang R, Yang C, et al. Establishing an ecological vulnerability assessment indicator system for spatial recognition and management of ecologically vulnerable areas in highly urbanized regions: A case study of Shenzhen, China[J]. Ecological Indicators, 2016, 69: 540-547.

[46] Hou Y, Zhou S, Burkhard B, et al. Socioeconomic influences on biodiversity, ecosystem services and human well-being: A quantitative application of the DPSIR model in Jiangsu, China[J]. Science of the Total Environment, 2014, 490: 1012-1028.

[47] Howe C, Suich H, Vira B, et al. Creating win-wins from trade-offs? Ecosystem services for human well-being: a meta-analysis of ecosystem service trade-offs and synergies in the real world[J]. Global Environmental Change, 2014, 28: 263-275.

[48] Kain J H, Larondelle N, Haase D, et al. Exploring local consequences of two land-use alternatives for the supply of urban ecosystem services in Stockholm year 2050 [J]. Ecological Indicators, 2016, 70: 615-629.

[49] Kelble C R, Loomis D K, Lovelace S, et al. The EBM-DPSER conceptual model: integrating ecosystem services into the DPSIR framework[J]. PloS one, 2013, 8(8): e70766.

[50] Kim I. Land use change and ecosystem services in mountainous watersheds Predicting the consequences of environmental policies with cellular automata and hydrological modeling[J]. 2017.

[51] Kim J H, Jobbágy E G, Jackson R B. Trade-offs in water and carbon ecosystem services with land-use changes in grasslands[J]. Ecological Applications, 2016, 26(6): 1633-1644.

[52] Koschke L, Fuerst C, Frank S, et al. A multi-criteria approach for an integrated land-cover-based assessment of ecosystem services provision to support landscape planning[J]. Ecological Indicators, 2012, 21: 54 - 66.

[53] Kotir J H, Smith C, Brown G, et al. A system dynamics simulation model for sustainable water resources management and agricultural development in the Volta River Basin, Ghana[J]. Science of the Total Environment, 2016, 573: 444 - 457.

[54] Kragt M E, Robertson M J. Quantifying ecosystem services trade-offs from agricultural practices[J]. Ecological Economics, 2014, 102: 147 - 157.

[55] Kroll F, Müller F, Haase D, et al. Rural-urban gradient analysis of ecosystem services supply and demand dynamics[J]. Land Use Policy, 2012, 29(3): 521 - 535.

[56] Lafond V, Cordonnier T, Mao Z, et al. Trade-offs and synergies between ecosystem services in uneven-aged mountain forests: evidences using Pareto fronts [J]. European Journal of Forest Research, 2017: 1 - 16.

[57] Larondelle N, Lauf S. Balancing demand and supply of multiple urban ecosystem services on different spatial scales[J]. Ecosystem Services, 2016, 22: 18 - 31.

[58] Lawler J J, Lewis D J, Nelson E, et al. Projected land-use change impacts on ecosystem services in the United States[J]. Proceedings of the National Academy of Sciences, 2014, 111(20): 7492 - 7497.

[59] Liang J, Zhong M, Zeng G, et al. Risk management for optimal land use planning integrating ecosystem services values: A case study in Changsha, Middle China[J]. Science of The Total Environment, 2017, 579: 1675 - 1682.

[60] Liu X, Li H, Zhang W. Effects of Land Use and Land Cover Change on Ecosystem Services in Ecological Preservation Development Districts of Beijing [J]. International Conference on Circuits and Systems (CAS 2015). Atlantis Press, 2015: 71 - 75.

[61] Liu, J. Y., Liu, M. L., Tian, H. Q., et al. Spatial and temporal patterns of China's cropland during 1990—2000: an analysis based on Landsat TM data. Remote Sensing of Environment, 2005. 98(4): 442 - 456.

[62] Lorencová E, Frélichová J, Nelson E, et al. Past and future impacts of land use and climate change on agricultural ecosystem services in the Czech Republic[J]. Land Use Policy, 2013, 33: 183 - 194.

［63］Luo G, Yin C, Chen X, et al. Combining system dynamic model and CLUE-S model to improve land use scenario analyses at regional scale: A case study of Sangong watershed in Xinjiang, China[J]. Ecological Complexity, 2010, 7(2): 198-207.

［64］Machado R R, Conceição S V, Leite H G, et al. Evaluation of forest growth and carbon stock in forestry projects by system dynamics[J]. Journal of Cleaner Production, 2015, 96: 520-530.

［65］Maes J, Liquete C, Teller A, et al. An indicator framework for assessing ecosystem services in support of the EU Biodiversity Strategy to 2020[J]. Ecosystem services, 2016, 17: 14-23.

［66］Martínez M L, Pérez-Maqueo O, Vázquez G, et al. Effects of land use change on biodiversity and ecosystem services in tropical montane cloud forests of Mexico[J]. Forest Ecology and Management, 2009, 258(9): 1856-1863.

［67］Metzger M J, Rounsevell M D A, Acosta-Michlik L, et al. The vulnerability of ecosystem services to land use change[J]. Agriculture, Ecosystems & Environment, 2006, 114(1): 69-85.

［68］Micheli F, Mumby P J, Brumbaugh D R, et al. High vulnerability of ecosystem function and services to diversity loss in Caribbean coral reefs[J]. Biological Conservation, 2014, 171: 186-194.

［69］Mitchell M G E, Suarez-Castro A F, Martinez-Harms M, et al. Reframing landscape fragmentation's effects on ecosystem services[J]. Trends in ecology & evolution, 2015, 30(4): 190-198.

［70］Modernel P, Rossing W A H, Corbeels M, et al. Land use change and ecosystem service provision in Pampas and Campos grasslands of southern South America[J]. Environmental Research Letters, 2016, 11(11): 113002.

［71］Müller F, Burkhard B. The indicator side of ecosystem services[J]. Ecosystem Services, 2012, 1(1): 26-30.

［72］Nahuelhual L, Carmona A, Aguayo M, et al. Land use change and ecosystem services provision: a case study of recreation and ecotourism opportunities in southern Chile[J]. Landscape ecology, 2014, 29(2): 329-344.

［73］Nakayama T, Hashimoto S. Analysis of the ability of water resources to reduce the urban heat island in the Tokyo megalopolis[J]. Environmental Pollution, 2011,

159(8): 2164-2173.

[74] Natoli R, Zuhair S. Measuring progress: A comparison of the GDP, HDI, GS and the RIE[J]. Social Indicators Research, 2011, 103(1): 33-56.

[75] Palacios-Agundez I, Onaindia M, Barraqueta P, et al. Provisioning ecosystem services supply and demand: The role of landscape management to reinforce supply and promote synergies with other ecosystem services[J]. Land Use Policy, 2015, 47: 145-155.

[76] Pan Y, Xu Z, Wu J. Spatial differences of the supply of multiple ecosystem services and the environmental and land use factors affecting them[J]. Ecosystem Services, 2013, 5: 4-10.

[77] Pan Y, Xu Z, Wu J. Spatial differences of the supply of multiple ecosystem services and the environmental and land use factors affecting them[J]. Ecosystem Services, 2013, 5: 4-10.

[78] Plieninger T, Bieling C, Fagerholm N, et al. The role of cultural ecosystem services in landscape management and planning[J]. Current Opinion in Environmental Sustainability, 2015, 14: 28-33.

[79] Polasky S, Nelson E, Pennington D, et al. The impact of land-use change on ecosystem services, biodiversity and returns to landowners: A case study in the State of Minnesota[J]. Environmental and Resource Economics, 2011, 48(2): 219-242.

[80] Polsky C, Neff R, Yarnal B. Building comparable global change vulnerability assessments: The vulnerability scoping diagram[J]. Global Environmental Change, 2007, 17(3): 472-485.

[81] Reinmann A B, Hutyra L R. Edge effects enhance carbon uptake and its vulnerability to climate change in temperate broadleaf forests[J]. Proceedings of the National Academy of Sciences, 2017, 114(1): 107-112.

[82] Reside A E, VanDerWal J, Moran C. Trade-offs in carbon storage and biodiversity conservation under climate change reveal risk to endemic species[J]. Biological Conservation, 2017, 207: 9-16.

[83] Schößer B, Helming K, Wiggering H. Assessing land use change impacts — a comparison of the SENSOR land use function approach with other frameworks[J]. Journal of Land Use Science, 2010, 5(2): 159-178.

[84] Schröter D, Cramer W, Leemans R, et al. Ecosystem service supply and vulnerability to global change in Europe[J]. Science, 2005, 310(5752): 1333 – 1337.

[85] Shin J, Shin W S, Lee C. An energy security management model using quality function deployment and system dynamics[J]. Energy Policy, 2013, 54: 72 – 86.

[86] Song W, Deng X. Land-use/land-cover change and ecosystem service provision in China[J]. Science of The Total Environment, 2017, 576: 705 – 719.

[87] Steckel J, Westphal C, Peters M K, et al. Landscape composition and configuration differently affect trap-nesting bees, wasps and their antagonists[J]. Biological Conservation, 2014, 172: 56 – 64.

[88] Sukholthaman P, Sharp A. A system dynamics model to evaluate effects of source separation of municipal solid waste management: A case of Bangkok, Thailand[J]. Waste Management, 2016, 52: 50 – 61.

[89] Sun Y, Zhao S, Qu W. Quantifying spatiotemporal patterns of urban expansion in three capital cities in Northeast China over the past three decades using satellite data sets[J]. Environmental Earth Sciences, 2015, 73(11): 7221 – 7235.

[90] Swallow B M, Sang J K, Nyabenge M, et al. Tradeoffs, synergies and traps among ecosystem services in the Lake Victoria basin of East Africa[J]. Environmental science & policy, 2009, 12(4): 504 – 519.

[91] Teck S J, Halpern B S, Kappel C V, et al. Using expert judgment to estimate marine ecosystem vulnerability in the California Current [J]. Ecological Applications, 2010, 20(5): 1402 – 1416.

[92] Tolessa T, Senbeta F, Kidane M. The impact of land use/land cover change on ecosystem services in the central highlands of Ethiopia[J]. Ecosystem Services, 2017, 23: 47 – 54.

[93] Turner II B L, Kasperson R E, Matson P A et al. A framework for vulnerability analysis in sustainability science[J]. PNAS, 2003, 100(14): 8074 – 8079.

[94] Turner K G, Anderson S, Gonzales-Chang M, et al. A review of methods, data, and models to assess changes in the value of ecosystem services from land degradation and restoration[J]. Ecological Modelling, 2016, 319: 190 – 207.

[95] Tzilivakis J, Warner D J, Green A, et al. Adapting to climate change: assessing the vulnerability of ecosystem services in Europe in the context of rural

development[J]. Mitigation and Adaptation Strategies for Global Change, 2015, 20(4): 547-572.

[96] Tziogas C, Georgiadis P, Tsolakis N, et al. Electricity Pricing Mechanism in a Sustainable Environment: A Review and a System Dynamics Modeling Approach [M]//Strategic Innovative Marketing. Springer International Publishing, 2017: 291-297.

[97] Uthes S, Matzdorf B. Budgeting for government-financed PES: Does ecosystem service demand equal ecosystem service supply? [J]. Ecosystem Services, 2016, 17: 255-264.

[98] Van Wensem J, Calow P, Dollacker A, et al. Identifying and assessing the application of ecosystem services approaches in environmental policies and decision making[J]. Integrated Environmental Assessment and Management, 2017, 13(1): 41-51.

[99] Veldkamp A, Verburg P H. Modelling land use change and environmental impact [J]. Journal of Environmental Management, 2004, 72(1): 1-3.

[100] Verburg P H, Overmars K P. Dynamic simulation of land-use change trajectories with the CLUE-s model[M]//Modelling land-use change. Springer Netherlands, 2007: 321-337.

[101] Verburg P H, Soepboer W, Veldkamp A, et al. Modeling the spatial dynamics of regional land use: the CLUE-S model[J]. Environmental management, 2002, 30(3): 391-405.

[102] Vicente J R, Pinto A T, Araújo M B, et al. Using life strategies to explore the vulnerability of ecosystem services to invasion by alien plants[J]. Ecosystems, 2013, 16(4): 678-693.

[103] Videira N, Antunes P, Santos R. Engaging Stakeholders in Environmental and Sustainability Decisions with Participatory System Dynamics Modeling[M]// Environmental Modeling with Stakeholders. Springer International Publishing, 2017: 241-265.

[104] Vitule J R S, Agostinho A A, Azevedo-Santos V M, et al. We need better understanding about functional diversity and vulnerability of tropical freshwater fishes[J]. Biodiversity and Conservation, 2016: 1-6.

[105] Vizzari M, Antognelli S, Hilal M, et al. Ecosystem Services Along the Urban-

Rural-Natural Gradient: An Approach for a Wide Area Assessment and Mapping [C]//International Conference on Computational Science and Its Applications. Springer International Publishing, 2015: 745 - 757.

[106] Wang J, Dun Y. A review on the effects of land use change on ecosystem services [J]. Resources and Environment in the Yangtze Basin, 2015, 24(5): 798 - 808.

[107] Winz I, Brierley G, Trowsdale S. The use of system dynamics simulation in water resources management[J]. Water resources management, 2009, 23(7): 1301 - 1323.

[108] Wu J, Zhao Y, Yu C, et al. Land management influences trade-offs and the total supply of ecosystem services in alpine grassland in Tibet, China[J]. Journal of Environmental Management, 2017, 193: 70 - 78.

[109] Wu K, Ye X, Qi Z, et al. Impacts of land use/land cover change and socioeconomic development on regional ecosystem services: The case of fast-growing Hangzhou metropolitan area, China[J]. Cities, 2013, 31: 276 - 284.

[110] Wu M, Ren X, Che Y, et al. A coupled SD and CLUE-S model for exploring the impact of land use change on ecosystem service value: A case study in Baoshan District, Shanghai, China[J]. Environmental management, 2015, 56(2): 402 - 419.

[111] Xue H, Li S, Chang J. Combining ecosystem service relationships and DPSIR framework to manage multiple ecosystem services[J]. Environmental monitoring and assessment, 2015, 187(3): 117.

[112] You W, Ji Z, Wu L, et al. Modeling changes in land use patterns and ecosystem services to explore a potential solution for meeting the management needs of a heritage site at the landscape level[J]. Ecological Indicators, 2017, 73: 68 - 78.

[113] Yue W, Liu Y, Fan P. Measuring urban sprawl and its drivers in large Chinese cities: The case of Hangzhou[J]. Land use policy, 2013, 31: 358 - 370.

[114] Zang Z, Zou X, Zuo P, et al. Impact of landscape patterns on ecological vulnerability and ecosystem service values: An empirical analysis of Yancheng Nature Reserve in China[J]. Ecological Indicators, 2017, 72: 142 - 152.

[115] Zhao J S, Yuan L, Zhang M. A study of the system dynamics coupling model of the driving factors for multi-scale land use change[J]. Environmental Earth Sciences, 2016, 75(6): 1 - 13.

[116] Zheng H, Li Y, Robinson B E, et al. Using ecosystem service trade-offs to inform water conservation policies and management practices[J]. Frontiers in Ecology and the Environment, 2016, 14(10): 527 - 532.

[117] Zorrilla-Miras P, Palomo I, Gómez-Baggethun E, et al. Effects of land-use change on wetland ecosystem services: A case study in the Donana marshes (SW Spain)[J]. Landscape and Urban Planning, 2014, 122: 160 - 174.

[118] 曾摇杰.武汉城市圈生态系统服务价值时空变化特征[J].应用生态学报,2014, 25(3): 883 - 891.

[119] 车越,杨凯.发挥河网调蓄功能 消减城市雨洪灾害——基于传统生态智慧的思考[J].生态学报,2016,36(16):4946 - 4948.

[120] 陈爱莲,孙然好,陈利顶.基于景观格局的城市热岛研究进展[J].生态学报,2012, 32(14): 4553 - 4565.

[121] 陈佳,杨新军,尹莎,等.基于VSD框架的半干旱地区社会—生态系统脆弱性演化与模拟[J].地理学报,2016,71(7):1172 - 1188.

[122] 陈宜瑜,Jessel B,傅伯杰.中国生态系统服务与管理战略[J].2011(B01):34 - 45

[123] 程江,杨凯,刘兰岚,等.上海中心城区土地利用变化对区域降雨径流的影响研究[J].自然资源学报,2010(6):914 - 925.

[124] 崔丽娟.鄱阳湖湿地生态系统服务功能研究[J].水土保持学报,2004,18(2):109 - 113.

[125] 崔胜辉,李方一,黄静,等.全球变化背景下的敏感性研究综述[J].地球科学进展, 2009,24(9):1033 - 1041.

[126] 崔祥民,梅强.基于系统动力学的产业集群演进研究[J].科技管理研究,2010, 30(8):213 - 215.

[127] 戴尔阜,王晓莉,朱建佳,等.生态系统服务权衡:方法,模型与研究框架[J].地理研究,2016,35(6):1005 - 1016.

[128] 董川永,高俊峰.太湖流域西部圩区水域生态服务功能量化评估[J].中国科学院大学学报,2014,31(5):604 - 612.

[129] 董家华,包存宽,舒廷飞.生态系统生态服务的供应与消耗平衡关系分析[J].生态学报,2006,26(6):2001 - 2010.

[130] 杜林远.生态系统服务,人类福祉与生态补偿关系浅议[J].现代经济信息,2015 (21):93.

[131] 范玉龙,胡楠,丁圣彦,等.陆地生态系统服务与生物多样性研究进展[J].生态学

报,2016,36(15)：4583-4593.

[132] 范玉龙,胡楠,丁圣彦,梁国付,卢训令.陆地生态系统服务与生物多样性研究进展[J].生态学报,2016,36(15)：4583-4593.

[133] 封建民,郭玲霞,李晓华.基于景观格局的榆阳区生态脆弱性评价[J].水土保持研究,2016,23(6)：179-184.

[134] 冯伟林,李树茁,李聪.生态系统服务与人类福祉——文献综述与分析框架[J].资源科学,2013,35(7)：1482-1489.

[135] 冯喆,许学工,周建,等.基于生态系统服务视角的"土地分离与共享框架"解析[J].地理科学进展,2016,35(9)：1100-1108.

[136] 傅伯杰,于丹丹,吕楠.中国生物多样性与生态系统服务评估指标体系[J].生态学报,2017,37(2)：341-348.

[137] 傅伯杰,于丹丹.生态系统服务权衡与集成方法[J].资源科学,2016,38(1)：1-9.

[138] 傅伯杰,张立伟.土地利用变化与生态系统服务：概念,方法与进展[J].地理科学进展,2014,33(4)：441-446.

[139] 邰红娟,韩会庆,俞洪燕,等.乌江流域重要生态系统服务地形梯度分布特征分析[J].生态科学,2016(5)：154-159.

[140] 葛菁,吴楠,高吉喜,等.不同土地覆被格局情景下多种生态系统服务的响应与权衡——以雅砻江二滩水利枢纽为例[J].生态学报,2012,32(9)：2629-2639.

[141] 古杰,齐兰兰,周素红,等.国内外城市时空间结构研究的渊源及述评[J].世界地理研究,2016,25(3)：69-79.

[142] 顾子乾.长三角经济一体化背景下太湖流域污染治理的法律问题研究[D].上海：上海大学,2013.

[143] 郭小燕,刘学录,王联国.以提高生态系统服务为导向的土地利用优化研究——以兰州市为例[J].生态学报,2017,36(24)：7992-8001.

[144] 侯鹏,王桥,申文明,等.生态系统综合评估研究进展：内涵、框架与挑战[J].地理研究,2015,34(10)：1809-1823.

[145] 胡和兵,刘红玉,郝敬锋,等.城市化流域生态系统服务价值时空分异特征及其对土地利用程度的响应[J].生态学报,2013,33(8)：2565-2576.

[146] 胡建,刘茂松,周文,等.太湖流域水质状况与土地利用格局的相关性[J].生态学杂志,2011,30(06)：1190-1197.

[147] 黄甘霖,姜亚琼,刘志锋,等.人类福祉研究进展——基于可持续科学视角[J].生态学报,2016,36(23)：7519-7527.

[148] 黄慧.基于GIS和统计数据的无锡市生态系统服务供需动态研究[D].南京:南京大学,2015.

[149] 靳芳,鲁绍伟,余新晓,等.中国森林生态系统服务功能及其价值评价[J].应用生态学报,2005,16(8):1531-1536.

[150] 赖敏,吴绍洪,尹云鹤,等.三江源区基于生态系统服务价值的生态补偿额度[J].生态学报,2015,35(2):227-236.

[151] 李冰,毕军,田颖.太湖流域重污染区土地利用变化对生态系统服务价值的影响[J].地理科学,2016,32(4):471-476.

[152] 李博,石培基,金淑婷,等.石羊河流域生态系统服务价值的空间异质性及其计量[J].中国沙漠,2013,33(3):943-951.

[153] 李锋,王如松,赵丹.基于生态系统服务的城市生态基础设施:现状、问题与展望[J].生态学报,2014,34(1):190-200.

[154] 李海燕,陈晓红.基于SD的城市化与生态环境耦合发展研究——以黑龙江省东部煤电化基地为例[J].生态经济,2014,30(12):109-115.

[155] 李双成,刘金龙,张才玉,等.生态系统服务研究动态及地理学研究范式[J].地理学报,2012,66(12):1618-1630.

[156] 李双成,王珏,朱文博,等.基于空间与区域视角的生态系统服务地理学框架[J].地理学报,2014,69(11):1628-1639.

[157] 李双成,张才玉,刘金龙,等.生态系统服务权衡与协同研究进展及地理学研究议题[J].地理研究,2013,32(8):1379-1390.

[158] 李双成,赵志强,王仰麟.中国城市化过程及其资源与生态环境效应机制[J].地理科学进展,2010,28(1):63-70.

[159] 李伟峰,欧阳志云,王如松,等.城市生态系统景观格局特征及形成机制[J].生态学杂志,2005,24(4):428-432.

[160] 李文华,张彪,谢高地.中国生态系统服务研究的回顾与展望[J].自然资源学报,2009,24(1):1-10.

[161] 李晓炜,侯西勇,邸向红,等.从生态系统服务角度探究土地利用变化引起的生态失衡——以莱州湾海岸带为例[J].地理科学,2016,36(8):1197-1204.

[162] 李屹峰,罗跃初,刘纲,等.土地利用变化对生态系统服务功能的影响——以密云水库流域为例[J].生态学报,2013,33(3):726-736.

[163] 李咏红,香宝,袁兴中,等.区域尺度景观生态安全格局构建——以成渝经济区为例[J].草地学报,2013(1):18-24.

[164] 李有志,崔丽娟,张曼胤,等.基于辽河口湿地生态系统服务的等级补偿制度[J].湿地科学与管理,2016(1):46-49.

[165] 林栋,马晖玲,任正超,等.基于LUCC的兰州城市生态系统服务价值动态分析[J].生态科学,2016,35(2):134-142.

[166] 刘国华.西南生态安全格局形成机制及演变机理[J].生态学报,2016,36(22):7088-7091.

[167] 刘纪远,布和敖斯尔.中国土地利用变化现代时空特征的研究:基于卫星遥感数据.第四纪研究,2000,20(3):229-239.

[168] 刘纪远,匡文慧,张增祥,徐新良,等.20世纪80年代末以来中国土地利用变化的基本特征与空间格局[J].地理学报,2014,69(1):3-13.

[169] 刘纪远,刘明亮,庄大方,等.中国近期土地利用变化的空间格局分析[J].中国科学(D辑),2002,32(12):1031-1040.

[170] 刘纪远,张增祥,庄大方,等.20世纪90年代中国土地利用变化的遥感时空信息研究[M].北京:科学出版社,2005:241-243.

[171] 刘纪远,张增祥,等.20世纪90年代中国土地利用变化时空特征及其成因分析[J].地理研究,2003,22:1-12.

[172] 刘纪远,张增祥,等.21世纪初中国土地利用变化的空间格局与驱动力分析[J].地理学报,2009,64(12):1411-1420.

[173] 刘纪远.国家资源环境遥感宏观调查与动态监测研究[J].遥感学报,1997,1(3):225-230.

[174] 刘纪远.中国资源环境遥感宏观调查与动态研究[M].北京:中国科学技术出版社,1996.

[175] 刘俊鑫,王奇.基于生态服务供给成本的三江源区生态补偿标准核算方法研究[J].环境科学研究,2017(1):82-90.

[176] 刘敏,常静,王和意,等.上海城市暴雨径流污染过程、效应与管理[C].城市地质研讨会论文集,2005.

[177] 刘焱序,任志远,李春越.秦岭山区景观格局演变的生态服务价值响应研究——以商洛市为例[J].干旱区资源与环境,2013,27(3):109-114.

[178] 刘永,郭怀成,黄凯,等.湖泊-流域生态系统管理的内容与方法[J].生态学报,2007,27(12):5352-5360.

[179] 卢士强,徐祖信,罗海林,等.上海市主要河流调水方案的水质影响分析[J].河海大学学报(自然科学版),2006,34(1):32-36.

[180] 吕新,欧阳异能,何瑛.1978—2014年新疆农作物受极端气候事件影响的灾情变化趋势分析[J].中国农学通报,2017,33(3):135-142.

[181] 马存利.流域跨界水污染视野下区域合作行政的法制保障——以长三角为例[J].山西农业大学学报:社会科学版,2016,15(3):177-183.

[182] 马建堂.2010年第六次全国人口普查主要数据公报(第1号)[J].中国计划生育学杂志,2011,54(8):511-512.

[183] 马骏,李昌晓,魏虹,等.三峡库区生态脆弱性评价[J].生态学报,2015,35(21):7117-7129.

[184] 马立平.层次分析法[J].北京统计,2000(7):38-39.

[185] 毛齐正,黄甘霖,邬建国.城市生态系统服务研究综述[J].应用生态学报,2015,26(4):1023-1033.

[186] 欧阳志云,李小马,徐卫华,等.北京市生态用地规划与管理对策[J].生态学报,2015,35(11):3778-3787.

[187] 欧阳志云,郑华.生态系统服务的生态学机制研究进展[J].生态学报,2009,29(11):6183-6188.

[188] 潘根兴,陆海飞,李恋卿,等.土壤碳固定与生物活性:面向可持续土壤管理的新前沿[J].地球科学进展,2015,30(8):940-951.

[189] 彭建,王仰麟,张源,等.土地利用分类对景观格局指数的影响[J].地理学报,2006,61(2):157-168.

[190] 屈宝香,李文娟,钱静斐.中国粮食增产潜力主要影响因素分析[J].中国农业资源与区划,2009(4):34-39.

[191] 权瑞松.基于情景模拟的上海中心城区建筑暴雨内涝脆弱性分析[J].地理科学,2016,34(11):1399-1403.

[192] 饶胜,林泉,王夏晖,等.正蓝旗草地生态系统服务权衡研究[J].干旱区资源与环境,2015,29(3):81-86.

[193] 任海,邬建国,彭少麟,等.生态系统管理的概念及其要素[J].应用生态学报,2000,11(3):455-458.

[194] 石龙宇,崔胜辉,尹锴,等.厦门市土地利用/覆被变化对生态系统服务的影响[J].地理学报,2010,65(6):708-714.

[195] 宋博,丁圣彦,赵爽,等.农业景观异质性对生物多样性及其生态系统服务的影响[J].中国生态农业学报,2016(4):443-450.

[196] 宋豫秦,张晓蕾.论湿地生态系统服务的多维度价值评估方法[J].生态学报,2014,

34(6):1352-1360.
- [197] 苏常红,傅伯杰.景观格局与生态过程的关系及其对生态系统服务的影响[J].自然杂志,2012,34(5):277-283.
- [198] 孙新章,周海林,谢高地.中国农田生态系统的服务功能及其经济价值[J].中国人口.资源与环境,2007,17(4):55-60.
- [199] 孙阳,姚士谋,陆大道,等.中国城市群人口流动问题探析——以沿海三大城市群为例[J].地理科学,2017,36(12):1777-1783.
- [200] 孙泽祥,刘志锋,何春阳,等.中国快速城市化干燥地区的生态系统服务权衡关系多尺度分析——以呼包鄂榆地区为例[J].生态学报,2016,36(15):4881-4891.
- [201] 唐敏.上海城市化过程中的河网水系保护及相关环境效应研究[D].上海:华东师范大学,2004.
- [202] 田义超,梁铭忠,胡宝清.北部湾钦江流域土地利用变化与生态服务价值时空异质性[J].热带地理,2015,35(3):403-415.
- [203] 佟宝全.基于系统动力学的城市群发展情景仿真模拟——以呼包鄂地区为例[J].干旱区资源与环境,2017(4):34-40.
- [204] 王蓓,赵军,胡秀芳.基于InVEST模型的黑河流域生态系统服务空间格局分析[J].生态学杂志,2016,35(10):2783-2792.
- [205] 王大尚,郑华,欧阳志云.生态系统服务供给,消费与人类福祉的关系[J].应用生态学报,2013,24(6):1747-1753.
- [206] 王飞,高建恩,邵辉,等.基于GIS的黄土高原生态系统服务价值对土地利用变化的响应及生态补偿[J].中国水土保持科学,2013(1):25-31.
- [207] 王国霞,秦志琴,程丽琳.20世纪末中国迁移人口空间分布格局——基于城市的视角[J].地理科学,2016,32(3):273-281.
- [208] 王航,秦奋,朱筠,等.土地利用及景观格局演变对生态系统服务价值的影响[J].生态学报,2017,37(4):1286-1296.
- [209] 王佳丽,黄贤金,陆汝成,等.区域生态系统服务对土地利用变化的脆弱性评估——以江苏省环太湖地区碳储量为例[J].自然资源学报,2010,25(4):556-563.
- [210] 王女杰,刘建,吴大千,等.基于生态系统服务价值的区域生态补偿——以山东省为例[J].生态学报,2010(23):6646-6653.
- [211] 王其藩.系统动力学[M].北京:清华大学出版社,1994:30-100.
- [212] 王其藩.系统动力学[M].上海:上海财经大学出版社,2009.
- [213] 王晓玥,李双成,高阳.基于生态系统服务的稻改旱工程多层次补偿标准[J].环境科学研究,2016,29(11):1709-1717.

[214] 王重玲,朱志玲,白琳波,等.景观格局动态变化对生态服务价值的影响——以宁夏中部干旱带为例[J].干旱区研究,2015,32(2):329-335.

[215] 吴健生,毛家颖,林倩,等.基于生境质量的城市增长边界研究——以长三角地区为例[J].地理科学,2017,37(1):28-36.

[216] 吴玲玲,陆健健,童春富,等.长江口湿地生态系统服务功能价值的评估[J].长江流域资源与环境,2003,12(5):411-416.

[217] 肖玉,谢高地,鲁春霞,徐洁.基于供需关系的生态系统服务空间流动研究进展.生态学报,2016,36(10):3096-3102.

[218] 谢高地,肖玉,鲁春霞.生态系统服务研究:进展,局限和基本范式[J].植物生态学报,2006,30(2):191-199.

[219] 谢高地,肖玉,甄霖,等.我国粮食生产的生态服务价值研究[J].中国生态农业学报,2005,13(3):10-13.

[220] 谢高地,肖玉.农田生态系统服务及其价值的研究进展[J].中国生态农业学报,2013,21(6):645-651.

[221] 谢高地,张钇锂,鲁春霞,等.中国自然草地生态系统服务价值[J].自然资源学报,2001,16(1):47-53.

[222] 谢高地,甄霖,鲁春霞,等.一个基于专家知识的生态系统服务价值化方法[J].自然资源学报,2008,23(5):911-919.

[223] 谢盼,王仰麟,彭建,等.基于居民健康的城市高温热浪灾害脆弱性评价——研究进展与框架[J].地理科学进展,2015,34(2):165-174.

[224] 徐洁,肖玉,李娜,等.东江湖流域及其受益区水供给服务供需平衡时空格局分析[J].资源与生态学报,2015,6(6):386-396.

[225] 闫广华.沈阳都市圈的范围及城镇空间分布的分形研究[J].地理科学,2017,36(11):1736-1742.

[226] 闫人华,高俊峰,黄琪,等.太湖流域圩区水生态系统服务功能价值[J].生态学报,2015,35(15):5197-5206.

[227] 杨莉,甄霖,潘影,等.生态系统服务供给-消费研究:黄河流域案例[J].干旱区资源与环境,2012,26(3):131.

[228] 杨明楠,许有鹏,邓晓军,等.平原河网地区城市中心区河流水系变化特征[J].水土保持通报,2014,34(5):263-266.

[229] 杨晓楠,李晶,秦克玉,等.关中-天水经济区生态系统服务的权衡关系[J].地理学

报,2015,70(11):1762-1773.

[230] 杨旭,沈珍,闵水发,等.生态系统服务研究进展[J].中国农学通报,2015,31(35):133-138.

[231] 袁雯,杨凯,唐敏,等.平原河网地区河流结构特征及其对调蓄能力的影响[J].地理研究,2005,24(5):717-724.

[232] 张东,李晓赛,陈亚恒.怀来县农田生态系统服务价值分类评估[J].水土保持研究,2016,23(1):234-239.

[233] 张红富,周生路,吴绍华,等.江苏省粮食生产时空变化及影响因素分析[J].自然资源学报,2011,26(2):319-327.

[234] 张利民,夏明芳,王春,等.江苏省12大湖泊水环境现状与污染控制建议[J].环境监测管理与技术,2008,20(2):46-50.

[235] 张玲玲,巩杰,张影.基于文献计量分析的生态系统服务研究现状及热点[J].生态学报,2016,36(18).

[236] 张梦婕,官冬杰,苏维词.基于系统动力学的重庆三峡库区生态安全情景模拟及指标阈值确定[J].生态学报,2015,35(14):4880-4890.

[237] 张秋菊,傅伯杰,陈利顶.关于景观格局演变研究的几个问题[J].地理科学,2003,23(3):264-270.

[238] 张晓云,吕宪国.湿地生态系统服务价值评价研究综述[J].林业资源管理,2006,5(10):81-87.

[239] 张摇,舟摇,吴次芳.生态系统服务价值在土地利用变化研究中的应用:瓶颈和展望[J].Chinese Journal of Applied Ecology,2013,24(2):556-562.

[240] 张永民,赵士洞,郭荣朝.生态系统服务研究的进展与挑战(英文)[J].Journal of Resources and Ecology,2014,1:010.

[241] 赵军,单福征,杨凯,等.平原河网地区河流曲度及城市化响应[J].水科学进展,2011,22(5):631-637.

[242] 赵军,杨凯.生态系统服务价值评估研究进展[J].生态学报,2007,1(27):347-353.

[243] 赵荣钦,黄爱民,秦明周,等.农田生态系统服务功能及其评价方法研究[J].农业系统科学与综合研究,2003,19(4):267-270.

[244] 赵士洞,张永民.生态系统与人类福祉——千年生态系统评估的成就,贡献和展望[J].地球科学进展,2006,21(9):895-902.

[245] 赵同谦,欧阳志云,郑华,等.中国森林生态系统服务功能及其价值评价[J].自然资

源学报,2004,19(4):480-491.

[246] 郑华,李屹峰,欧阳志云,等.生态系统服务功能管理研究进展[J].生态学报,2013,33(3):702-710.

[247] 郑雪梅,王怡,吴小影,等.近20年福建省沿海与内陆城市高温热浪脆弱性比较[J].地理科学进展,2016,35(10):1197-1205.

[248] 仲俊涛,米文宝.基于生态系统服务价值的宁夏区域生态补偿研究[J].干旱区资源与环境,2013,27(10):19-24.

[249] 朱竑,钱俊希,吕旭萍.城市空间变迁背景下的地方感知与身份认同研究——以广州小洲村为例[J].地理科学,2016,32(1):18-24.

[250] 朱永官,李刚,张甘霖,等.土壤安全:从地球关键带到生态系统服务[J].地理学报,2016,70(12):1859-1869.

图书在版编目(CIP)数据

长三角地区土地利用变化的生态系统服务响应与可持续管理研究 / 吴蒙著 .— 上海：上海社会科学院出版社，2020

ISBN 978-7-5520-3132-4

Ⅰ.①长… Ⅱ.①吴… Ⅲ.①长江三角洲—城市土地—土地利用—研究 Ⅳ.①F229.232.2

中国版本图书馆 CIP 数据核字(2020)第 044340 号

长三角地区土地利用变化的生态系统服务响应与可持续管理研究

著　　者：吴　蒙
责任编辑：熊　艳
封面设计：夏艺堂艺术设计
出版发行：上海社会科学院出版社
　　　　　上海顺昌路 622 号　邮编 200025
　　　　　电话总机 021-63315947　销售热线 021-53063735
　　　　　http://www.sassp.cn　E-mail:sassp@sassp.cn
排　　版：南京展望文化发展有限公司
印　　刷：上海龙腾印务有限公司印刷
开　　本：720 毫米×1000 毫米　1/16
印　　张：14.75
插　　页：1
字　　数：194 千字
版　　次：2020 年 8 月第 1 版　2020 年 8 月第 1 次印刷

ISBN 978-7-5520-3132-4/F·609　　　　　定价：78.00 元

版权所有　　翻印必究